启真馆 出品

从阿尔及利亚到巴黎

记者加缪

Albert Camus, journaliste

Reporter à Alger, éditorialiste à Paris

Maria Santos-Sainz

〔法〕玛丽亚·桑托斯-赛恩斯 著

张冬锐 译

ZHEJIANG UNIVERSITY PRESS
浙江大学出版社
·杭州·

图书在版编目（CIP）数据

记者加缪：从阿尔及利亚到巴黎 /（法）玛丽亚·桑托斯-赛恩斯著；张冬锐译. -- 杭州：浙江大学出版社，2024. 9. -- ISBN 978-7-308-25325-3

Ⅰ. K835.655.6

中国国家版本馆CIP数据核字第2024637WT0号

记者加缪：从阿尔及利亚到巴黎

［法］玛丽亚·桑托斯-赛恩斯 著　张冬锐 译

责任编辑	聂　瑶
责任校对	汪　潇
装帧设计	周伟伟
出版发行	浙江大学出版社
	（杭州天目山路148号　邮政编码310007）
	（网址：http://www.zjupress.com）
排　　版	北京楠竹文化发展有限公司
印　　刷	北京中科印刷有限公司
开　　本	880mm×1230mm　1/32
印　　张	10.5
字　　数	204千
版 印 次	2024年9月第1版　2024年9月第1次印刷
书　　号	ISBN 978-7-308-25325-3
定　　价	79.00元

序 言

　　那是 1957 年 12 月 10 日，斯德哥尔摩举办诺贝尔文学奖颁奖典礼的日子。这些最负盛名的人中获得了当年诺贝尔文学奖的加缪，依照传统，在官方晚宴结束之前发表了获奖感言。他强调了一点："或许，每一代人都自信肩负着重塑世界的使命，但我们这代人知道，我们对此无能为力。然而，我们的使命或许更艰巨，即不让这个世界分崩离析。"

　　在那个时代的背景下，即冷战、反殖民斗争、帝国主义、独立运动、蔓延直至欧洲大陆的独裁统治及反叛的青年，所有这些因素同时并存。简言之，就是在解放和抵抗的背景下，这番言辞或许听起来谨小慎微，像是在后退或有所保留。然而，在 60 年后的今天看来，它比任何时候都更符合实际；而且，它远不是一种对谨慎或冷漠的邀约，而是对"介入"的呼唤。

　　这种"介入"不是企图使现实屈从于其信条的、具有狭隘党派观念的人的介入，这类人的介入并不明智，因为他们相信仅从政治角度思考是正确的，此外，其中一些人还认为自己说的是真理。加

i

7 缪邀请我们去进行的是一种更不可缺少的介入：一种事关存在的介入，对我们可以作为自由的男人和女人的条件的介入。我们的自由需要我们，要求我们负起责任。我们要对世界负责，尤其对其意义负责；我们要对世界之内涵负责，也就是对其团结负责；我们要对世界之理性负责，反对会毁坏它的非理性。

赴自由之约，并不是给世界的失序增加出于恐惧的慌乱和出于仇恨的激动，这就像盖上一层使我们愈加不安的厚重而愚昧的面纱。相反，赴自由之约是寻求理解、苛求知晓、直面真实，尽管它令人痛苦和烦忧。为了能真正地自由选择、自主决定，我们需要看清一切，否则，我们只会成为我们幻想的玩物，被幻想催生出的灾难打败。

因此，《记者加缪：从阿尔及利亚到巴黎》一书并不仅仅是一部严谨精确、资料翔实的专著。通过展示这位作家当记者时的活动在多大程度上是实践这种介入——以寻求真相为首要目标的介入——的主要阵地，玛丽亚·桑托斯－赛恩斯呼吁人们振奋起来。她的作品实际上是在敦促新闻业重新振作，并不断提升，找回自己的高度和深度，拒绝粗制滥造，同时与为之布下陷阱、使之丧失威信的败坏行为做斗争。

1944 年夏天，巴黎解放时，加缪在最初发表于《战斗报》（*Combat*）的社论中做出了承诺。而从《阿尔及尔共和报》（*Alger républicain*）最初的调查，到《快报》（*L'Express*）最后的专栏文章，加缪发表的这些作品从各个侧面让我们看到了他对这些承诺的忠诚（提到巴黎的解放，我往往会想起勒克莱尔师的西班牙共和军战士也是其中的英雄）。加缪于 1944 年 8 月 31 日这样写道："我们的欲望越是习惯沉默不语，就越是强烈，它将报刊从金钱中解放出来，赋予其风度和真实性，这种风度和真实性将公众带往其能到达的最高处。于是，我们认为，一个国家的价值往往由其媒体的价值体现。如果报刊确实是一个国家的发声筒，那么我们决心站在自身的角度，作为一支微弱的力量，通过优化国家的语言，来提升国家本身。"

8

　　这个项目一点都不过时，玛丽亚·桑托斯－赛恩斯的最大贡献是重新赋予了它一切现实性——如果不是紧迫性的话。在媒体经受风浪的日子里，在这个行业受到威胁、在记者这个职业失去稳定性的时刻，她的这本书对于记者（以及公民，这两者并肩而行）而言是一部抗争指南。她邀请我们向加缪学习，在索求公众知情权中，带着对公民的责任，重拾勇气，找回尊严。当娱乐腐蚀了资讯，当集中摧毁了多元，当宣传扼杀了真相，新闻业就只能进入抵抗状态，除非它改变自己的看法。这一切只是出于职业责任。没有自命不凡，没有妄图虚名，只是出于生存的需要。

　　在阅读玛丽亚·桑托斯－赛恩斯的文字时，我不断想到哲学家汉娜·阿伦特在《真理与政治》（Vérité et politique）中的警告。这篇文章写于 1967 年，我认为它是我们这一职业真正的哲理性宣言。

她坦言，如果没有记者，"我们将永远无法在一个一直变化的世界中找到自己的方向，并且，从最直白的层面上讲，我们将永远不会知道自己在哪里"。这里我们又看到了加缪在 1957 年提及的这个萎靡不振的世界——失去方向，步入歧途，被夺走了路标。

但是，阿伦特补充说，只有当上述记者是不断寻求"政治意义上最重要的真相"的审慎仆人，而不是爱好发表意见的机会主义狂热者时，这种民主理想才有价值。这位哲学家声明："如果关于事实的信息不能确保是真实的，如果辩论的对象不是事实本身，那么意见自由就是一场闹剧。"然后她提出了这样的看法："当代历史上有很多例子说明，说出事实真相的人被认为比真正的反对者更危险、更具有敌意。"这一点在今天得到了充分的证实：在我们这个充满即时新闻的通信时代，没有国界、没有延迟，许多揭秘者只能落得悲惨的命运，如朱利安·阿桑奇（Julian Assange）、切尔西·曼宁（Chelsea Manning）、爱德华·斯诺登（Edward Snowden），这里仅提及世界上最有名的揭秘者，他们是捍卫普遍知情权的英雄，对抗着国家或金融权力机构的不正当秘密。

阿伦特和加缪这一代人被他们亲历的犯罪、战争、屠杀等悲剧残酷地夺去了天真。两人都以大卫·鲁塞（David Rousset）于 1946 年从集中营世界返回时表达的那种清醒进行思考："正常人不知道一切皆有可能。""一切皆有可能"的"一切"包含了人类最糟糕的一面，即对自身人性的否定。唉，当我们眼见"恐怖主义与武力镇压的那场血腥婚礼"自 2001 年以来在世界范围内得到庆祝时，我们又一次领会了这个道理。

这些话看起来像是今天说的，事实上来自以前。这些话出自阿尔及利亚战争期间对恐怖主义毫不客气的加缪；它是一种抗争的方式，这种方式不再"是受控于某种政治的工具，不再寻求成为某种仇恨下的疯狂武器"。但是，正如他在广岛那颗原子弹造成的毁灭中当即看到的，那一刻"机械文明达到了其野蛮程度的顶点"[1]，他也察觉到了这是一场没有回旋余地的剧变——轻描淡写的酷刑、秘密监狱、特殊状态、被践踏的基本自由——其中"每个人都以他人的罪行为借口，以便更进一步"。

但我们怎么能忘记，今天，这种指望靠恐怖主义带来的恐慌来抛弃人民、削弱民主的恐怖政治，诞生于之后会是媒体谎言的国家谎言，再以各种新保守主义的面目传播到美国之外？我们怎么能忘记，即便是所谓高质量的北美媒体，也相信"基地"组织与萨达姆·侯赛因的伊拉克之间有联系的传言，相信关于大规模杀伤性武器的无稽之谈，相信布什政府的意识形态议程，而这些议程与具体的现实没有任何联系，无论联系有多小。简言之，我们怎么能忘记，对事实真相的压制允许了一场非法的、造成大量死亡的冒险？

加缪总是冒着让各个阵营的人不高兴的风险，拒绝那些具有安

10

1　*Combat* du 8 août 1945.

慰性的半真半假的说法，这些说法只寻求符合主流偏见，却罔顾现实。就像目的不能证明手段的正当性一样，任何正当的动机都不能宽容谎言的不正当性，对真相闭口不谈也是一种谎言。当下，这种孤立的独立态度引发了误解和疏远，造成了断裂和憎恶。加缪，一个无法被归类的极端自由主义者，他的生活充分证明了这一点。但是，从长远来看，这种态度保有永恒的警觉，将使后代受益。

这部玛丽亚·桑托斯－赛恩斯追忆并重访"记者加缪"的作品就证明了这一点，啊，它是多么必不可少。因为，在我们这个瞬息万变的时代，事变的不可能性与灾难的可能性并肩而行，新闻业极有可能再次被置于考验之中，受到宣传的灌输，被利益的重压阻碍，掉入金钱和权力交错进攻的陷阱。然而，解药就在这本珍贵的书，这份邀请我们沿着阿尔贝·加缪的足迹走下去的"新闻批评"之中。

它要求——它已经告知我们——"记者本身对新闻工作的深刻质疑"，即记者对其工作的意义、职业的责任进行的反思。加缪在1944年9月1日《战斗报》的一篇社论中写道："什么是记者？他首先应是一个被认为有思想的人。"这个答案谨慎又讽刺，它想表达的是：记者应是一个质疑自己工作的意义的人，一个不断忧虑、自问、怀疑的人，若他知道自己使命的重要性，便更应如此。

在这个意义上，加缪认为，新闻界应站在犬儒主义和麻木不仁的、唯利是图和投机取巧的、因循守旧和机会主义的新闻业的对立

11

面，索求真相这个职业要求也是对人生理想的忠诚。从他 1946 年 3 月 28 日于纽约市哥伦比亚大学举办的演讲会中，可以看到这一观点的雏形，第一所新闻学院也是在那里创建的。[1]"如果什么都不相信，如果一切都没有意义，如果我们不能确认任何价值，那么一切都可以得到允许，什么都不重要，"他解释说，"那么就没有善与恶，希特勒既不对也不错。"若是如此，"正确者即成功者，在他成功之时，他就是正确的"。

这种胜利者的光荣哲学总是满足于对战败者的羞辱，阿尔贝·加缪用劳动者的谦逊德行与之对抗。在这个演讲会上，他谦逊地说要"坚守岗位，做好本职工作"，使一个"警察、士兵和金钱的世界，变成一个男人和女人的世界，充满有成果的工作和恰到好处的闲暇的世界"。

很明显，我们这里谈论的介入是一种建立在根本民主之上的境况，其目的是达到某种高度的民主，在这种民主下可实现日常人道主义、自由商议和广泛共享、社会公正和个人自由、真正的人民至上，而非暗中进行的寡头私有化。在这条充满希望和抗争的道路上，从弱者到强者，知情权是通过知晓来实现解放的和平武器。作为深耕"当下"的工作者，记者是为这一基本权利服务的，这就是为什么他们不可避免地要参与到这场战役中。当然，他们必须达到

12

1　一般认为世界上第一所新闻学院创建于密苏里哥伦比亚大学，而非纽约市哥伦比亚大学，此处疑为原文有误。——译者注

负起这一责任所要求的高度。

玛丽亚·桑托斯－赛恩斯这本书将新闻与批评——公民对媒体的合理批评和专业人士必要的批评意识——相结合，是一个愉快的邀约，面对这一需要，我们在所不辞。

埃德威·普莱内尔（Edwy Plenel）

目　录

引　言

（致未来的记者们）

1938 年是阿尔贝·加缪从事新闻工作的开端，在 80 年之后，本书旨在阐明加缪作品中鲜为人知的一面。从他作为记者在阿尔及尔迈出职业生涯的第一步，当时年仅 25 岁的他以最纯粹的调查新闻的形式完成了"卡比利亚的苦难"（*Misère de la Kabylie*）系列报道；到 1938—1940 年他为《阿尔及尔共和报》和《共和晚报》（*Le Soir républicain*）撰写了强有力的支持民主与和平的文章；同样不能忘记在第二次世界大战期间和二战后最初几年（1944—1947 年），他在《战斗报》专栏中发表的令人难忘的社论。这些文章发人深省、富有力量，吸引着读者，并始终处于最纯粹的道德要求的庇护之下。

虽然加缪作为作家、评论家、小说家、剧作家的作品赫赫有名，但除了若埃尔·卡尔梅特（Joël Calmettes）的那部电影[1]，出版

1　Jöel Calmettes, *Albert Camus, journaliste*, Chiloé Productions, 2010, 52 minutes.

界没有给他的新闻作品应有的关注。直到现在，仍没有一本书汇集并分析过加缪所有的新闻创作，然而，加缪的文笔正是在新闻写作中得到了锻炼，他的天赋、社会敏感性、道德承诺以及清醒的头脑由此开始显露。从一开始，他就以深入实地的方式从事新闻工作，揭露赤贫者、卑贱者和受辱者面临的不公。加缪的记者生涯展现出了其作品与生活的一致性，这根植于他从童年起与世界的关系：一种见证的责任。在他后来的作品中，新闻工作仍然是基本的链环，我们可以在这些作品中看到一致的原创主题和烦忧。在这份工作中，他还发现了团队合作与以严谨的态度直面时事的乐趣。他热爱且非常认真地对待这份职业，尽管他对新闻界进行了批判，但他还是以极大的"兴致"拥抱这一职业，这与声称新闻工作只是他人生旅途中的一个"意外"的传言恰恰相反。不要忘了，在生命的最后时刻，加缪坦言渴望回到新闻界，继续未完成的新闻项目。

这本书复原了加缪作为记者和司法专栏作家时的所有工作：近距离新闻，接近当事人的地方新闻，以及调查性新闻。他调查、描述、明确、核实、见证、展示和报道阿尔及尔新闻界不感兴趣的社会现实。他总是富有冲击力、易懂、有效、简洁、极度直接，抛开冗余，直奔本质。这种新闻风格将永远浸润着这位作家兼哲学家，使他远离修辞的矫揉造作和其他文体上的诡计。

后来，加缪作为抵抗的声音之一，在战后新闻界确立了自己的位置。他批判民族主义、爱国主义和极权主义，并从一开始就抨击法西斯主义。此外，不要忘了他对西班牙共和党人的忠诚，他将永远捍卫这一事业。加缪与所处的时代背道而驰：对教条主义和摩尼教的拒绝、对复杂性的感知使他具有一种时代敏感性。他还拒绝一切野蛮："既不当受害者，也不做刽子手。"这显出一种逆时代而行、与其他媒体相悖的和平主义。他的清醒使他倍感孤独。他是第一个谴责美国在日本广岛投放原子弹的西方记者——在 1945 年 8 月 8 日《战斗报》的社论中，而当时其同事们关注的是其中体现的技术实力。加缪照亮了我们的现在，他反对野蛮、恐怖主义、社会不平等和不公正，他还是一位世界公民 [1]，亦是一个伟大的欧洲人。

因此，本书旨在将加缪作为一个模范记者，来展示他从一个年轻记者到一个社论作者的职业生涯。在此期间，他对无可争辩的时事新闻、记者这一职业的使命进行了反思。当今的新闻界应从过去新闻界的佳绩中获得启发。在当前对记者极度缺乏信任、传统新闻媒体丧失公信力（被怀疑受权力操控）的背景下，在虚假信息日益泛滥，而脸书（Facebook）作为一个新的媒体空间崛起的情况下，重新思考阿尔贝·加缪，并从他那里得到启发，这是势在必行的。

本书的贡献之一，是分析了加缪从 1944 年 8 月至 1947 年 6 月在《战斗报》专栏中发表的所有涉及新闻业的社论。这份研究材

---

1 « Déclaration à l'ONU des citoyens du monde », texte écrit par Camus. Avec Garry Davis et Robert Sarrazac, 19 novembre 1948.

3

料由大约 30 篇文章组成。这些社论是新闻批评的典范，分为以下

几类："新闻批评"、"记者的角色"和"新闻改革"。此外，本书还包括加缪及其在《战斗报》时最亲密的几个同事接受媒体采访的摘录。这些采访带来了新的信息，为分析加缪的新闻作品开辟了新道路。最后，我们还可以在本书中看到加缪与帕斯卡尔·皮亚（Pascal Pia）、他的朋友罗歇·马丁·杜加尔（Roger Martin du Gard）以及勒内·夏尔（René Char）之间大量通信的摘录，他在信里也谈到了新闻业。

本书旨在成为当下记者和未来记者的参考手册，也适合任何对阿尔贝·加缪作品中这一鲜为人知的类别感兴趣的读者。加缪的形象在今天仍然具有现实意义，这既基于他充满人道主义的文学和哲学作品，也基于他带有个人意志的新闻实践，即一种建立在对真理和公正的要求之上的批判性新闻。

阿尔贝·加缪对新闻工作充满激情，这一时期虽短暂，却繁忙。在第二次世界大战如火如荼之时，他的文字为这一艰难时期带来了光明和希望，无论是涉及殖民时期阿尔及利亚的问题，还是涉及纳粹占领的问题。加缪在阿尔及利亚担任记者期间也与审查制度和审查员进行了斗争，直到 1940 年《共和晚报》停刊。他成为不受当局欢迎的人，被踢出了新闻界。他们设法让他找不到工作，于是加缪离开阿尔及利亚，去了巴黎。

同 19 世纪和 20 世纪的其他法国记者兼作家一样，加缪是由新

闻塑造的，在其新闻报道中可以觉察其文学作品的起源和基础。在新闻写作中，他对"公正"这一主题的迷恋无处不在，特别是在《既不当受害者，也不做刽子手》（*Ni victimes ni bourreaux*）这本书的文章中，后来的《正义者》（*Les Justes*）、《堕落》（*La Chute*）和《鼠疫》（*La Peste*）等作品也显出了这种迷恋。

18

在某些问题上，他把新闻作为表达和反思的首选方式。正如让·达尼埃尔（Jean Daniel）指出的那样：

> 对加缪来说，很显然，相较于写给他人的、耗时长的作品，在昙花一现之物的刺激之下进行的写作练习更能激发他的灵感，使他对人类处境进行思索。对具体事件的反应，使他走向他后来将之概念化的那些原则。[1]

同左拉一样，加缪是一位"全职"记者：在他人生中的某些阶段，新闻工作是他的主要收入来源。此外，他也像左拉一样，为他认为公正的事业奔走，比如为卑微的公务员霍丹特（Hoddent）进行无罪辩护。霍丹特被金融寡头指控为投机分子，实际上，他并没有屈从于腐败。

加缪在《阿尔及尔共和报》工作时便给人留下了深刻印象，

1　Jean Daniel, *Avec Camus. Comment résister à l'air du temps*, Gallimard, 2006, p. 14.

他最好的新闻作品在那里就已出现；随后，《战斗报》又巩固了他的名声。在《快报》短暂任职后，加缪于 1957 年永远告别了这一职业。

加缪以报刊为武器，采用各种体裁，从新闻报道到法制专栏和文学评论，再到社论。由于他的道德要求，他对报刊在社会中作用的清醒认识，以及他在寻求真相和捍卫人类尊严与正义方面的勇气，他可以被称作一个模范记者。毫无疑问，加缪是 20 世纪新闻业的核心人物。

19

意向性新闻

阿尔贝·加缪在担任记者期间，创立了一种批判的、自由的、独立的、具体化的、参与度高的模式。欧洲大部分记者对新闻业有着基于传统的职业想象，而加缪的新闻写作使这种传统更加稳固。显然，这些文章是法国新闻专业学生可参照的典范[1]，他们至今仍视加缪为良师，视其为一个利用新闻平台表达和解读对世界看法的引领者。这一职业如今需要的正是许多"加缪"：是以严谨的态度武

1　2011 年至 2012 年，通过对来自 4 所公立大学的新闻学院（分别位于斯特拉斯堡、图尔、马赛和波尔多）的 115 名学生的一项调查，进行了题为"法国未来记者的构想"的研究，结果阿尔贝·加缪被选为三位模范记者之一。

装自己，以执着地寻找真相为动力，致力于引领读者，并为读者解释时事之复杂的记者们；是不断调查、核实，愿意花费时间成为"最好而非最快的人"，揭露鲜为人知的社会现实，揭开令人难以接受的局面的记者们。对于这一职业而言，众口一词已成为常态，记者的形象往往具有同质性，而加缪则是社会多样性的代表。由于忠于自己低微的出身，忠于被压迫者的利益，他对通常会被新闻界掩盖的现实感兴趣，并在其他记者对不公正现象视而不见时谴责这些现象……

　　与加缪这样被神话了的人物相匹配的，是建立于道德观念之上的理想型新闻业。今天，在民主受到众多威胁的情况下——新闻、政治、经济领域精英的勾结，工业集团或电信集团对媒体的控制，新闻业被认为是反权威的。 20

　　法国在线新闻调查网站《参与传媒》（*Mediapart*）通过其创建者埃德威·普莱内尔之笔，于2009年出版了宣言《为自由新闻而战》（*Combat pour une presse libre*），这就是加缪遗产对当下产生影响的一个例子。普莱内尔提出了如下挑战：

　　　　在激励着我们的这项事业中，即夺回昨日被束缚之自由，我们经常想到阿尔贝·加缪的《战斗报》，这份日报源于抵抗运动，诞生于民族解放运动之时，当时闪耀着以更民主、更团结和更人道来重建共和的希望。他那时使用的词语远未过

7

时，作为对在数字时代重建新闻业的鼓舞，似乎仍然是恰当且有效的。[1]

普莱内尔这番话是对加缪的《战斗报》的致敬，他将当今为新闻自由和独立而进行的斗争确立为数字时代"新闻业重建"的中心。重要的是，这家创建于 2007 年的在线新闻调查网站，其新闻模式（基于调查）和经济模式（仅基于读者的订阅量，没有广告）已获得成功。因此，它声称要回归一种"战斗"的新闻，即一种充满活力的、独立的，却深入公共空间的新闻。

从行动上讲，加缪是正派的、诚实的、为真理服务的新闻业的典范；从抽象意义来看，这位知识分子还有理论和反思的一面，即这个职业应该是怎样的。他在《战斗报》上的一篇社论中的一句话就是证明：

21

> 我们每个人的任务都是仔细思考我们打算说的话，一步步塑造我们报纸的精神，专注于写作，并且永远不要忽视让一个国家重新获得最深刻声音的巨大需求。如果我们能确保这种声音仍然具有能量而非仇恨，具有高尚的客观性而非巧辩，具有人道主义精神而非平庸性，那么许多东西就会得到拯救，我们

1　Edwy Plenel, *Combat pour une presse libre*, Paris, Éditions Galaade, 2009, p. 11.

就不会失去尊重。[1]

在这种元新闻（métajournalisme）的练习中，加缪提出了一种基于"媒体再生"和"思想新闻"的新闻学理论。他建议对媒体进行自下而上的改革，这既涉及媒体的法律地位和财务独立（要摆脱资本的奴役），也涉及记者的社会责任。[2] 他还提及这个行业应该选择的方向，并将精神的纯洁和对真理的追求放在首位，同时也不忘提醒人们，要不惜一切代价提防追求轰动效应的失真、虚假信息和盲目追求速度的危害。加缪就与读者的关系警告说："我们试图取悦他，而我们只应启迪他。"他教导我们"对真理的追求并不意味着人们不会选择立场"。他呼吁记者应有责任心："给事物下了错误的定义，就是给世界增添不幸。"在加缪未发表的呼吁新闻自由的宣言，即于 1939 年 11 月 25 日前夜受到审查、本应发表于《共和晚报》的那篇文章中，他留下了自由的记者应遵循的原则："清醒、拒绝、讽刺、固执。"

以加缪为主角的"职业神话"的复苏发生在新闻危机的背景下，这一危机既可归因于技术变革，亦可归因于媒体金融危机——

22

1　« Critique de la nouvelle presse », *Combat*, 31 août 1944.
2　"但无论如何，在任何时候，记者这一职业所拥有的好处和肩负的责任是相当的；因此，它既是一份职业，也是一项使命。" *Bien faire son métier*, Pléiade IV, p. 1337. "记者是'记者'一词的持有者，而正有赖于这一优势，他时而得以国家之名说话。新闻是国家的语言。" *Ibid.*, p. 1336.

媒体很难找到一个可行的经济模式，这使媒体难以保持独立。在数字新闻媒体《参与传媒》的成立宣言中，埃德威·普莱内尔以一种"主观性批判"的姿态提到了加缪的记者形象，并将其作为当今记者的典范。这种话语意在通过一位"有立场的新闻从业者、公共空间的正式参与者"的行为来"重建新闻业的权威"。

在法国，加缪对新闻业的思考仍然富有生命力，它激发了一种模式，在这种模式中，记者作为"民主的辅助者，捍卫着一种集体构想、一种战斗着的新闻业"。

因此，加缪的许多建议被重要的知识分子在思考当代新闻的使命时采纳，这合情合理。在 2015 年接受《世界报》（*Le Monde*）采访时，安伯托·艾柯（Umberto Eco）宣称："批判性新闻万岁！"他没有提到加缪的名字，但解释了"思想新闻"的重要性，这似乎是受到《反抗者》（*L'Homme révolté*）作者之主张的启发：

> 可以像《纽约时报》那样，将主要信息缩减到报纸的一个栏目中。这就是为什么高要求的新闻必须深耕时事，为思想留出空间……是的，应该恢复批判性新闻，扩大其影响范围，尤其是在网络上……我们不应放弃对公众品位的塑造。报纸可以成为具有批判和民主精神的过滤器。[1]

23

24

---

1 此处出自《世界报》2015 年 5 月 30 日对安伯托·艾柯的采访。又见他对新闻业的思考：U. Eco, *Cinq Questions de morale*, Grasset, 2000, pp. 75-113。"媒体不能逃避批评，一个民主国家健康发展的条件是其新闻界知道如何质疑自己。"

第一章　人生基准点

在贝尔库的童年

"我周围的人都不识字。请您酌情评估。"[1] 18 岁的加缪在上交一份作业后，向他在阿尔及尔大学文学院的老师卡尔·A. 维吉尼（Carl A. Viggiani）如此吐露道。这段由加缪在《战斗报》的记者朋友罗歇·格勒尼耶（Roger Grenier）记录下来的逸事，可以解释加缪从阿尔及尔到斯德哥尔摩的漫长旅程中的很多情况。这是一段长达 20 多年的旅程。

加缪没有任何学业方面的保障。他的母亲和外祖母希望他走出教室，去做学徒赚取生活费，而不是把时间浪费在学校。无法想象他能上大学；同样意想不到的是，他将成为一名记者，并在几年后在"文人共和国"中占据主导地位；更出人意料的是，他将获得诺

1　R. Grenier, *Albert Camus. Soleil et ombre*, Paris, Gallimard, 1987, p. 15.

贝尔文学奖。在他所处的社会背景之下，没有任何东西预示了他的命运——他后来的生活，他本应因出身低微而受到阻碍。他摆脱了

25 社会阶层决定论。他的母亲、外祖母，以及与他一起生活的舅舅约瑟夫（Joseph）和艾蒂安（Étienne）都不识字。加缪小时候家里没有书，也很少有人说话。有人说话的时候，也往往是基础法语混着梅诺卡（Minorque）的土话。阿尔贝·加缪在学校学习法语，这门语言对他而言几乎是一种外语。

要理解加缪，我们必须回到他的童年，那是他身份建构的特殊时期，其间充满了亲密的斗争。他童年的领地贝尔库（Belcourt）区在属于无产者的市郊，移民家庭都往那儿挤。那里有阳光、地中海、贫穷、困难，也有欢乐、情谊、疾病[1]和生命力，还有他不得不经历的棘手惨剧。他爱好阅读、写作、戏剧、足球[2]、交友、思考和介入社会事件。正如 1945 年他自己在《加缪手记》（Carnets）中感叹的那样："如果我童年时不是我那样的孩子，我将成为怎样的人！"[3]他所有的文字都植根于他对童年的忠诚。

1　"疾病是一间有着自己的准则、苦行、沉默和神启的修道院。"Carnets (janvier 1942-septembre 1945), 1942, Pléiade Ⅱ, p. 969. "疾病是一个十字架，但也可能是一道栅栏。而最理想的是：取其所长，拒其所短。"Ibid., p. 980.

2　对于阿尔贝·加缪来说，足球运动就像一所真正的生活学校："我立刻就知道，球永远不会去往你认为的那一边。这对我的生存很有帮助，尤其是在人都并不诚实可靠的大都市里。"（摘自 1953 年阿尔及尔大学联赛新闻简报的采访）

3　Carnets, Cahier Ⅳ (janvier 1942-septembre 1945), Pléiade Ⅱ, p. 1025.

在《婚礼集》(*Noces*)中，加缪追忆了品达（Pindaro），并与尼采产生共鸣："一个人要成为自己，找到自己的内在尺度，并不是那么容易。"[1] 加缪的生活和思想都围绕着同一个存在的必要条件：成为自己。他从逆境中汲取了塑造自己的力量。 26

忠实于阿尔贝·加缪，也意味着理解他的作品、新闻写作与他的存在、反思和介入之间的微妙联系。加缪作品（包括新闻作品和文学作品）的独特性在于它们是一种理解世界的尝试；在于面对被压迫者、无辜者的痛苦时的敏感；最重要的是，在于他想成为一个自由人，或者至少是想逆潮流而行。加缪坚定不移地怀抱着对公正和自由的热情。他认为："自由提供的只是一个变得更好的机会。"在之后的日子里，这种想法成为一条指引线，引导着他作为记者谴责权力的滥用，作为作家质疑生存的荒诞，并以反抗[2]作为对命运不公的回应。

深入文化是加缪开启奇幻旅程的关键，先以他参与新闻界为标志，后以他参与知识界为标志。当他的外祖母为他在当地图书馆注册，让他得以成为一名贪婪的阅读者时，当他后来在他姨父古斯塔

1　*Noces,* Pléiade I, p. 106. 对尼采的参照很明显："你要成为你自己。"F. Nietzsche, *Le Gai Savoir*, Gallimard, 1989, p. 270.

2　"反抗。最终，我选择了自由。因为即便公正无法实现，自由也保住了抗议不公正的力量，拯救了人与人间的交流。"*Carnets* (janvier 1942-1945), 1945, Pléiade II, p. 1024. 加缪定义了某种人的天赋，即他在《反抗者》中从理论上一点一点建构的那种天赋。

27 夫·阿科（Gustave Acault）的家中发现法国文学经典藏书时，年轻
的加缪已确定了他的使命：成为作家。

很久以后，加缪承认，他从未超脱于困苦且贫瘠的童年。在他
年仅 21 岁时写的第一部作品《反与正》（*L'Envers et l'Endroit*）的
序言中，他说："起初，贫穷对我来说从不是一种不幸：光明在其
中传播它的财富。甚至，我的反抗也被点亮。这些反抗之举几乎一
直是为所有人进行的反抗，是为了让每一个人的生命都升入光明之
中——我想我可以毫不掩饰地这么说。"[1]

但那时的世界是一个远离文化的世界，在那里，没有人会阅
读，没有人会书写；在那里，人们甚至无法说出一句正确的法语。
那是一个由沉默主宰的世界。加缪的妈妈有语言障碍，词汇量仅
400 个词上下。[2] 她和加缪的舅舅艾蒂安一样，生来就失聪；艾蒂安
是一名箍桶匠，与加缪母子以及加缪的外祖母一起生活。加缪的外
祖母生性寡言而专横，这比她不说话更折磨人，正如加缪在他的自
传体小说《第一个人》（*Le Premier Homme*）中叙述的那样：

> 外婆从他身后走过，拿起挂在饭厅门后的粗鞭子，那是根
> 牛筋鞭子，在他的腿和屁股上抽了三四下，火辣辣地疼得他

---

1 *L'Envers et l'Endroit*, Pléiade I, p. 32.
2 *Le Premier Homme*, Pléiade IV, p. 940. "交错的章节，让母亲说话。对同一些
   事实的评论，不过只用她的 400 个词。"

直叫。[1]

加缪回忆说，他的外祖母在家里管教他的行为，她禁止他在课间休息时踢足球，以免在学校的水泥地上损坏鞋底：

28

> 她亲自为孙辈购鞋，买那种结实、厚底的高帮皮鞋，希望能永不破损。为了提高鞋子的寿命，她让人在鞋底钉上大个儿的锥形钉。这有两个好处：先磨鞋钉，再磨鞋底；还能查验他们是否违禁去踢球了。[2]

在加缪的父亲 1914 年离开家去参军后，加缪和母亲就住进了他外祖母的房子。小加缪那时还不到一岁。他们一开始生活在乡下，在蒙多维（Mondovi）的一个小村庄里，加缪的父亲原是这里一个葡萄酒庄的农场工人。第一次世界大战爆发后，他与其他许多"黑脚"[3]一样，被派往前线，参加马恩河战役。飞入头部的弹片导致加缪的父亲失明了。一周后，即 1914 年 10 月 14 日[4]，他在圣

---

1 *Le Premier Homme*, Pléiade Ⅳ, p. 772.

2 *Le Premier Homme*, Pléiade Ⅳ, pp. 791-792. 本书中《第一个人》引文部分参考刘华译本，上海译文出版社 2013 年版。——译者注

3 "黑脚"（pieds-noirs）是指生活在阿尔及利亚的法国或欧洲公民，亦可指 1956 年前生活在法属突尼斯和摩洛哥的法国公民，现多指出生在阿尔及利亚的欧洲定居者后裔。——译者注

4 此处原文如此，经核查应为 10 月 11 日。——编者注

布里厄（Saint-Brieuc）医院去世。

加缪自此失怙，他还未见过自己的父亲。这一角色的缺席将在他身上刻下烙印，并给他留下遗产：拒绝战争，笃信和平主义。将"站在野蛮的对立面"作为立人之本，这是他父亲的死留下的教训。他在《反抗者》中写道："一个没有道德的人，是一只在世上撒野的怪兽。"[1] 在未完成的遗作《第一个人》中，加缪追忆了自己父亲的形象："我父亲应征入伍时，还从未见过法国。他后来看到了它，随之被杀（这便是像我家一样贫贱的家庭给予法国的）。"[2]

多年后，加缪去往父亲的墓地，这是应他母亲的要求，尽管她"几乎从未说起过这位亡者"。在这位"无名死者"的坟墓前，他读到了"1885—1914 年"这一生卒时间，随之"无意识地进行了计算：29 岁"。而当时加缪 40 岁。

葬在这块石板下的人曾是他的父亲，比他现在还年轻。温情与怜悯突然溢满了他的胸膛，这不是儿子怀念去世父亲的心灵颤动，而是一个人在意外死亡的孩子面前感受到的震惊与同情。这里的某种东西是有悖自然常规的。不过，说真的，也不只是常规的问题，儿子比父亲岁数大这一事实，只能带来疯狂与混乱。[3]

1　*L'Homme révolté*, Pléiade III, p. 324.

2　*Le Premier Homme*, Pléiade IV, p. 922.

3　*Le Premier Homme*, Pléiade IV, p. 754.

据阿尔贝·加缪的母亲说，加缪长得很像他的父亲。[1]她说，他父亲"死在了荣誉的战场上"。加缪曾试着想象"这个刚刚给予他生命就死在大海另一边那片陌生土地上的男人会是什么样子"[2]。

加缪的母亲可悲地沉默着，把她丈夫的英勇十字勋章和从军奖章，同击中他头部的炮弹碎片一起放在了一个饼干罐里。她还留着他从前线寄给她的几张明信片。加缪的父亲在成年之后才学会阅读和书写："你知道，他从前不识字。在孤儿院里什么都学不到。"[3]然后是最后一张明信片："我受伤了。不太要紧。你的丈夫。"几天后他就去世了[4]，加缪在《第一个人》中写道。（照顾加缪父亲的）护士写道："这样好些。不然他会成为瞎子，或者是疯掉。他很勇敢。"[5]

加缪试图重构他童年的记忆、父母的生活，帮助他母亲恢复在自我牺牲和沉默的生活中企图忘却的记忆。加缪指出："穷人的记忆本就没有富人的丰富，这记忆在空间上的参照较少，因为他们很少离开居住的地方；同样，在时间上的参照也少，他们的生活是一成不变、暗淡无光的。"[6]

30

---

1 "——我真的像我父亲吗？——噢，简直一模一样。当然，你不知道他长什么样。他死的时候你才6个月大。但你那时候好像就有小胡子！"

2 *Le Premier Homme*, Pléiade IV, p. 755.

3 *Le Premier Homme*, Pléiade IV, p. 777.

4 *Le Premier Homme*, Pléiade IV, p. 783.

5 *Le Premier Homme*, Pléiade IV, p. 783.

6 *Le Premier Homme*, Pléiade IV, p. 788.

　　加缪的母亲卡特琳娜·桑泰斯（Catherine Sintès）是西班牙裔，来自一个从梅诺卡岛来的移民家庭。加缪的外祖母玛丽亚·卡特琳娜·卡多纳（María Catherine Cardona）出生于梅诺卡岛上圣路易斯（Sant Lluís）的一个小村庄，她也在很年轻的时候就丧偶了，独自承担了抚养 9 个孩子的重任。她同其他许多穷困潦倒的西班牙人一样[1]，移民到了阿尔及利亚，他们大多是农业工人或短工，有的来自巴利阿里群岛，有的来自阿利坎特或安达卢西亚，通常会到法国殖民者的庄园工作，寻求更好的生活。

31

　　她的父母都是马翁（Mahón）人，在萨赫勒地区的一个小农场将她抚养长大，她年纪轻轻就嫁给了另一个马翁人，他敏

1　Gérard Crespo et Jean-Jacques Jordi, *Les Espagnols dans l'Algérois. 1830-1914 : histoire d'une migration*, Versailles, Éditions de l'Atlanthrope, 1991. 这本书论述了法属阿尔及利亚的西班牙移民，他们的人口数仅次于来自法国本土的法国人。法国政府并不鼓励西班牙人的这次移民潮，但采取了容忍的态度。得益于法式教育和混合婚姻的高比例，他们的融入是成功的。1886 年，西班牙裔占阿尔及尔人口的 28%，这些人主要来自巴利阿里群岛，以及阿利坎特省、阿尔梅里亚省、穆尔西亚省和巴伦西亚省。

J. B. Vilar, *Los españoles en la Argelia francesa (1830-1914)*, Consejo Superior de Investigaciones Científicas, 1989. 1492 年信仰天主教的君主驱逐犹太人后，这些犹太人来到阿尔及利亚避难。在奥兰（Oran），19 世纪末有约 10 万名西班牙人。从 20 世纪初开始，西班牙移民主要前往美洲。西班牙内战结束后，许多流亡者在阿尔及利亚定居，主要是在奥兰，这个城市是由格拉纳达地区的安达卢西亚人在 10 世纪建立的，那里生活着西班牙各民族。奥兰在 1708 年之前一直是西班牙的国土。又见 Francesc M. Roger (dir.), *Albert Camus i les Balears*, Documenta Balear, 2014, pp. 71-81。M. Marfany, *L'émigracio menorquina a Algèria al segle XIX*, Documenta Balear, 2015, pp. 20-26.

感而脆弱，他的兄弟们在 1848 年他们的祖父去世后，就已定居在阿尔及利亚了。他们的祖父是那个时代的诗人，骑在母驴背上漫行在小岛菜园的矮石墙间，吟诗作赋。[1]

移居者和移居者的儿子[2]，这就是桑泰斯家族和加缪家族的历史。他的母亲卡特琳娜·桑泰斯听力受损，也是个文盲，她做清洁工来养家。她是一个善良的女人，人畜无害，接受了自己的悲惨命运。她是加缪写作的秘密灵感来源：贫穷、苦难、沉默、屈从、勇气和牺牲。[3] 他曾这样描述："她温柔、有礼貌、性情随和，甚至是忍气吞声，却从未被任何事或任何人击垮，她因半聋、有语言障碍而被孤立，她固然美丽，却几乎无法亲近。"[4]

32

一个无处不在的母亲[5]，这个内心强大的形象将伴随他的一生。

1　*Le Premier Homme*, Pléiade Ⅳ, p. 790.

2　"移民，就像所有那些曾一直生活在或短暂生活在这片土地上的人一样，没有留下任何痕迹，除了那些定居者的小小墓地上那风化了的、生了青苔的石板……"见 *Le Premier Homme*, Pléiade Ⅳ, pp. 858-859。

3　在小说《第一个人》最后的插页中，他写道："理论上，这本书是为了母亲而写，从头到尾——而我们只有在最后才知道她不识字——是的，就是这样。"他又在下一页补充说："将这个贫穷的家庭从穷人的命运中拯救出来，它正不留痕迹地从历史上消失。这些哑巴。他们过去和现在都比我更伟大。"见 *Le Premier Homme*, Pléiade Ⅳ, pp. 929-930。

4　*Le Premier Homme*, Pléiade Ⅳ, pp. 774-775.

5　加缪对母亲很忠诚："有一件事，即我从未背叛过您。我一生都对您忠心。""你是一个好儿子。"《第一个人》附录，*Le Premier Homme*, Pléiade Ⅳ, p. 958。

加缪正是以她和所有被压迫者的名义，选择了自己的立场，但绝不是带着怨恨或报复之心：

> 她忍受着伺候他人的艰苦时光。跪着刷洗地板，整天待在油腻的残羹冷炙和他人的脏衣服之间，过着没有男人、没有慰藉的生活，忍受着一天又一天漫长又悲苦的日子。由于看不到希望，生活也就没有了怨恨，变得愚钝而难挨，最后对所有的痛苦，无论是自己的还是他人的痛苦，都逆来顺受。[1]

上午，卡特琳娜在一家兵工厂打扫卫生。下午，她给私人住宅或商店做清洁。为他人工作，忘我而庄重，这种被奴役的生活也只能让她勉强养活她的家人。阿尔贝·加缪声称："统治我童年的那美丽的热情，完完全全地夺走了我的怨恨。"[2]

他指出，在他身上"从来没有出现过我们中最普遍的缺陷，我指的是嫉妒，这是社会和学说的真正毒瘤。这种幸运的豁免并不归功于我，我将之归功于我的家人，他们几乎什么都没有，但什么都不羡慕。这个甚至不识字的家庭，通过他们的沉默、谨慎、自然而有分寸的骄傲，给了我最高的教诲，终生受用"[3]。

1　*Le Premier Homme*, Pléiade Ⅳ, p. 775.

2　*L'Envers et l'Endroit*, Pléiade Ⅰ, p. 32.

3　*L'Envers et l'Endroit*, Pléiade Ⅰ, p. 32.

加缪后来也强调，他只承认"劳动的贵族和精神的贵族"[1]。从他的母亲那里，他学会了要当心权力所在之处。1951 年 7 月 14 日，他被邀请去爱丽舍宫，他将此事告诉母亲，但她并没有被这样的邀请迷惑，而是回复说："这不是为我们准备的。不要去，我的孩子，当心。这不适合我们。"[2] 这件事就这样结束了。加缪绝不会去爱丽舍宫，绝不会进入这共和国的宫殿。他对权力的虚假光芒保持警惕。

在中学时，加缪因超越同龄人的才华崭露头角，随后又在文学领域脱颖而出。作为一名哲学专业的学生，他于 1934 年开始写他的第一本书《反与正》。这本 20 年后由伽利玛出版社（Gallimard）在法国再版的书，围绕着他母亲的神秘和沉默展开，是他事业的开始。加缪一生都在试图解释她的沉默，这种几乎算是病态的缄默。许多专家[3]认为他的母亲与他的作品不可分割，专家们分析了加缪作品中的母亲形象后认为这一形象作为"加缪作品整体的象征"，"蕴含着作品中的所有元素"。

34

---

1 "长久以来，我们的国家只有两种自己的贵族，即劳动的贵族和精神的贵族。"见 A. Camus, *À Combat*, Gallimard, coll. « Folio », p. 181。

2 Jean Daniel, *Avec Camus. Comment résister à l'air du temps*, p. 135.

3 N. Van-Huy, *La Métaphysique du bonheur chez Albert Camus*, Neuchâtel, 1964. 又见 J. Gassin, *L'Univers symbolique d'Albert Camus*, Paris, Librairie Minard, 1981。

要理解加缪的童年，可以在《第一个人》中寻找关键词。这部作品陪伴加缪走完了他人生最后的阶段："回归本源"，回归童年，回归欢乐，回归爱。他在这部作品中阐明了自己向前的动力："简而言之，我将谈论我爱的人，而且只谈这些。怀着深深的喜悦。"[1] 他的母亲扮演了基督般的神圣角色。[2] 她虽然不会读写，却是唯一能够理解的人。他母亲的纯真让他惊得哑口无言，甚至让他感到困惑："她似乎不再考虑他，也不再想其他任何事情，甚至有时用一种奇怪的表情看着他，就好像（至少是在他看来）他现在是多余的，扰乱了她狭窄、空虚、闭塞的宇宙，她孤独地穿梭其间。"[3] 他的生活与他母亲的生活是平行的，他在《第一个人》的结尾暗示了这种关系：

> 妈妈。事实是，尽管我全身心地爱着，我仍然无法这样盲目忍耐着生活，一言不发、没有规划。我无法过她那种无知的生活。于是，我周游世界，创建、创新、点亮生命。我的日子

1　*Le Premier Homme*, Pléiade Ⅳ, p. 940.

2　"他的母亲就是基督"，*ibid.*, p. 925。"妈妈：就像一个无知的梅什金。她不了解基督的生活，否则她就在十字架上。然而又有谁离祂更近呢？"*Le Premier Homme*, Pléiade Ⅳ, p. 931。

3　*Le Premier Homme*, Gallimard, 1994, pp. 58-59.

充实到极点——但没什么能够占据我的心，如同……[1]　　　　35

加缪的文学天赋和道德承诺部分来自他成长时经历的那种沉默。他成长在里昂街——如今的穆罕默德-贝洛伊兹达德街（rue Mohamed-Belouizdad）[2]——17号那间简陋而拥挤的公寓里，[3]那是一个没有通电、不带浴室的三居室。后来，他们搬到了这条街的93号，位于平民社区贝尔库，这里居住着来自异国的那些最贫困的"黑脚"家庭，以及几个阿拉伯家庭。这是一种具有创造性的沉默，

1　*Le Premier Homme*, Pléiade Ⅳ, p. 936. 他又补充道："母亲的无知，与历史和世界的一切进展唱反调。她的宗教是视觉的。她明白自己看到的，却无法表达。耶稣即磨难，他倒下了，等等……母亲在生命末期信仰基督教。这个贫穷、不幸、无知的女人，应该给她看看人造卫星吗？愿基督保佑她！"接着他以这句话作结："最终，他请求母亲原谅。'为什么，你是个好儿子。'然而，这是因为她无法知道甚至无法想象，但只有她能原谅的一切。"见 *Le Premier Homme*, Pléiade Ⅳ, p. 936 及 939。

2　J. Reverte, *El hombre de las dos patrias. Tras las huellas de Albert Camus*, Madrid, Papel B, 2016, p. 102. 记者雷韦特（Reverte）解释说，直到今天，人们仍习惯用其原始名字里昂街来称呼这条街，对于贝尔库区也是如此。

3　加缪的传记作者奥利维耶·托德（Olivier Todd）是这样描述这套房子的："这处有着三个房间和一条走廊的桑泰斯—加缪家的住所，是以他外祖母的名义租住的……在屋外的楼梯间，土耳其式厕所散发着臭气。没有生活用水，人们用水桶从街上的水龙头接水，然后在水槽里洗东西。在锌制的大盆里洗澡，一周一次。主厅的桌子上方，悬挂一盏煤油灯。无论是在阿尔及利亚还是在法国本土，工人阶级家庭都是如此生活。他们不算是生活在苦难之中，只能说身处贫困的边缘。20世纪二三十年代的贫困是怎样的呢？贫困者吃的肉比鱼少，而苦难者梦想着鱼；贫困者用马赛皂做清洁，而苦难者不做清洁；贫困者会算账，而苦难者只能接受人们给他们的一切。"O. Todd, *Albert Camus. Une vie*, Paris, Gallimard, 1996, pp. 34-35.

正如加缪自己在《反与正》中认识到的那样：他在这部作品中追忆了"一个母亲令人钦佩的沉默，以及一个人为了寻找用来平衡这种沉默的正义或爱而做出的努力"[1]。

数年后，他又回到了这种沉默之中。1958年[2]，他躲进了不久前在卢尔马兰（Lourmarin）购置的房子，全身心投入创作。这套房子是用诺贝尔文学奖的奖金购买的，位于普罗旺斯，沐浴在地中海的阳光下。这让他想起了同在地中海阳光照耀下的阿尔及尔。阿尔及利亚战争爆发后，他再次陷入沉默。他避免发表自己的意见，这在法国知识界引起了争议。这种引发争议的闭口不言招来了其他知识分子的诸多批评，如萨特和西蒙娜·德·波伏瓦等人。然而，他将常常浸没于沉默中，以寻找自我。这种沉默不仅是有形的，即那种将他与母亲结合在一起的"动物性的沉默"，而且是超验的和伦理的——一种具有创造性的沉默。

加缪忠于自己的邻人，将成为那些无法发声者的嘴巴，成为所有被判处沉默、被强制缄默、被剥夺表达权之人的传声筒。当加缪关怀人类时，他更愿意倾听，而非表达。他写下了那些不识字者的语言，使文字成为他们的避难所，并为所有被遗忘和被迫沉默的人提供了出路。他的语言和风格是高效、简单、清晰、直接的，对无用充满敌意，直面必然和本质。他善用节制的文笔讲出真实和

1　*L'Envers et l'Endroit*, Pléiade I, p. 38.
2　此处原文为 1950 年，经核查应为 1958 年。——编者注

公正的事。在《加缪手记》中，加缪写道："真正的艺术作品惜墨如金。"[1]

共和国的受监护者

阿尔贝·加缪一直很感谢他的老师路易·热尔曼（Louis Germain），热尔曼设法说服了加缪的母亲和外祖母，并帮助这个聪明伶俐的学生获得奖学金，得以继续学业。正因如此，加缪才能摆脱自己贫瘠的出身——不仅是物质上的贫瘠，还有智识上的贫瘠。而加缪的大哥吕西安（Lucien）就没有这么幸运了，他被迫直接工作。加缪对热尔曼的感激之情表露在《第一个人》中。这本书中贝尔纳（Bernard）的原型就是热尔曼，加缪回忆了老师的慷慨帮助："因为贝尔纳先生（他毕业班的老师）在那个特定时刻，用他作为一个人的全部力量，试图改变他班上这个男孩的命运，而他的确做到了。"[2]

学校对小阿尔贝·加缪以及他的同学来说非常重要，因为它"不仅为他们提供了逃离家庭生活的机会，至少在贝尔纳先生的课堂上，学校在孩子们心中滋养了比对成人更必不可少的渴求，即对

1 *Carnets*, Pléiade Ⅱ, p. 862.
2 *Le Premier Homme, op. cit.*, p. 153.

探索的渴求……在热尔曼先生[1]的课堂上，他们第一次感觉到了自己的存在，感觉自己备受瞩目：人们认为他们能够揭示世界"[2]。

加缪在 1957 年 11 月 19 日寄出的一封情感丰沛的信中，向他的第一位老师、引导者表示敬意，这是在隆重的诺贝尔文学奖颁奖典礼之前不久。[3]

亲爱的热尔曼先生：

在对您说心里话之前，我已稍稍平息了这些天来环绕在我身边的喧嚣。人们刚刚赋予我了一个太大的荣誉，这荣誉我既未追寻过，亦未请求过。然而，当我听到这个消息之时，除了我的母亲，我首先想到的是您。如果没有您，没有这只曾伸向我这个穷小子的热情之手，没有您的教导和表率，这一切都不会发生。这荣誉对我而言无足轻重，但至少是一个机会，让我告诉您您曾经并将一直对我产生的影响；让我向您确认，您的付出、您的工作和您为之投入的慷慨之心在您教导过的一个小学生身上延续着，尽管他年纪大了，但并没有停止对您的感激。

我用尽全力拥抱您。[4]

1　这里，加缪以真名称呼他的老师。
2　*Le Premier Homme*, Pléiade Ⅳ, p. 830.
3　此处原文为在颁奖典礼之后，应为原文有误，加缪于 1957 年 10 月 17 日获得当年的诺贝尔文学奖，但颁奖典礼在每年的 12 月 10 日举行。——编者注
4　*Le Premier Homme*, *op. cit.*, p. 327.

路易·热尔曼是一个自由思想家，他将自己对文化、自由和人类尊严的热爱传递给了年轻的加缪。热尔曼对句法和拼写的要求非常高，并引导学生进行严格的语言和写作练习。这种训练让成长在表达能力和法语能力都很弱的家庭中的加缪可以弥补缺陷，因而至关重要。热尔曼为帮助加缪和其他三名同样处于弱势的同学倾注了大量心血。他自愿在课后给他们补课，帮助他们准备中学奖学金考试。

加缪是法兰西共和国教育下的一个优秀范例。法兰西共和国及其价值观就是对社会正义的道德承诺。在任人唯贤的基础上促进整体进步，这是真正的社会提升。正是因为存在共和国价值观，如平等精神，加缪才成为共和国的受监护者。共和国资助他上学，使他能够脱离原有的社会背景。因有了这笔奖学金，他得以在 11 岁时在阿尔及尔中学继续学习。加缪每天去学校都要穿过整座城市，他有时步行，有时乘有轨电车。在学校，他发现自己很穷，在课堂上他将自己与其他社会阶层更优越的孩子进行比较。而在位于贝尔库区的学校时，他没有意识到这一点，因为大家都面对同样的苦难。他从未邀请过他的中学朋友去他家。后来，他坦言："我今天能轻松地谈论它，是因为我不再为这种耻辱感到羞耻，我也不再因为感受到羞耻而自惭形秽。"[1]

1　*Carnets 1935-1948*, Pléiade II, p. 1068.

加缪在《第一个人》中的另一个自我——雅克·科尔梅里（Jacques Cormery）——在为自己的家庭感到羞耻后表达了这种内疚感，这便已显露出他的敏感性和社会意识。

无论是图像、书面文字，还是口头信息，抑或是日常交流中的浅层文化，都尚未抵达他们这里。这间房子里没有报纸，在雅克带书进来之前也没有书，连收音机都没有，这里只有具有即时性功能的物品，只能容得下这一家人。而且他们很少离开，即便离开，往往也只是为了与来自同一个愚昧家庭的成员见面。雅克从学校带回来的东西是无法融入这里的，沉默在他与他的家庭间滋长。在中学里，他也无法谈论他的家庭，即使他已经战胜了难以遏制的羞耻感——这羞耻感曾令他在这个问题上闭口不谈——他也感到无力表述其家庭的独特性。[1]

随后，加缪与他的第一位导师和恩人路易·热尔曼分离，后者帮助他获得了通向文化的机会，并为他的命运提供了另一种可能。在《第一个人》中，加缪用路易·热尔曼的话来叙述这种分离。"你不再需要我了，"他说，"你会有更多博学的老师。但你知道我在哪里。如果你需要我的帮助，请来找我。"[2] 雅克·科尔梅里在一段内

1　*Le Premier Homme*, Pléiade IV, p. 863.
2　*Le Premier Homme*, Pléiade IV, p. 848.

心独白中阐述了这种分离的象征意义：

> 他走了，留下雅克一人迷失在这些女人中间，随后，雅克冲到窗前，看着最后一次向他招手的老师，这个使他从此以后孑然一身的人。他没有感到丝毫成功带来的愉悦，相反，一种巨大的属于孩童的痛苦在折磨着他的内心，仿佛他事先知道，由于这种成功，他已然从单纯而热情的穷人世界被剥离了。对他而言，这个封闭的世界如同社会中的一座孤岛，只是其中贫苦取代了亲情和团结。现在，他被扔进了一个未知的世界，这个世界不属于他，在这里，他无法相信这些老师比那个心中无所不知的人更加博学。从此以后，他必须独自学习，独自理解一切，并最终在没有帮助的情况下成为一个男人。只身成长并接受教育，为此付出最昂贵的代价。[1]

让·格勒尼耶（Jean Grenier）是加缪中学时的哲学老师，也是加缪受教育时期的主要人物。深厚的友谊将会使他们永远联结在一起。在《第一个人》中，加缪讲述了他的第二自我（雅克·科尔梅里）如何对马兰（Malan）这一人物代表的让·格勒尼耶表现出极大敬意：

1　*Le Premier Homme*, Pléiade Ⅳ, pp. 848-849.

他学识渊博，雅克·科尔梅里非常崇拜他，因为，在一个高层人物如此平庸的时代，马兰是唯一真正有个人见解的人——如果说有那么一个人存在的话。而且在任何情况下，在看似随和的表象下，他都有一种判断的自由，非常与众不同。[1]

格勒尼耶引导加缪走向文学和人文科学："当时我非常年轻、愚蠢、孤独（在阿尔及尔，您还记得吗？），您转向我，不动声色地为我开启了通往这世上一切我喜爱之物的大门。"[2]加缪一生都与他保持着密切的通信联系，这些信件后来由伽利玛出版社出版。

在加缪因肺结核长期缺课期间，他的哲学老师让·格勒尼耶突然去做家访，还带着班上的一位同学。自己家的物质匮乏暴露了，加缪被一种羞耻感淹没，几乎不说话，格勒尼耶老师回忆说："房子看起来就透着贫穷的气息。我们上了一层楼。我看到阿尔贝·加缪坐在一个房间里，他艰难地向我问好，并用单音节词简短地回答我关于健康的问题。我们，他的朋友和我，就像是入侵者。每说完一句话都会陷入一阵沉默。我们决定离开。"[3]

加缪的姨父古斯塔夫·阿科是一名奉行无政府主义的屠夫，热衷于伏尔泰和阿纳托尔·法朗士，阿科是加缪在童年和青少年时期

41

1　*Le Premier Homme*, Pléiade Ⅳ, p. 756.

2　*Le Premier Homme*, Pléiade Ⅳ, p. 758.

3　J. Grenier, *Albert Camus. Souvenirs*, Paris, Gallimard, 1968, p. 10.

获得知识的另一个重要来源。阿科是一个狂热的阅读者，他给了加缪人生中第一批书，加缪狼吞虎咽地读完了，就像阅读贝尔库图书馆中的那些书一样。阿科住在一个稍好一点的社区，他的房子也更舒适，还带一个花园，那里的食物也更好。医生对加缪说，战胜他的疾病的唯一方法就是吃优质且多样的食物。从某种程度上讲，加缪是被他的姨父阿科救了。他曾数次住在阿科那里，治疗他的肺结核。阿科想说服年轻的加缪成为一名屠夫，埃贝尔·R. 洛特曼（Herbert R. Lottman）在他写的详尽传记中讲述了这一逸事。阿科对加缪说："我会在 8 天内教你做屠夫的手艺，你会赚很多钱，这样一来你就可以随心所欲地写作了。"[1]

　　弱势群体的贫穷有时表现在他们的语言上。加缪回忆道，如果说在他家"物体没有名字"，那么在其他地方可不是这样：

　　　　当他看到其他人的家时，无论是他高中同学的家，还是后来那些更富有的家，一瞬间击中他的是房间里满是数不清的花瓶、香槟杯、小雕像和画作。在家里，他的家人们称那些物件为"壁炉架上的瓶子"、锅、汤盘。这几样能在家中找到的东西都没有名字。然而，在他的姨父家里，人们会欣赏来自孚日地区的带火焰斑纹的瓷缸，用来自坎佩尔的全套餐具用餐。他

1　根据让·德迈松瑟尔（Jean de Maisonseul）的证词，见 H. R. Lottman, *Albert Camus*, Paris, Seuil, 1978, p. 61。

一直在同死亡一般荒芜的贫困中长大，在泛指名词中长大；而在他姨父家，他发现了专有名词。[1]

在离世前，加缪承认，他的姨父古斯塔夫·阿科"是唯一可以让他想象父亲该是什么样的人"。加缪表达了对自己姨父的喜爱，对于他的姨妈却很谨慎。作为他妈妈的姐妹，她"会因自己更有钱而张扬，这样一来，两个孩子宁愿继续没有钱，宁愿不要金钱带来的快乐，也不愿意感到受辱"。[2]

如果如我们所说，加缪的作品是受到他在阿尔及利亚的童年生活的启发，那么正是在贝尔库这个混血区，他找到了快乐所在。尽管经历了重重困难，但他永远不会忘记生命中这关键而丰沛的时期。"是贝尔库造就了他"[3]——加缪的传记作者之一埃贝尔·R.洛特曼这么说道。那是加缪生活和社交的地方，在那里，他和其他孩子一起上街玩耍，其中有些人的移民父母有意大利、西班牙血统，也有些是犹太和阿拉伯家庭。

《加缪手记》也多次提及加缪刚开始写作时的事。阿尔及利亚代表了一种生活和思维方式、一种生命艺术、一种精神信仰，充满奥秘和矛盾。那里有地中海的阳光和暗影，神秘又残酷，粗犷又惨

1　*Le Premier Homme*, Pléiade IV, p. 776.
2　*Le Premier Homme*, Pléiade IV, p. 792.
3　H. R. Lottman, *Albert Camus*, p. 38.

烈。加缪在进入新闻界后仍然忠于自己的家人，那些他从未抛弃过的人，他在谦逊和诚实中被养育长大。因此，支持最弱者这份承诺在他的作品中无处不在，就像是一份庄严的责任。他的执念之一是把尊严还给那些被夺走尊严者。加缪具有极强的社会敏感性，在为《阿尔及尔共和报》工作时，他选择了通常是业内最有经验的记者才会做的报道：重大报道、刑事审判或政治和社会新闻。加缪以这样的方式为无声者发声，为那些像哑巴一样活着、被打入沉默和被遗忘的人发声。他的报道服务于受压迫者和被遗弃者，始终以增强人们的道德意识为目标。

加缪的这种社会道德感在他 22 岁时就表现了出来。1935 年 5 月，他在《加缪手记》中写道：

> 我要说的是：人们可能会对已然失去的贫困抱有怀念——不带有浪漫主义色彩。在苦难中生活的那些年足以构建出某种敏感。在这种特殊情况下，儿子对母亲抱持的奇怪感觉成了他所有敏感的来源。这种敏感在完全不同的领域中的表现，可以充分用他童年时期（一种黏附在灵魂上的胶水）关于物质的潜在记忆来解释。[1]

44

1　*Carnets*, mai 1935, Pléiade Ⅱ, p. 795.

如果说新闻和文学对阿尔贝·加缪来说是相辅相成的，那么他的作品则来自一种"对债务的承认，一种作证的责任"。他交替撰写报刊专栏、新闻报道、文学批评、评论文章，特别是社论，常做政治分析，总是以电报文体和简练的风格来写，且总给出这样的提醒：

> 问心有愧，就需要忏悔。作品是一种自白，我必须袒露自己。我只有一件事要谈论、要看清。正是在这样贫困的生活中，在这些自卑或自负的人中，我真切地触及了我认为的生命真谛。[1]

多年以后，在1946年的《加缪手记》中，他继续写了童年时的故乡，尽管他那时正处于成功的巅峰。他指出："贫困的童年时期。我为自己的贫困和家人感到耻辱……我今天能轻松地谈论它，是因为我不再为这种耻辱感到羞耻，我也不再因为感受到羞耻而自惭形秽……我在绝望中爱着我的母亲。我一直心怀绝望地爱着她。"[2]

让·达尼埃尔强调了亲情在加缪的存在主义旅程中的重要性：

1　*Carnets*, Pléiade Ⅱ, p. 795
2　*Carnets*, Pléiade Ⅱ, pp. 1068-1069.

　　一种模糊而奇异的力量总是让他更接近阳光而不是苦难，但这并没有消除斗争的紧张气氛。这不能使他忘记贫穷，忘记他是个失去父亲的孩子，忘记他的母亲不识字、做着清洁工，忘记他身患疾病（肺结核），这种疾病在当时是不治之症。然而，这病最终只是他生命中的插曲，他是真正的凯旋者，健康的凯旋者。[1]

45

　　随着岁月流转，加缪为我们提供了清晰而可变的视角。在今天看来，他是一个忠实于其低微出身的人，他通过审慎的决定，也通过自发的同情——这在一切之上——将自己与世界上被压迫者的命运[2]结合在一起。

　　加缪还忠实于许多斗争：抵制战争，谴责一切野蛮行为，废除死刑，反对不公正，为人道主义而努力，给那些被剥夺了话语权的人发声的机会，热爱天真者的美德，偏向于穷人[3]朴素的生存方式，而不是像富人那样惹人注目地抛头露面……

　　在一场致命的事故将他带走之前，加缪以自己的存在为主题。

1　Jean Daniel, *Avec Camus. Comment résister à l'air du temps*, pp. 23-24.
2　"历史，想来容易，但对于所有以肉身承受它的人来说，很难去评判。被压迫者没有真正的责任，因为他没有权利。权利唯有带着反抗才回到他身边。" *Carnets* (août 1954-juillet 1958), 1956, Pléiade Ⅳ, p. 1245.
3　"但最终，只有贫困这个秘密，使众生无名，亦无过去。" Appendices du *Première Homme*, Pléiade Ⅳ, p. 937.

他在最后一部未完成的小说中，通过一个独自长大并成为自己的孩子的眼睛，对自己的人生做出总结，并创造出他"自身的传统"：

> 噢！是的，就是这样，这个孩子那时的生活就是这样，生活那时就是如此。在当地的贫穷岛屿上，被赤裸裸的需要束缚，在一个残缺、无知的家庭中，他年轻的血液沸腾着，他对生命有着无限的渴望。他具有猛烈而贪婪的才智，他一直沉浸在快乐的幻觉中，这种幻觉又时而遭到陌生世界突如其来的打击，这使他狼狈不堪。但他很快就恢复过来，力图理解、认识、领会这个他不熟悉的世界，而且他确实在领会它，因为他如饥似渴地接近它，从没想过要耍滑钻营。所以他虽意愿强烈，但不卑不亢，而且始终抱持一种平和的信念。这是一种保证，是的，因为这种信念确保了他将实现他想要的一切，这个世界中的一切以及这个世界本身对他来说从来没有什么是不可能的。他做好了随处安身的准备（这也多亏了他童年的荒芜），因为他不渴望什么地位，只想要幸福快乐、生命自由、健壮有力，以及生命中所有美好的、神秘的，不仅现在用钱买不到，而且永远都买不到的东西。[1]

46

1　*Le Premier Homme*, Pléiade IV, p. 910.

一座"面向世界的房子"[1]

阿尔贝·加缪继续他的研究，同时通过上私教课谋生——仅靠国家拨给学生的小额助学金会很难生活。这不是他第一次被迫工作，被迫为不堪一击的家庭经济做贡献：他说，穷人没有假期。高中时期，他就已经开始整个夏天都在一家五金店和海运邮政公司工作。在阿尔及尔大学读哲学和文学专业期间，加缪住在朋友家的一个房间里，他有时也住旅馆，这样他可以躲在沉默之中，独自一人平静地工作。他经常回贝尔库看望他的母亲。

大学时，加缪完成了题为《基督教形而上学和新柏拉图主义》（*Métaphysique chrétienne et néoplatonisme*，1936）的论文，获得了学位。在这篇论文中，他从普罗提诺和圣奥古斯丁的形象出发，对基督教思想和希腊思想进行了比较。[2] 加缪会拉丁语，这使他受益　　47良多，因为圣奥古斯丁的大部分文章都是用这一语言写成的——圣奥古斯丁出生在一个名为塔加斯特［Tagaste，后被称为希波城（Hiponas）］的小城镇，这里距离加缪所在的蒙多维不远。然而，

1　《面向世界的房子》（Maison devant le monde）是加缪 1935 年写的一首诗。——译者注
2　圣奥古斯丁的形象也曾是汉娜·阿伦特的研究对象。1928 年，这位哲学家完成了她的博士论文《奥古斯丁的爱的概念》（*Le Concept d'Amour chez Augustin*）。见 R. Baudouï, « Hannah Arendt et Albert Camus», *Présence d'Albert Camus*, 2017, vol. 9, revue publiée par la Société des études camusiennes, pp. 13-27。

加缪在希腊语方面却困难重重。他的毕业论文包含一段简短的引语、四个章节，以及一个结论。

起初，加缪想着从事教职，就像他对他的良师益友让·格勒尼耶说的那样，他想要一份可以养活自己并有时间写作的工作。然而，他身患一种慢性病——肺结核。他双肺都受到感染，因而无法获得参加哲学教师资格考试所需的健康许可。他永远不可能如愿成为一名教师。一段时间后，是记者这一职业使他第一次能够有尊严地活着，尽管《阿尔及尔共和报》给的工资很微薄。

对加缪来说，这几年是学习的年岁，是在日益焦灼的背景下投入政治事业的年岁，是热爱戏剧、与朋友激烈辩论的年岁，是好战的年岁，也是属于一段昙花一现的婚姻的年岁。1935 年，加缪加入共产党。[1]他的社会责任感、公正精神，他对他所属的贝尔库社区的无产者的支持是他加入阿尔及利亚共产党（PCA）的原因。但他的激进主义没有持续多久。很快，他就产生了不同政见，遂被驱逐出党。这一极短暂的政治经历让他感到失望。加缪在《加缪手记》中

48

1　Christian Phéline et Agnès Spiquel-Courdille, *Camus. Militant communiste. Alger 1935-1937*, Paris, Gallimard, 2017, pp. 7-8. "（他）秘密加入共产党组织，并在其影响范围内开展了大量文化活动……我们可以看到，未来的激进分子首先希望给他对自己最朴素的社会出身的忠诚，以及对军事和文化友好的追求，赋予有组织的形式。"让伊夫·盖兰（Jeanyves Guérin）认为："在 1935 年加入共产党，对加缪来说，并不意味着成为斯大林或多列士（Thorez）的同志，而是意味着成为纪德和马尔罗（Malraux）的同志，这是他青年时期的两个偶像。"见 J. Guérin, *Camus. Portrait de l'artiste en citoyen*, François Bourin, 1993, p. 16.

写道："政治和人类命运是没有理想、没有高度之人塑造的。那些具有崇高精神的人搞不了政治。"[1]

他参加共产党的时间与他跟有吗啡瘾的西蒙娜·耶（Simone Hié）让人捉摸不透的婚姻一样长：约 20 个月（从 1935 年到 1937 年[2]）。他离开了深受革命宣传影响的劳动剧团（Théâtre du Travail），并成立了团队剧团（Théâtre de l'équipe）。

完成学业后，1937 年 12 月至 1938 年 10 月，加缪在阿尔及尔气象研究所找到了一份办事员的工作，他靠汇报天气预测情况、记录温度变化、密切监测城市中的温度表来谋生。此前他曾短暂地做过航运代理，还在汽车配件店工作过。

加缪写作的志向从他上大学时起就存在，《加缪手记》中有所体现。其中满是书的草稿、戏剧作品的计划、哲学思考、至理名言、谈话、对白和对人物形象的说明。这种成为作家的使命是推动加缪的力量，使他充满愤怒和克制的生活有了意义。他的文学使命感与日俱增，因此他拒绝在距离奥兰 80 千米的西迪·贝勒－阿贝斯（Sidi Bel-Abbès）的一所偏远大学担任终身教授。他想成为一名描绘整个世界的作家，他将他的作品设想成一栋高楼大厦，楼层多而不同：首先是对生活之荒谬的揭露；然后是将反抗作为答案；最

49

1　*Carnets*, 1937, Pléiade Ⅱ, p. 845.
2　此处原文如此，应为原书此处有误。加缪与西蒙娜·耶于 1934 年结婚，于 1936 年开始分居，于 1940 年正式离婚，可参见本书最后的加缪生平时间线。——编者注

后的阶段是爱，让他回到童年。这三个阶段赋予他的作品和他的存在以意义。要建造这栋大厦，他知道他必须接近真理，自我建构，并尽可能忠于自己。

加缪一直像个大学生，经常到一起演出的朋友家里去，这房子是从某位姓菲许（Fichu）的先生那里租来的，坐落在阿尔及尔丘陵的高处。加缪给它取了一个名字，叫"面向世界的房子"。这套房子成了剧团的总部，他们在那里试演将要上演的作品，比如《阿斯图里亚斯的反抗》（*Révolte dans les Asturies*）。由于该剧的创作是受 1934 年 10 月发生在西班牙阿斯图里亚斯地区的革命的启发，它不久后便被市长罗赞（Rozin）禁演。在这套房子里，他们享受着地中海的力量，它广阔的蔚蓝在他们的眼前延伸，唤醒了宇宙和世界中的神秘力量。它是一个落脚点，一个面向世界的阳台，从中可以观察、探索文明。"面向世界的房子。在这一带，人们称之为三学生之屋。从里面出去，反而是一种自我封闭。面向世界的房子不是一套供人消遣的房子，而是一套使人幸福的房子。"[1] 他在《加缪手记》中写下这句话。

1　*Carnets*, 1937, Pléiade Ⅱ, p. 813.

加缪，通讯记者

记者帕斯卡尔·皮亚（1903—1979）是一个才华横溢、极富修养和创造力的人，尽管他比加缪更悲观、更审慎。阿尔贝·加缪与他相识后，于 1938 年 10 月进入新闻界，然后受邀领导《阿尔及尔共和报》。这是一份与"一切斗争"并肩作战的报纸，它的立场从亲人民阵线转变为坚定的自治，编辑路线是进步主义和独立的。一进入这样的新闻环境，加缪便感到轻松自在。他满怀热情地拥抱这个新职业，并遵循着相关职业道德准则，这些不是他在任何一所新闻学院学来的，而是从日常工作中习得的。在工作中，他时刻关注读者的目光，寻找事实的真相。他在心中塑造了一个记者的理想形象，并将之付诸实践。

像加缪这样有责任感又清醒的年轻人渴望的一切都能从记者这一职业中得到。他可以寻找真相，揭露"权力厢房"中的阴谋诡计。加缪有着扎实而广泛的学识，他非常清楚自己来自哪里、想去哪里。他要谴责不公正和苦难，揭露权力的滥用和腐败，以及人对人的剥削。得益于他尖锐的笔触，他力图做一种"意向性新闻"[1]，这使他能够为处境最不利的、那些保持沉默或不被允许说话的人

---

1 一种致力于改变的介入性新闻，有着改变路线的坚定意志。

写作。

《阿尔及尔共和报》是一份具有社会责任感的报纸，在不利的环境中艰难地扛了一年——那是一个不利于新闻的时代。1939 年 9 月 7 日，加缪在《加缪手记》中评论了那件已经谋划成功的事——战争，"野兽的统治开始了"。第二天，他写道："这种仇恨和暴力，你可以感觉到已然在人类中间升起。没有什么纯洁的东西留在他们身上……所遇皆为野兽，满眼皆是欧洲人那野兽般的面孔。"[1]

51

政府对该报的编辑路线持怀疑态度，这使它成为政府多重审查、持续干预的受害者；此外，它受制于靠几个不稳定股东维系的脆弱的经济模式；再者，它还受到纸价上涨和战争必然升级的打击。要确保其长久存在，障碍太多，这份报纸最终倒下了。《共和晚报》接替了它，帕斯卡尔·皮亚和加缪这对搭档去了这份新报刊，以同样的新闻才华工作。然而，这场冒险很快就被打断，《共和晚报》被当局封禁。

1940 年 3 月 14 日，加缪离开阿尔及尔定居巴黎，这对他来说是一次被迫流亡。在一封给朋友勒内·夏尔的信中，他回忆起"（他的）国家，一个人性彰显的国家，一个真正的国家，那么粗野、那么令人难忘。然而……回不去了"[2]。他认为 1940 年自己是被

1　*Carnets*, 1937, Pléiade Ⅱ, p. 887.

2　A. Vircondelet, *Albert Camus, fils d'Alger*, Paris, Fayard, 2013, p. 257.

迫离开阿尔及尔的，因为没人能给他一份工作，他在新闻批判方面的声誉并没有让他更容易接到活儿。他晚些时候写道："事情已经发展到了这个地步，如果我离开我的国家……那是因为我当时的独立态度使我沦为无业者。"[1]

加缪在阿尔及尔成了不受欢迎的人（*persona non grata*），失去了收入来源。作为记者，他是个麻烦。他受到了地方当局隐晦的否决，这迫使他离开自己的故土。在那一时期的《加缪手记》中，"异国"[2]一词反复出现。后来，在巴黎待了10个月后，他在妻子弗朗辛·富尔（Francine Faure）的陪同下回到奥兰。他在1940年5月底完成作品《局外人》（*L'Étranger*），同时继续《西西弗神话》（*Mythe de Sisyphe*）的写作。

新的命运在巴黎等待着他。由于1937年的一次短暂旅行，他已经了解了这座城市。但现在情况不同了，他要定居在这里，赚钱谋生……自从《共和晚报》停办，加缪就一直处于失业之中。因此，他一开始居住在一家小旅馆——梨树旅馆（Hôtel du poirier），位于蒙马特中心的拉维尼昂街（Rue Ravignan）16号，那里是皮条客和妓女经常光顾的地方。随后他搬到了位于圣日耳曼大道（Boulevard Saint-Germain）143号的麦迪逊酒店（Hôtel Madison），

52

1　A. Vircondelet, *Albert Camus, fils d'Alger*, p. 257.
2　在法语中，"étranger"既可作名词，亦可作形容词，也有"陌生的 / 陌生人"之意。——译者注

这里是巴黎文学生活的中心，靠近传说中的花神咖啡馆和双叟咖啡馆。在朋友帕斯卡尔·皮亚的帮助下，他得到了一份《巴黎晚报》（*Paris-Soir*）的工作，这使他能够继续他的新闻事业，但这次是作为编辑秘书，在报纸的幕后工作。

这里有必要花些时间详述帕斯卡尔·皮亚这个人，他是加缪在新闻界不可分割的伙伴。尽管他们肩并肩在这个行业中走了很长一段路，达到了法国新闻界前所未闻的独立水平，但帕斯卡尔·皮亚还是认为自己被法国新闻界遗忘了。他几乎没有什么使后世铭记的事迹，这在很大程度上是出于他自己的意愿，因为他曾禁止人们在他死后研究他。[1] 尽管如此，他的名字还是不可避免地与阿尔贝·加缪的名字联系在一起。很显然，他是加缪在新闻冒险中的良师益友，他为加缪打开了这一职业的大门，无论是在《阿尔及尔共和报》时，还是在他自己也参与的之后所有新闻项目中，从《共和

53

1　在接受《世界报》的采访时，帕斯卡尔·皮亚声称自己有匿名的权利，有化为虚无的权利。罗歇·格勒尼耶补充说：“皮亚禁止任何人在他死后谈论他，他将沉默提升到第一美德的高度。”他形容他是“擅长拒绝和沉默的人……他对文学史中的隐秘之事有很深的了解”，“对隐秘行动的兴趣，在怀疑主义的调和下，（形成）荒诞审美”。见 R. Grenier, *Pascal Pia ou le droit au néant*, Paris, Gallimard, 1989, pp. 11-47。此外，雷蒙·阿隆（Raymond Aron）也提起过帕斯卡尔·皮亚那“与众不同的个性”，那时皮亚是《战斗报》的撰稿人：“一个被无与伦比的团队认可的领导者，他乐于承担那些无收益的工作，把他似乎刻意回避的光芒留给了其他人。”见 R. Aron, *Mémoires*, Julliard, 1983, p. 209。

晚报》到《巴黎晚报》，再到《战斗报》。他还为加缪早期的文学作品提供了支持。1941 年 4 月，加缪将《局外人》《西西弗神话》和《卡利古拉》(*Galigula*) 的手稿从奥兰寄来时，皮亚给马尔罗 (Malraux) 写了一份关于这些作品的热情洋溢的说明，这促使它们在伽利玛出版社出版。他还像今天的文学经纪人一样帮助加缪：他把手稿寄给了马尔罗、让·波扬 (Jean Paulhan) 和罗歇·马丁·杜加尔。[1]

1941 年 5 月，帕斯卡尔·皮亚给阿尔贝·加缪写了一封信，信中详细讲述了自己为使加缪的作品能够在享有盛名的伽利玛出版社出版而做出的众多努力：

> 安德烈·马尔罗的兄弟罗兰·马尔罗 (Roland Malraux) 这几天在里昂，我把你的手稿交给了他，让他给安德烈阅读。我会给安德烈写封信，3 周前我就该给他写信了……当然，在给波扬的信中，我已经跟他谈过《局外人》和《卡利古拉》。他 5 日时给我回了信："我很想阅读《局外人》，想办法给我吧。我会让加斯东·伽利玛出版它。"然后，他 14 日再次给我写信，

54

---

[1] *Correspondance Albert Camus-Pascal Pia (1939-1947)*, présentée et annotée par Yves Marc Ajchenbaum, Paris, Gallimard, 2000, p. 71. 帕斯卡尔·皮亚在 1941 年 5 月 31 日写于里昂的信："我今天也有机会给波扬和马尔罗写信，请他们请 G. G.［加斯东·伽利玛 (Gaston Gallimard)］按照您的意思，同时出版这三部手稿。让我们看看他们的干预将带来怎样的结果。"

他主动对我说："加缪的事情谈妥了，加斯东·伽利玛会出版他的作品。"[1]

帕斯卡尔·皮亚的真名叫皮埃尔·迪朗（Pierre Durant），他总是请加缪去他任职的地方一起工作。他在巴黎的文学界、新闻界结识了很多人，而阿尔贝·加缪当时几乎不认识任何人。《快报》时期情况就不同了，那时加缪将被奉为著名知识分子。但将他们团结在一起的亲密友谊后来也会越来越淡薄。直到 1947 年他们都离开《战斗报》，他们的关系才结束。他们之间这种做新闻的默契催生了许多良好的效果，却就这么烟消云散了，此后他们再也没有见过对方。

与帕斯卡尔·皮亚关系密切的记者兼作家罗歇·格勒尼耶这样写道："（他是）一个荒唐人的活样本。一个荒唐人，本来是他

1　*Correspondance Albert Camus-Pascal Pia (1939-1947)*, p. 61. 在另一封信中，帕斯卡尔·皮亚继续告诉他相关进展：安德烈·马尔罗收到了手稿。在 1941 年 3 月 27 日的信中，帕斯卡尔·皮亚给加缪寄了安德烈·马尔罗的评论："我刚刚阅读完加缪的手稿……我先读了《局外人》，主题非常清晰；而《卡利古拉》的主题不够明确，我相信这是因为《局外人》已经解释了。"安德烈·马尔罗将加缪的手稿寄给了加斯东·伽利玛，随手稿只附上了一个词："重要"。*Correspondance Albert Camus-Pascal Pia (1939-1947)*, p. 67. 安德烈·马尔罗唯一的反对意见是关于《局外人》中对谋杀的描述："描述有些简短了，尤其是相对于其他部分，说服力弱一些。"摘自皮亚 3 月 30 日写给加缪的信［*Correspondance Albert Camus-Pascal Pia (1939-1947)*, p. 71］。

最好的朋友，后来有一天渐行渐远，逐渐变成了一个陌生人。"[1]
因此，加缪将其作品《西西弗神话》献给皮亚是可以理解的。

皮亚是一位幕后决策者、文学大家，他的人生轨迹与加缪的人 55
生轨迹有些重合之处，尽管他比加缪大 10 岁。皮亚的父亲在第一
次世界大战的战壕里失去了生命，那时皮亚才 12 岁，这与加缪经
历过的悲剧相呼应。皮亚坚定的反军国主义和和平主义由此而来：
他在加缪身上找到了自己的孪生灵魂。根据皮亚本人的说法［来自
伊夫·马克·阿金鲍姆（Yves Marc Ajchenbaum）评注版］[2]，他出身
贫寒，不得不勤工俭学。因此，他对不平等和社会不公极度敏感。

让·拉库蒂尔（Jean Lacouture）在献给安德烈·马尔罗的传记
中提到了帕斯卡尔·皮亚："如我们所知，皮亚是马尔罗年轻时的
朋友，具有令人钦佩的学识。"[3]

1　R. Grenier, *Pascal Pia ou le droit au néant*, Paris, Gallimard, 1989, pp. 85-95. 在
　　加入《阿尔及尔共和报》之前，皮亚曾为里昂的《进步报》（*Le Progrès*）、
　　路易·阿拉贡（Louis Aragon）的《今晚报》（*Ce soir*）工作过。格勒尼耶将
　　其描述为这样一个人："全身心投入工作，总是选择最不讨好、最乏味、在
　　数量上最让人望而却步的任务。""皮亚在担任《战斗报》主编时，更喜欢花
　　时间在版台上把小广告按分类整理好，而不是去会见对报纸有用的重要人
　　物。"离开《战斗报》后，他与《文学杂志》（*Le Magazine littéraire*）和《文
　　学半月刊》（*La Quinzaine littéraire*）合作。

2　*Correspondance Albert Camus-Pascal Pia (1939-1947)*, Paris, Fayard/Gallimard,
　　2000, Prologue, pp. VII-XXIV.

3　J. Lacouture, *André Malraux. Une vie dans le siècle (1901-1976)*, Paris, Seuil,
　　1973, p. 342.

在《巴黎晚报》担任编辑秘书

1940 年 1 月 10 日，政府阻断了《共和晚报》的冒险，加缪离开阿尔及尔，在奥兰定居，他的第二任妻子弗朗辛·富尔的父母住在那里。加缪在政府的强迫下暂时放下了新闻工作，至于他是如何度过这个没有工作的阶段的，他与帕斯卡尔·皮亚之间的通信提供了相关信息：

> 我还在奥兰，在这里代几节课，勉强够我生活，让我可以继续等待。除了像个死老鼠一样百无聊赖之外，我很平和，而且一个月可以赚 1100 法郎。我在劳动调解法庭上败诉后就离开了阿尔及尔。这对我打击很大，但也正常。《阿尔及尔共和报》以不可抗力为由为自己辩护：辞职是总督强制要求的，由于加缪先生的"发疯"文章，那些具有损害国家事业性质的文章……因此，不做预先通知，不能以休假处理，没有赔偿金……在这里，生活并不有趣。说实话，我在这里有点窒息，我在等离开的机会。我已经在国外申请了一份工作，正在等待答复。我告诉您这些，是为了与您保持联络，我不希望您把它看作一种间接的提醒。我非常清楚，为一个远在 2000 千米之外的人找到一份工作是很难的。而且我对与您的友谊的重视程

度远远超过对我自身利益的在意。[1]

　　最后，帕斯卡尔·皮亚为阿尔贝·加缪在《巴黎晚报》谋得了一份工作，皮亚当时是那里的编辑秘书。1940年3月24日，加缪开始在这家发行量很大的畅销日报中担任与帕斯卡尔·皮亚相同的职务。该报由让·普鲁沃（Jean Prouvost）[2]经营，他任命皮埃尔·拉扎雷夫（Pierre Lazareff）为首席编辑。加缪不赞同《巴黎晚报》的编辑路线，且该报正是他谴责的那种媒体的典型：像风一样飘忽不定，起初靠近人民阵线，然后向慕尼黑倾斜，再向元帅派[3]倾斜。加缪喜欢新闻，但他讨厌某种类型的媒体，尤其是那种他怀疑追求轰动效应的媒体。在那个战争年代，《巴黎晚报》却一直热衷诱惑读者的逻辑，不惜一切代价。加缪在《加缪手记》中写道："在《巴黎晚报》，可以感受到巴黎的每一次心跳，以及其轻浮女子般的可鄙精神……在一个对人如此苛刻的城市里，多愁善感、风景如画、殷勤好客都是黏腻的避难所，人们在此求得安慰。"[4]

　　加缪在这家日报担任编辑校对。这是一份仅仅为了糊口的幕后工作，是他在阿尔及尔尽可能接近时事、全身心投入揭露现实的介

57

1　*Correspondance Albert Camus-Pascal Pia (1939-1947)*, pp. 19-20.
2　此处原文为雅克·普雷沃（Jacques Prévost），疑为原书有误。——译者注
3　元帅派，第二次世界大战期间支持贝当元帅的派别，又称贝当派（pétainiste）。——译者注
4　*Carnets*, Pléiade Ⅱ, p. 913.

入新闻后的记者生涯中的一段现实插曲。在《巴黎晚报》，他只是一名技术型的协作者，为了讨生活而工作。然而，他很喜欢在车间里忙活，与排版工一起，参与报纸的排版，见证报纸被印刷出来。这种氛围使他陶醉：墨水和烟草的气味、机器的噪声，以及在那里才能感受到的同志情谊……

加缪的排版工同事们记得那个时候："多有魅力的可爱男孩！一点都不傲慢，我们可以在他那里看到版面的一切可能。而由于技术原因，我们也会告诉他，他要求的某些版式是不可能的，他也会以最大的善意立即同意。总之，我们做的一切都是为了让报纸更好。"[1] 他在那里结交了很多朋友，并邀请了其中一些人参加他跟弗朗辛·富勾简单朴素的婚礼。加缪去世后，他的排版工同事还献给他一本悼念书，汇集了他们对在印刷车间里的加缪最好的回忆。

1940 年 6 月 13 日，面对不断推进的战争，《巴黎晚报》放弃了巴黎。在波尔多停留了几天之后，《巴黎晚报》先是搬到了克莱蒙-费朗（Clermont-Ferrand），随后搬到了里昂。加缪为该报与德国通敌的倾向感到悲痛。《巴黎晚报》最终进入了维希的轨道。

1940 年 12 月 3 日，阿尔贝·加缪在里昂与弗朗辛·富尔结婚，她是数学家、钢琴家，来自奥兰的一个中产家庭。那时她 26 岁，加缪 27 岁。弗朗辛以一种不寻常的方式将加缪介绍给她的家人：

---

1 《巴黎晚报》原排版员、《费加罗报》校对员勒穆瓦纳（Lemoine）的陈述，见 *À Albert Camus, ses amis du livre*, Paris, Gallimard, 1962, p. 12。

"他让我告诉你们，他得过重病，没有钱，没有工作，他离过婚[1]，他热爱自由。"[2]

加缪的两个朋友以及《巴黎晚报》的四位排版工参加了加缪和弗朗辛隐秘朴素的婚礼。他们一起在离法院最近的小咖啡馆喝咖啡，以此来庆祝。然而，加缪在《巴黎晚报》的工作很快就结束了。鉴于该报在意识形态上的转变，其解雇计划让他流落街头，但他并没有真的为此感到难过。加缪尝到了记者生涯中第二次失业的滋味。他对工作上的变动已经习以为常了。1941 年 1 月初，他决定返回阿尔及利亚。战争背景下这场为期 10 个月的巴黎流放深深地影响了这位记者。当弗朗辛在她的家乡奥兰找到了一份教师的工作时，加缪仍然没有工作。

加缪的名字上了黑名单，没有人再为他提供记者的工作。最终，他在一所由他的朋友安德烈·贝尼舒（André Bénichou）创办的私立学校谋得一份教职，那里的学生都是政府决定逐出公立中学的犹太人。然而，这里微薄的收入让加缪夫妇不得不依靠弗朗辛的父母，这种境况让他感到不适且难堪。随着健康状况的恶化，他决定返回法国。这是一个重获自由的借口。

在回到巴黎前不久，加缪的《局外人》出版了，这是一部令加

1　此处原文写明加缪离过婚，但此处引用的材料原文并没有写弗朗辛说加缪离婚，疑有误。——译者注

2　Pierre-Louis Rey, *Camus, l'homme révolté*, Paris, Gallimard, 2006, p. 32.

斯东·伽利玛激动不已的作品。阿尔贝·加缪的文学事业开始起
59 飞。在巴黎，他成功加入伽利玛出版社审稿委员会。这份有报酬的
工作使他终于有时间全身心地投入写作。

与玛丽亚·卡萨雷斯的激情故事

1944 年，在被纳粹占领的巴黎，加缪与西班牙裔流亡女演员玛
丽亚·卡萨雷斯（Maria Casarès）开始了一段轰轰烈烈的恋情。[1] 这
段际遇加强了他与西班牙的联系，他从此之后便加倍关注这个国家。

玛丽亚·卡萨雷斯是圣地亚哥·卡萨雷斯·基罗加（Santiago
Casarès Quiroga）之女，他曾是总统曼努埃尔·阿萨尼亚（Manuel
Azaña）领导下的西班牙第二共和国的总理，即政府首脑。1939
年，他们全家逃往巴黎，开始西班牙内战后的流亡。玛丽亚·卡萨
雷斯在巴黎音乐学院（Conservatoire de Paris）完成学业后，成为法
国著名的戏剧和电影演员。在她多产的表演生涯中，玛丽亚·卡萨
雷斯获得了许多奖项，包括国家戏剧大奖（Grand Prix national de
théâtre）和莫里哀奖（Prix Molière）。她参演了加缪最具代表性的
一些作品，如他的第一部戏剧《误会》（*Le Malentendu*），该剧原名

---

1 *Correspondance Albert Camus-Maria Casarès (1944-1959)*, édition de Béatrice
Vaillant, avant-propos de Catherine Camus, Paris, Gallimard, 2017.

为《流放者》(*Les Exilés*)。这部戏剧于 1944 年 6 月 24 日在巴黎马蒂兰剧院 (Théâtre des Mathurins) 首演（然而它不太成功），它是加缪和玛丽亚·卡萨雷斯这两个背井离乡之人的生活寓言。随后她又出演了《正义者》(*Les Justes*) 和《戒严》(*L'État de siège*)。

在开始为《战斗报》撰稿后，加缪于 1944 年 10 月 4 日发表了一篇献给玛丽亚·卡萨雷斯的匿名文章——人们确信这篇文章出自加缪之手：

60

> 这是多么奇异的命运。这个小女孩逃离佛朗哥时代的西班牙，偶然间来到一个陌生的首都，一句法语都不会，凭借着激情，成为巴黎剧院最惊世骇俗的角儿之一……[1]

他们保持着一种断断续续的关系：战争结束时是最激烈的时期。之后，他们继续见面，保持着持续的亲密关系，直到加缪去世。尽管加缪在精神上是善变的——众所周知，无须详述他一生中所有的爱情故事和际遇的细节——但是他与玛丽亚·卡萨雷斯的恋情一直是一种与众不同的强烈情感。她因爱上了一个已婚男人而受到批评，她为自己辩护道：

1　H. R. Lottman, *Albert Camus*, p. 355.

我没有拿过任何人的东西。在这个领域，人们只能获取自由的或已经获得解放了的东西；在无法控制的激情和支配一切的爱中，我的精神从未被能将他与另一个人联结起来的新关系触怒；他也一样，他从未试图反对那些我与他之外的人建立的关系。[1]

他们两人之间有着牢固的纽带，这种联结又因双方都是流亡者，在法国这个异国有着相同的感受而加强。此外，能解释这种紧密联系的，还有两人对戏剧的热爱、对西班牙以及共和事业的依恋。玛丽亚·卡萨雷斯在她的回忆录《特权居民》（*Résidente privilégiée*）中提到了她与加缪的相遇：

因此，正如预期的那样，在黎明时分，当我们离开受到款待的房子时，载着我们的自行车——我坐在车把[2]上——看起来很奇怪，就像一只扯着牵引绳的疯狗，迫切需要一堵墙、一根柱子或一条便道。这条令人印象深刻的"之"字形路让我有些不适。我记得我问我的向导，自行车是不是喝多了，他露出无比幸福的微笑，快活地回答说没有，它只是在寻找去塞纳河的路。而就在彼此陶醉在这快乐中时，我们到达了目的地——位

61

1　M. Casarès, *Résidente privilégiée*, Paris, Fayard, 1980, p. 243.
2　此处原文如此，为 guidon。——编者注

于瓦诺街（Rue Vaneau）的高级工坊。那天是 1944 年 6 月 6 日，当时盟军正在登陆法国。[1]

　　她仍然为"他的智慧形式着迷。在这种智慧面前，人人都变得聪明起来。如果这个聪明的脑袋感到对方与他苛刻的内心冲动不协调，它就会拒不承认自己。还有，在聪慧的大脑下，他因相见恨晚而产生一种纯粹的愉悦"。在这对恋人见面的工坊里，加缪"带着反感和排斥的情绪"对她谈起了他的病，谈到了"穿透他胸腔的气胸，每周必须进行的吹气治疗。他必须服从治疗，以抑制、阻止他的结核病复发，他带着这个病就像带着一道伤痕"，它是"一个卑鄙的敌人"。这位女演员向我们揭示了最隐秘的加缪。在她的追忆类作品里，她将他描述成这样一个人："不断行动，强烈倾向于一种公正的体系，即便这种体系已经被预感甚至已经被公认为不可能实现。因此，唯一能够坚持的行动是忠于真相，忠于在已然得到解脱的童年中很早就知道的真理，并永远保持不变。"因此，她认识到"一切都已经在他身上了"，就像"他已经有了对他后来作品的愿景，他甚至连死后都计划好了"。她记得他们的谈话，记得在这个如此动荡的时期，他们在被占领的法国土地上的欲望：

1　M. Casarès, *Résidente privilégiée*, p. 235.

就是在这间工坊里，他向我倾诉了他对工作的看法。就是在这里，他向我讲述了阿尔及利亚和那里的海滩、足球比赛和海滨浴场、他祖国的气味和光线。在这里，因为他，我想起了西班牙和我父亲生病的样子，他已经恢复得很好了……正是在这里，我了解到他是抵抗组织的成员，他第一次向我谈到地下报纸《战斗报》。也正是在这里，我知道了他的母亲是西班牙裔；以及，他在阿尔及尔留下了一位年轻漂亮的妻子，她在等战争结束与丈夫团聚。最后仍然是在这里，我们共同决定在战争结束时分开。但在这里，他还对我说过战争结束后，等到可以的时候，我们一起流亡到墨西哥。[1]

他们永远不会实现在墨西哥相聚的愿望。两人在法国继续生活，有时在共同朋友的家里见面，有时在剧院见面。玛丽亚·卡萨雷斯还提到了加缪与生俱来的骄傲，"他全身心地坚持着这种骄傲"：

这种骄傲感，我见他的第一眼就看出来了。这是他作为外国人和流亡者所具有的冷漠和内在的离群索居，是他使用自身特权的方式，是他如此接近活力的那种力量，是他爱的能力，是他的嘲讽，是他对具有象征意义的姿态以及神话的偏好，与

<hr>

1 M. Casarès, *Résidente privilégiée*, p. 236.

此齐头并进的还是他对自身内在或外在的一个不可能达到的点的疯狂追求——我认为，这便是让·格勒尼耶所谓的他的"卡斯蒂利亚主义"。除此之外，这还是挑战、打赌，以及在死之前以最强的存在感和最激烈的方式活在当下的炽热。正是在这些方面，我看到了一些非常熟悉的特征，我称之为"唐璜主义"。[1]

尽管两人选择了分道扬镳，但他们始终在这种存在主义的默契中联结在一起。她回忆说，当第一次分离因战争而来时，她对加缪产生了深深的感激之情："我已经提前感觉到了，无论发生什么事情，我都会向着那个唤醒我、让我产生真正生命意识的人而去。"[2]

在回忆录中，玛丽亚·卡萨雷斯用许多细节揭示了将她与加缪紧紧连在一起的深刻关系。他就像一座灯塔，不断地提供着光芒和力量，此外，"加缪内心藏着高品质的爱"。加缪在一场突如其来的交通事故中逝世，这对玛丽亚·卡萨雷斯而言是一场撕裂。这种缺席给她留下了一个烙印：

　　　事实上，他整个生命中唯一让我无法理解的便是他的死亡，以这种在一切即将开始的时刻被猛然夺去生命的方式。如

1　M. Casarès, *Résidente privilégiée*, p. 237.

2　M. Casarès, *Résidente privilégiée*, p. 250.

果有人说，这一记命运之拳乍看之下与他对世界的理念或理解一致，正如我任由他告诉我的那样，那便没有必要反驳，这种如此粗暴的逻辑，在我看来与加缪自己的道路完全不相干。[1]

在加缪去世的 5 天前，玛丽亚·卡萨雷斯收到了一封他的信："不久之后见，我的宝贝。要跟你见面我太开心了，我现在正笑着给你写信。"[2]

与《战斗报》并肩抵抗

加缪于 1943 年参加抵抗运动，身处"战斗"这场运动[3]的中心。"战斗"是为了抵抗纳粹的占领秘密组织起来的，成立于 1941 年，由两个团体合并而成：亨利·弗雷奈（Henri Frenay）领导的民族解放运动（Mouvement de libération nationale，MLN）团体和

64

---

1 M. Casarès, *Résidente privilégiée*, p. 241.
2 参见 *Correspondance Albert Camus-Maria Casarès*。加缪和卡萨雷斯从未停止过通信，直到加缪于 1960 年 1 月意外离世。这些未曾发表过的大量通信显示出他们之间有多情投意合，在知识、道德和政治上都是如此。
3 法国抵抗运动主要由八场大的运动构成：三场发生在南部，包括战斗、南方解放（Libération Sud）、自由射手（Franc-Tireur）；五场发生在北部，包括民军组织（Organisation civile et militaire，OCM）、北方解放（Libération Nord）、抵抗者（Ceux de la Résistance，CDLR）、解放者（Ceux de la Libération，CDLL）、国民阵线（Front national）。——译者注

弗朗索瓦·德·芒东（François de Menthon）领导的自由抵抗运动（Libertés）团体。他们进行破坏行动，编造假文件，在抵抗运动中充当联络员，还在秘密时期出版了一份报纸，报道第三帝国治下的时事。一支由记者和知识分子组成的小分队，为了维护"战斗"的价值，将自己的生命置于危险之中，在被占领的法国为真相和信息自由服务。这份报纸由帕斯卡尔·皮亚领导，加缪被任命为总编辑。加缪、皮亚这对搭档第三次重聚，带着他们对新闻业严苛的理解，为读者提供事实的真相。但这里与《阿尔及尔共和报》和《共和晚报》时期的情况不同，那时的主要敌人是审查制度，而在这里，他们面临着被盖世太保逮捕和处决的风险。抵抗运动期间，加缪使用了假证件和化名阿尔贝·马泰（Albert Mathé）。有几次他险些被逮捕。

该报在里昂秘密出版[1]，并沿用了这场运动的名称——"战斗"。《战斗报》的第一期于 1941 年 12 月问世。加缪从 1943 年开始与这一组织合作。虽然他最初负责的是给报纸编写页码，但很快就被委以撰写社论的重任。皮亚很清楚加缪在新闻方面的才能，这一点已经在《阿尔及尔共和报》和《共和晚报》的专栏中得到了证明：他的分析能力，以及清晰、简洁且总是很锐利的语言。加缪主

1　那时的地下报刊数量很多。在 1939—1945 年，法国诞生了 1100 份秘密出版物。Y. M. Ajchenbaum, *Combat (1941-1974). Une utopie de la Résistance, une aventure de presse*, Paris, Gallimard, coll. « Folio histoire », 2013, p. 31.

张的深刻性，使他后来成为读者最多、最负盛名的社论作者。皮
65 亚和加缪这个组合已经在之前的新闻项目中磨合得很好了，他们
将使《战斗报》成为法国和欧洲的主流报刊之一。这份报刊是新
闻业诚实、独立、正直的典范，也是新闻业的道德基准。在法国
媒体和整个欧洲媒体的历史上，这都是一个独特的、无可比拟的
楷模。

　　《战斗报》有58期都是在完全秘密的状态下出版的，从1941
年12月直到解放巴黎之战后整座城市重获自由之时。从1944年8
月21日起，该报可以在法国各地自由发行。

有名望的社论家

　　在解放后的法国，加缪在1944年8月至1947年6月继续从事
《战斗报》的工作。这场冒险持续了3年，仅在1946年由于旅行和
健康问题偶尔中断过。在解放之时，该报出了第59期，这一期再
次发表了加缪的社论，题为《继续战斗》(Le Combat continue)。在
这篇文章中，他抨击了所有附敌分子，从那些与第三帝国一起设法
致富的人，到那些自维希以来恪守与法西斯主义相同目标的人。不
过，他也没有忘记那些"自己人""卑微的人""被打败的人""穷人"，
他抨击了当权者和无产者之间的不平等关系。

加缪与新闻界联系得最紧密的时期，可能就是他在《战斗报》的时候。他成为解放后为变革和深入改革法国而战斗的一代人的使者。加缪选择的编辑立场引起了许多争论，这些争论是作者本人有意引起的，他认为论战是唤醒良知的一种方式。他始终忠于人文主义原则，始终支持废除死刑，即便他站在众多抵抗人士和知识分子的对立面：

66

> 简而言之，我这样的人期盼这样一个世界，在其中，不是说人们不再自相残杀（我们没有这么疯狂！），而是谋杀不被合法化。现在，我们实际上处于乌托邦和矛盾之中。因为我们恰恰生活在一个谋杀被合法化的世界中，如果我们不希望如此，我们就要改变它。[1]

与此同时，加缪也反对法国共产党当时主张的激进的大清洗。加缪总是个逆行者，他的许多立场使他受到孤立，并为他招来不少批评。但在多次战斗之后，在某个以尖锐的意识形态差异为标志的强政治性时刻，加缪将成为一名先锋者，领先于时代。

战争结束后，为了再次对卡比利亚地区进行报道，并将之作为几年前在《阿尔及尔共和报》发表报道的后续，加缪返回了阿尔及

1　*Ni victimes ni bourreaux. Sauver les corps*, 20 novembre 1946, *Camus à Combat, op. cit.*, pp. 641-642.

利亚。这是一个调查性新闻作品，使他能够通过对目前的情况和他之前揭露的不公现象进行对比，来得出结论。5 年过去了，他想要看看阿拉伯人的命运发生了怎样的变化。这些报道先是单篇发表，后来形成一个系列。从 1945 年 4 月 18 日到 5 月 8 日，他走遍了上高原地区 [1]、卡比利亚、君士坦丁南部和阿尔及尔。他观察到，情况并没有得到改善，甚至恶化了。反抗情绪正在增长，独立的种子进一步传播。殖民化是粗暴的，它在身后留下几乎无法忍受的恐慌，

67　带来了无数被暴力镇压的示威活动。在塞提夫发生的一次示威活动就见证了这一点，那里死伤者众多，像是独立战争的前奏。

　　在法国本土庆祝停战之时，阿尔及利亚踏上了漫长的争取独立之路。旅程结束后，加缪在《战斗报》上发表了 6 篇报道：1945 年 5 月 13 日及 14 日刊登的《阿尔及利亚危机》（Crise en Algérie）；5 月 15 日及 16 日刊登的《阿尔及利亚的饥荒》（La famine en Algérie）和《阿尔及利亚要求船只和公正》（L'Algérie demande des bateaux et de la justice）；5 月 18 日刊登的《北非原住民已经远离了他们认为自己被无限期排除在外的民主》（Les indigènes nord-africains se sont éloignés d'une démocratie dont ils se voyaient indéfiniment écartés）；5 月 20 日及 21 日刊登的《阿拉伯人要求阿尔及利亚有宪法和议会》（Les Arabes demandent pour l'Algérie une Constitution et

---

1　此处原文为 Les Hautes Plaines，指位于泰勒阿特拉斯山脉与撒哈拉阿特拉斯山脉之间的地区，在阿尔及利亚北部。——编者注

un parlement）。5 月 23 日，他发表了他最后一篇报道《正义才能将阿尔及利亚从仇恨中拯救出来》（C'est la justice qui sauvera l'Algérie de la haine）。

1945 年 6 月 15 日，加缪写了一篇社论作为结论，后来他将其收录进《当下·三，阿尔及利亚专栏（1936—1958）》[*Actuelles* Ⅲ, *Chroniques algériennes (1936-1958)*] 中。这些报道展现了许多人不愿看到的情形，呈现了殖民化的灾难。正如维克多·雨果揭露法国北部矿工的赤贫和对童工的剥削一样，加缪展示了法国的大殖民者是如何将当地的原住民打入最绝对的无知和苦难之中，以此来确保自身利益的。

报道发表后，右翼人士指责加缪在调查工作上花费的时间不够。实际上，是加缪的披露令人不安，不仅令将他视为叛徒的右派不安，还令表明支持独立主义立场的左派不安。阿拉伯民族主义者则认为他过于倾向法国的利益。因此，加缪越来越感到被孤立。面对阿尔及利亚正在经历的微妙处境——一种两难的境地将之撕裂，加缪开始察觉到拯救无法被拯救者的困难。尽管加缪的一些主张是有远见的，但现在要找到摆脱危机的办法已经太晚了。他的大多数 68 朋友都支持独立，加缪却仍然保持着一种愿望，即在正义、民主、尊重、慷慨等民主价值的基础上找到解决方案，改善当地穆斯林的生活状况。在加缪为一个仍然属于法国的阿尔及利亚辩护时，他便是在赌这两个群体会进行对话。道德主义的立场为他招致许多敌意，以至于他收到了几次死亡威胁。

由于报社不堪一击的经济状况和糟糕的管理，以及其他一些因素，《战斗报》编辑路线的冒险之旅走到了尽头。自由独立的新闻计划悬置了。1947 年，加缪和皮亚拒绝可能导致编辑路线偏离的资本介入，决定放弃这份报刊，这份他们将之作为同类典范来创立的报刊。《战斗报》是正直新闻的典范，被确立为"民主的守护者"。

加缪在 1951 年接受《卡利班》(*Caliban*) 杂志采访时，再次警告说太接近权力的新闻是危险的：

> 如果作家对自己的职业有着哪怕一丁点的尊重，他们就会拒绝在不合适的地方写作。但看起来现在必须取悦；而为了取悦，就得卑躬屈膝。坦白讲，从正面攻击这些制造或摧毁声誉的机器显然很难。若一份报纸有 60 万发行量，即便是非常难看的报纸，人们也不会去冒犯它，而是会请它的负责人吃饭。然而，拒绝这种沆瀣一气是我们的任务。我们的荣誉取决于我们拒绝让步的力量。[1]

这是一堂新闻道德之课，表达了加缪对这个职业极高的敬意。他从不曲意逢迎、因利乘便。

69

1　Jean Daniel, *Avec Camus. Comment résister à l'air du temps*, p. 44.

与此同时，在 20 世纪四五十年代，即加缪去世前 20 年，他都断断续续地与一些极端自由主义报刊合作，从意大利日报《意志》（*Volontà*），到瑞士杂志《见证》（*Témoins*）[1]，再到瑞士[2] 报刊《劳工》（*Arbetaren*）；从德国的《自由社会》（*Die freie Gesellschaft*），到阿根廷月刊《重建》（*Reconstruir*）。[3] 在法国，他与《无产阶级革命》（*La Révolution prolétarienne*）关系密切，也同《保卫人类》（*Défense de l'homme*）有很多联系，后者是报刊《自由》（*Liberté*）的前身；他还与《自由世界》（*Le Monde libertaire*）有关系，该报随后以《自由主义者》（*Le Libertaire*）和《工人联报》（*Solidarité ouvrière*）的名字出版。加缪在此期间发表的所有文章都显示了无

---

1 Charles Jacquier, « Albert Camus et la revue *Témoins* », À contretemps, n° 33, 2009. 在《见证》这份极端自由主义杂志的刊头，加缪作为通讯员出现。他与该杂志定期合作，并参与了几期的讨论与决策。对于文章《忠于西班牙》（Fidélité à l'Espagne,《见证》第 7 期，1954 年秋），是加缪帮助了让－雅克·莫凡（Jean-Jacques Morvan），他提议出版西蒙娜·韦伊（Simone Weil）就西班牙战争写给乔治·贝尔纳诺斯（Georges Bernanos）的著名而有争议的信。

2 疑为作者笔误，经查证，《劳工》是瑞典报刊。——译者注

3 更多关于阿尔贝·加缪对极端自由主义报刊的鲜为人知的贡献，见：Lou Marin, *Albert Camus. Écrits libertaires (1948-1960)*, Éditions Indigène, 2013。本书不仅收录了他在极端自由主义报刊上发表的文章，也收录了大家的呼吁、回应，以及表示支持的信件。卢·马兰（Lou Marin）将难以接触到的出版物中的文本汇集在一起。尽管主题多样，但加缪都是站在支持和平主义者和因尊重生命而拒服兵役者的立场上，支持西班牙共和党人的回忆，反对 1956 年起义后对匈牙利知识分子的镇压，支持记者的道德观念，反对资本主义，支持自由和正义，等等。

70 政府主义倾向，以及他对自由主义事业的投入。[1]

1952 年，加缪作为联合国教科文组织的一员，发表了写给该组织的辞职信，作为对佛朗哥统治下的西班牙的抗议，因为西班牙在 1952 年被接纳为联合国教科文组织成员。这篇文章被转载到《自由西班牙》（*España Libre*）——这是西班牙强大的无政府主义工会全国劳工联合会（Confederación Nacional del Trabajo，CNT）在法国的报纸。

西班牙，他的第二故乡

加缪一直清楚，他对西班牙有所亏欠。他写道："从血缘关系上讲，西班牙是我的第二故乡。"[2] 他对其祖先生活的这片土地和西班牙文化的热爱，使他与塞万提斯在精神上产生共鸣。他自己就是

1　Teodosio Vertone, *L'Œuvre et l'Action d'Albert Camus dans la mouvance de la tradition libertaire*, ACL éditeur, 2013. 另见 Sylvain Boulouque, *Le Don de la liberté : les relations d'Albert Camus avec les libertaires*, Lourmarin, Rencontres méditerranéennes Albert Camus, 2009。关于加缪对西班牙流亡者的影响，见：G. Dreyfus-Armand, *L'exil des républicains espagnols en France*, Albin Michel, 1999。

2　《我对西班牙的亏欠》……象征着这种在流亡西班牙的友谊。西班牙的朋友们，我们有一部分血统是相同的，我对你们的国家、它的文学、它的人民、它的传统有所亏欠，这是一笔永不会勾销的债。"（*Ce que je dois à l'Espagne*, Pléiade Ⅱ, 1958）"我永远不会抛弃你们，我会忠于你们的事业。"

一个堂吉诃德。作为对其西班牙人身份的进一步暗示，加缪在《第一个人》的结尾指出，"他有具有西班牙特性的一面：审慎行事又耽于声色，充满活力又空无一物"。[1]

加缪的朋友、《战斗报》时期的新闻界同僚罗歇·格勒尼耶，在其回忆录《向阳与背阴》（*Soleil et ombre*）中分析了这份加缪留下的西班牙遗产：

> 向阳与背阴。我使用这两个词时，自然而然会想到加缪的西班牙血统，以及他对西班牙始终如一的喜爱；这两个词也可以概括他的思想和作品，以及他理解生命的方式，同样还有他战斗的意义。在斗牛场上，阳光照得到的地方是穷人的位置。《婚礼集》的作者自己说，他的青年时代是"站在苦难和阳光之间"度过的。富人在背阴的一边。我们可以在其中找到权力、不公正，以及一切使人不幸的东西。加缪从不接受这种人性的堕落。[2]

加缪的西班牙裔朋友埃马纽埃尔·罗布莱斯（Emmanuel Roblès），也是《阿尔及尔共和报》的撰稿人，回顾了加缪强烈的西班牙性格：

1　*Carnets*, Pléiade Ⅳ, p. 925.
2　R. Grenier, *Albert Camus. Soleil et ombre*, p. 9.

说真的，对于加缪来说，西班牙在他的血液中沸腾，其程度远甚让·格勒尼耶戏称的"卡斯蒂利亚主义"[1]。它首先体现在那种"生命的悲剧感"中，这种情绪根植在西班牙人心中——米格尔·德·乌纳穆诺（Miguel de Unamuno）希望上帝不要将和平赋予西班牙人。[2]

西班牙记者哈维尔·菲格罗（Javier Figuero）在其著作《加缪，或被赞美的西班牙》（*Albert Camus ou l'Espagne exaltée*）中，详尽分析了加缪的西班牙后裔身份。在这本追溯西班牙在加缪生命中地位的书中，菲格罗主张加缪是一个西班牙人："西班牙首先在作家加缪身上，在他小说中的人物身上，在他思想的顽固特性上。"因此，菲格罗确认道："不，这不是给他冠以西班牙人的名头。加缪就是西班牙人，而且还是一个西班牙作家。"[3]

但加缪对西班牙的兴趣以及他与西班牙之间的联结，并不允许他忽视自己不会说西班牙语的事实。他最多只能记住他在家里与母亲和外祖母说的梅诺卡方言中的几个词。当他们接待亲友时，他们用加缪所说的"马翁土话"（jargon de Mahon）交谈。他有时会恳请玛丽亚·卡萨雷斯帮他翻译一些西班牙文本。他除了在 1935 年

---

1 此处原文为 castellanerie，前文为 castillanerie，疑似此处有误。——译者注
2 E. Roblès, *Camus. Frère de soleil*, Paris, Seuil, 1995, p. 14. 亦见 Pierre-Louis Rey, *op. cit.*, p. 99。
3 J. Figuero, *Albert Camus ou l'Espagne exaltée*, Paris, Autres Temps, 2008.

偶然到巴利阿里群岛进行过一次短暂的旅行，便再没有踏上过西班牙的土地。但要指出，加缪曾承诺要支持抵抗运动，不到佛朗哥时期的西班牙旅行，以此象征性制裁这种许多法国知识分子支持的制度。

加缪从西班牙内战一开始就站在西班牙共和党人的一边，就像同时期一些其他法国作家做的那样，如马尔罗、圣埃克絮佩里（Saint-Exupéry）、乔治·贝尔纳诺斯、弗朗索瓦·莫里亚克（François Mauriac）等。加缪将西班牙装在心中，以至于他将"西班牙的悲剧当作一场个人悲剧来体验"。1939年西班牙内战结束后，他的斗争仍在继续，他写了大量表示支持的文章和信件，直到去世。西班牙是一场他永远不会放弃的战斗。加缪在早期为《阿尔及尔共和报》撰写的文章中就表达了对西班牙共和党人无条件的同情，西班牙内战结束后，他仍继续为他们辩护。他对自己与共和事业在意识形态上的共鸣做如下解释：

> 9年来，与我同时代的人们心里一直装着西班牙；9年来，它像一个溃烂的伤口一般长在他们身上。正是通过它，他们第一次尝到了失败的滋味，他们发现有理者也会被打败，武力可以使精神屈服，在一些情况下，勇气是没有回报的。他们为这些发现感到惊讶，现在还难以从中恢复过来。毫无疑问，正是这一点解释了为什么世界上有那么多人将西班牙的悲剧当作

一场个人悲剧来体验……因为，事实上这是一场关乎自由的
战争。[1]

在劳动剧团为阿尔及尔的戏剧生活除尘布新时，加缪便已经对
西班牙的时事产生兴趣了，他密切关注 1934 年 10 月的阿斯图里亚
斯工人起义。他满怀热情地参与了戏剧《阿斯图里亚斯的反抗》的
编写，这部四幕剧被列为激进意识形态戏剧，时任阿尔及尔市长要
求禁演，所以永远无法完整地呈现。尽管如此，他们还是在 1937
年不顾市政府的禁令，成功地演出了该作品的几个选段。该剧团还
表演了其他西班牙作家的作品，如无政府主义剧作家拉蒙·J. 森德
（Ramón J. Sender）的独幕剧《秘密》（El Secreto）。

加缪认为，《阿斯图里亚斯的反抗》是对人类力量和行动的示
范。该剧是由这个年轻的阿尔及利亚人与其在劳动剧团的三位朋友
以合议的方式创作的。[2] 加缪一直声称自己是西班牙戏剧的爱好者。
在 1958 年的一次采访中，他说："我支持悲剧，不支持情节剧；支
持完全的参与，不支持批判的态度；支持莎士比亚和西班牙戏剧，
不支持布莱希特。"

他的勇气和政治意识也使他在欧洲从纳粹主义中解放出来后，

73

---

1 *Préface à « L'Espagne libre »*, Pléiade Ⅱ, Gallimard, p. 665.
2 «Un Théâtre populaire et politique », *in* A. Spiquel-Courdille et C. Phéline, *Camus, militant communiste. Alger 1935-1937*, 2017, pp. 135-152.

主张重建西班牙共和政府：

然而，事实仍然是，长枪党政权在这个伊比利亚半岛上的国家中并不稳定。事实仍然是，法国无法对这个问题无动于衷。我们已经说过，我们是以怎样的真心、带着怎样的精神站在西班牙共和党的一边……如果这场战争真的是一场民主之战，结论就显而易见……如果这场战争确实是一场民主之战，佛朗哥从一开始就不会存在，我们也不应认识他。[1]

74

后来，西班牙在 1952 年加入联合国教科文组织时，加缪宣称的反佛朗哥主义导致他从该机构辞职。加缪一直能够意识到流淌在他血管中的西班牙血统这种事关存在的亲近感，或者说，这种作为西班牙人的深切感受。1951 年，作为西班牙内战纪念活动的一部分，他在巴黎的加泰罗尼亚中心发表了一场演讲，其中他这样说道：

1936 年 7 月 19 日，第二次世界大战从西班牙开始。今天我们纪念这一事件。毫无疑问，如今除了西班牙之外，这场战争在世界各地都已经结束了……简言之，这便是共和西班牙的

1　À Combat, *op. cit.*, p. 398.

悲剧。¹

　　他站在西班牙流亡者的一边，而这些流亡者甚至说："他是我们中的一员。"加缪忠于自己的信念，在 1956 年的《加缪手记》中再次强调了自己的西班牙出身："尽管我有生以来不断受到法国的影响，但我一生都在不知疲倦地试着恢复西班牙留在我血液中的东西，那东西在我看来就是真实。"²

　　在加缪 1957 年获诺贝尔文学奖之际，身处巴黎的西班牙流亡者对他表示敬意，而加缪对其情谊的致谢感人至深：

　　　　流亡的西班牙经常向我表示我与之不相称的感激。这些西班牙流亡者多年来战斗不息，然后自豪地接受了流亡的无尽痛苦。而我，我只是写下了他们是对的。仅仅是因为这一点，多年来，直到今夜，在我遇到的那些人的眼神里，我不断收到忠诚的、庄严的西班牙友谊，这使我得以继续好好活着。这份情谊是我生命中的骄傲，虽然我配不上它。事实上，这是我唯一渴望获得的奖赏。³

75

1　« Calendrier de la liberté », *Témoins*, n° 5, printemps 1954, p. 1.
2　*Carnets*, Pléiade Ⅳ, p. 1241.
3　*Carnets*, Pléiade Ⅳ, p. 594.

《快报》专栏作家

加缪加入新的周刊《快报》，重返新闻界，这是一份在美国媒体启发下诞生的新杂志。在离开这个行业 8 年后——他于 1947 年离开《战斗报》——他第三次也是最后一次重拾这一职业。他于 1955 年开始与《快报》合作。该杂志向有名望的作家和知识分子提供自由专栏。让 - 雅克·塞尔旺 - 施赖伯（Jean-Jacques Servan-Schreiber）和弗朗索瓦丝·吉鲁（Françoise Giroud）[1] 呼吁加缪及其他著名作家，如莫里亚克、孟戴斯·弗朗斯（Mendès France）等加入《快报》。促使加缪与这份新杂志合作的原因包括：支持孟戴斯·弗朗斯重新掌权的愿望，这是他唯一一次公开用他的选票支持一位政治人物[2]；但同时，也是最重要的，希望告知公众阿尔及利亚的真实情况。他的专栏文章以法国政治生活、工人生存状况，尤其是阿尔及利亚时事为主题。

加缪对事实和真相的热爱促使他回归新闻界，但这次回归仅持续了不到一年时间。这段历程短暂却紧张，在此期间，《快报》转成日报，这让他可以持续为一个仍然属于法国的阿尔及利亚而战。加缪有一次解释说，如果让他在"正义和母亲"之间做出选择，他

---

1 让 - 雅克·塞尔旺 - 施赖伯和弗朗索瓦丝·吉鲁是《快报》的创办人，两人均为记者、社论家，后来成为法国重要政治人物。——译者注
2 该专栏文章于 1955 年 12 月 30 日发表。

76　会选择他的母亲。这是一个含有隐喻的答案，引起了许多争议和误解，更何况它还经常被断章取义。但这实际上解释了他在阿尔及利亚问题上的立场：正义被理解为"阿尔及利亚人反殖民斗争的合法性"；母亲象征着他对故土的依恋，而阿尔及利亚与法国紧紧相连。

　　加缪在《快报》上发表的关于阿尔及利亚的文字属于评论体裁。他放弃了《阿尔及尔共和报》时期实地报道的形式。他在这里作为一个肩负使命的知识分子发言，寻求和平与和解。他也在为自己寻找真相，在一个他熟悉的国家，他在生命的前 26 年中一直生活在那里。他于 1956 年 2 月毫无悔意地离开了《快报》，因为这份刊物已经偏离了让－雅克·塞尔旺－施赖伯领导下的编辑路线。在 1955 年 5 月 14 日到 1956 年 6 月 2 日之间，加缪以"当下"为题，发表了 35 篇文章，这些文章的体裁属于自由专栏和社论专栏。

44 岁时的诺贝尔文学奖 [1]

　　加缪从未想象过有一天会获此殊荣。得知这件事后，出于谦虚，且为了减少怀疑论者的批评，他说的第一句话是："得这奖的应该是马尔罗。"瑞典学院向这位自鲁德亚德·吉卜林（Rudyard

---

[1] 原书此处为 46 岁，加缪获得诺贝尔文学奖时为 44 岁。——编者注

Kipling）以来最年轻的诺贝尔文学奖获得者表示敬意，"因他了不起的文学作品，以一种入木三分的严肃，揭示了当代人良知所面临的问题"，也因为他是"一名抵抗者，一个有反抗精神的人，他会赋予荒谬意义，在深渊之底维持对希望的需要，即使这是充满困难的希望，并在这个丧失意义的世界上赋予创造、赋予人类的高贵以一席之地"。[1]一获知这消息，加缪便在《加缪手记》中以一种电报文体写道："诺贝尔。莫名的压抑和惆怅。20岁，贫困而一无所有，我知道真正的荣耀。我的母亲。"[2]

77

加缪的作家朋友，获得1937年诺贝尔文学奖的罗歇·马丁·杜加尔在通信中鼓励他去斯德哥尔摩领奖，并给了他一些关于典礼进程的建议：

> 您会去斯德哥尔摩的，对吗？别错过了！这是一个会产生奇异感受的时刻，而当它成为过去，不断远去、不断消逝之时，这些就会成为难忘的回忆……天知道我那时是多么执拗，多么不愿意屈服去参加这个仪式！今天我庆幸自己没有避开这种非凡的经历，而是接受了它，就像我做的那样，也就是谦卑、被动、不强求亦不盲目地接受，并同意把游戏进行到底。我冒昧地建议您也这样做，因为我曾用很多时间来思考这一

1　R. Grenier, *Albert Camus. Soleil et ombre*, p. 344.
2　*Carnets 1949-1959*, 17 octobre, Pléiade Ⅳ, p. 1266.

切，而如果重来一遍，我会毫不犹豫地让自己沉着镇定地委身于这一事件。[1]

在另一封信中，马丁·杜加尔给了他一些指示，关于人们期待的演讲类型：

然而，一个像您这样有机会给国际听众讲话的人，在我看来，有责任做出重要的、实质性的、有意义的、里程碑式的声明。不要搞错了，这才是人们对您的期望，不仅仅是在斯德哥尔摩，在法国和整个世界也是如此！请记住，您的演讲将被翻译，并在第二天发表在所有斯堪的纳维亚的报纸上，然后在许多国家的文学周刊上被广泛引用。没有必要长篇大论。可以在几分钟内把事情说好……但是，相信我（您之后会庆幸），这个演讲最好能用一种严肃的、审慎的、十分个人化的口吻，以一种所有人都能够理解的形式——足够清晰、重点鲜明、能被记住。回答这一个月以来世界各个角落的人一直疑惑的问题："这个加缪是个什么样的人，他怎样看待当今世界存在的问题？"一个有力的做法是，从"袋子的底部"走出来，抛掉一切精明的技巧，选择直击人心的、具有普适性的用语，将篇幅

78

---

1 R. Martin du Gard, *Correspondance générale (1951-1958)*, Paris, Gallimard, 2006, p. 422.

控制在 4 页到 5 页……大胆、亲切！这是您比任何人都更有能
力实现的险技。毫无疑问，您会被骂得狗血淋头，但您说的内
容会留存下来。[1]

带着这份中肯的建议，加缪写了一篇令人难忘的演讲词，其余
音至今仍在回荡。在这次演讲中，他重申了记者和作家这两个职业
赋予他的生活目标，即承诺：

作家的作用与艰巨的责任难解难分。从定义上看，他今天
不能为创造历史的人服务，他是为那些受制于历史的人服务
的。否则，他就会孤身一人，并被剥夺写作的技能。暴政下的
全部军队和其中的数百万士兵都不能把他从孤独中拖出，尤其
是在他亦步亦趋，同意追随其步伐的时候。然而，世界另一端
的一个备受屈辱的无名囚徒的沉默，却足以将作家从放逐中拉
回，只要他在自由的特权中能够不忘记这种沉默，并通过艺术
的手段转述它，使它产生回响。[2]

随后加缪阐述了他写作的主要动机，即寻求真理和自由：

1　R. Martin du Gard, *Correspondance générale (1951-1958)*, p. 430.
2　*Discours de Suède*, Pléiade Ⅳ, p. 240.

作家可以找到一种充满活力的、将会为他辩护的群体的情感，而要找回这样的情感，唯一的条件是他要尽可能地接受造就其职业之伟大的两项义务：为真理服务和为自由服务。因为他的使命是让尽可能多的人联合起来，这一使命容不得谎言和奴役，而在谎言和奴役统治之地，孤独会迅速滋生。无论我们个人有什么缺陷，我们职业的高尚将永远扎根在两种很难履行的承诺中：拒绝对所知之事撒谎，以及抵抗压迫。[1]

诺贝尔文学奖代表着官方对加缪的认可，这实际上是他多年来产生的影响，让他在欧洲舆论中占据了特殊地位。首先要归因于他紧跟时事，毕竟经典作品永远不会过时，它们向我们讲述的是不会被时间改变的主题。其次，因为时间总是会给出答案，他参与的辩论、观点和战斗可以说具有先兆性。它们也提醒我们什么是可能的，什么是不可能的。正是在这方面，历史证明加缪是正确的，正如记者让·达尼埃尔指出的：

加缪无疑是20世纪第一个预言了时代的人。在这个时代，我们不能再依赖过去的模式，不能再在对未来的畅想中寻求庇护，我们不得不过一种垂直的生活，对每一秒都在变幻的命运

80

1　*Discours de Suède*, Pléiade Ⅳ, p. 240.

抱有持续的、几乎反人类性的清醒。[1]

　　就这样，阿尔贝·加缪成为在坚定的道德判断的引导下介入时代问题的思想家。多年来，他战胜了诋毁他的人，这要归因于他对人类的忠诚。这就是为什么他如此具有当代性。他只对有血有肉的人、受苦受难的人感兴趣。哲学家雷耶斯·马特（Reyes Mate）强调了这一承诺：

　　　　他以囚犯、鼠疫患者、被殖民者或外国人的名义，对以无产阶级、文明进步、人道主义、宗教或种族等形象来体现的历史说不，他的同代人在这些形象面前则无条件屈服。[2]

　　阿尔贝·加缪思想的现代性，在很大程度上应归功于新闻业。在对真理的不懈探索中，在对当下的痴迷中，他总结出了"加缪式教训"，正如让·达尼埃尔所说：

　　　　对我来说，这恰恰是要解释一个经历过数次战争、见证过数次革命的人，如何在既非他自己的话语中，亦非他人的论述

1　Jean Daniel, *Avec Camus. Comment résister à l'air du temps*, p. 104.

2　R. Mate, « Camus o la rebelión contra el sufrimiento », *El Periódico*, 23 novembre 2013.

中，而是在对当下的迷恋中寻求真理。如果这种情况存在，那便得自"加缪式教训"。[1]

在诺贝尔文学奖颁奖典礼后的一段时间里，加缪写了一封长信，向他的第一位老师路易·热尔曼致敬，正是在老师的敦促下，当年那个孩子才能成为现在的样子。他对老师的付出致以谢意，表示感激，是老师的坚持使他得以继续学业，并改变命运的轨迹。老师路易·热尔曼的回信于 1959 年 4 月到达，从阿尔及尔寄来，他写道：

> 我亲爱的孩子……我不知道该如何表达你的亲切举动带给我的喜悦，也不知道该如何感谢你。如果可能的话，我会给你这个大男孩一个紧紧的拥抱，对我来说，这个男孩永远是"我的小加缪"。
>
> …………
>
> 加缪是谁？在我的印象里，那些试图看穿你个性的人并不十分成功。你在展露你的本性和感情方面总是有一种出于本能的保留。即便你简单直接，你也会成功，更何况你有丰富的内心！在课堂上你给我留下了这些印象。想认真做好工作的教师不会放过任何了解他的学生、他的孩子的机会，他总是在他们身边。一次回应、一个手势、一种态度都能说明问题。所以

1　Jean Daniel, *Avec Camus. Comment résister à l'air du temps*, p. 105.

我想，我了解曾经那个善良的小伙子，孩子身上往往蕴含着他将成为之人的种子。你在课堂上的快乐从各个方面都可以看出来。你的面庞洋溢着乐观的态度。[1]

最后，夺走加缪生命的不是他一生都在忍受的慢性疾病肺结核。阿尔贝·加缪的生命在 1960 年 1 月 4 日被残酷地斩断。他死的时候非常年轻，只有 46 岁，死于一场交通事故，事故发生在约讷河畔尚皮尼（Champigny-sur-Yonne）和居亚尔新城（Villeneuve-la-Guyard）之间。英年早逝使加缪当时正处于高峰期的职业生涯戛然而止。那辆车是一辆法赛维嘉（Facel Vega），由他的朋友、出版商米歇尔·伽利玛（Michel Gallimard）驾驶，撞上了一棵树。在加缪去世几天后，他的同伴在医院里也因伤势过重而倒下了。

加缪没有完成他工作的第三个阶段，即回归本源。在车辆碎片中的一个黑色公文包里，人们发现了尼采的作品《快乐的知识》82和一份手稿，两者并排放在一起，当时加缪已经为这部作品工作了将近一年。他的女儿、遗嘱执行人卡特琳娜·加缪（Catherine Camus）在 1994 年出版了这部作品。这是他最后一部小说，属于自传体，但未完成，题为《第一个人》，题献是"献给永远无法读到这本书的你"，即他的母亲卡特琳娜·桑泰斯。83

1　*Le Premier Homme*, Gallimard, 1994, pp. 328-329.

第二章 阿尔及尔记者生涯

在《阿尔及尔共和报》接受新闻洗礼

在第二次世界大战爆发之前，阿尔贝·加缪在他的故土阿尔及利亚迈出了其记者生涯的第一步。[1] 这份 8 页的日报售价为 40 分，每期发行量约为 2 万份[2]，它的使命是成为"民众聚集的论坛"，最

85

---

1 见 Philippe Zessin, «Presse et journalistes "indigènes" en Algérie coloniale (années 1890-années 1950) », *Le Mouvement social*, n° 236, juillet-septembre 2011, pp. 35-46。"《阿尔及尔共和报》仍是一个明显的例外。从帕斯卡尔·皮亚和保罗·施米特于 1938 年创办它开始，这份报刊就有着明确的目标，即将欧洲人和穆斯林团结起来，跨越殖民的边界。且这一目标不仅针对其读者，报刊的编辑部也践行这一原则。从一开始，报刊就聘请了一些穆斯林撰稿人，在各个层面为跨社群新闻的理想服务。报刊旨在成为一种新闻融合的实验室，其驱动力是实现一种统一公共话语空间的乌托邦式的愿望。《阿尔及尔共和报》最初是在欧洲人的支持下创办的，它首先试图吸引穆斯林，赢得其人心，无论是作为读者还是作为编辑。"

2 它的发行量后来由 2 万份降到 7000 份。见文章：J. Guérin, «Camus, journaliste», *Synergies Inde*, n° 5, 2010, pp. 13-23。

终成为"为工人服务的报纸"。从一开始,《阿尔及尔共和报》[1]就宣扬一种独立性。它响应了一批亲人民阵线但非共产主义者的欧洲知识分子的倡议。最初, 担任出版主管的工程师让－皮埃尔·富尔（Jean-Pierre Faure）和书店联络人保罗·施米特（Paul Schmitt）将编辑部的管理委托给马尔罗的一位朋友——记者和文学评论家帕斯卡尔·皮亚。报刊的独立性由一个 24 名志愿成员组成的委员会来保证。这个委员会与权力当局没有任何关系,无论是行政当局还是任何政党。与阿尔及尔的其他媒体,如《阿尔及利亚快讯》（*La Dépêche algérienne*）、《阿尔及尔之声》（*L'Écho d'Alger*）不同,《阿尔及尔共和报》仍然是自由报刊的典范,在法国本土也是如此。加缪在这份报刊上留下了约 50 篇文章。第一期《阿尔及尔共和报》于 1938 年 10 月 6 日发行,他加入了其中几个专栏,尝试了不同的体裁:从社会杂闻到文学批评,从法律专栏到新闻报道。

　　从 1938 年 10 月 13 日到 1939 年 10 月 28 日,加缪在《阿尔及尔共和报》作为一个年轻的新闻工作者工作。即便在今天,他那个年纪的大部分记者候选人都尚未成熟,只能做些实习工作。这份报刊对加缪而言是一所新闻学校。在《阿尔及尔共和报》,他锻造了

1　A. Camus, *Fragments d'un combat: 1938-1940. Alger républicain. Le Soir républicain*, édition établie, présentée et annotée par Jacqueline Lévi-Valensi et André Abbou. A. Camus, *Œuvres complètes*, t. I, Gallimard, coll. « Bibliothèque de la Pléiade », 2006. 又见 Boualem Khalfa, Henri Alleg et Abdelhamid Benzine, *La Grande Aventure d'Alger républicain*, Paris, Messidor, 1987。

作为记者的道德观念，而这种精神随后跟着他去了《战斗报》。他的事业发展很快：不久后便成为司法类和政治类专栏作家。他在法律专栏中的扎实经验滋养了他的几部文学作品。

几乎同时，他还担任主要记者，从事社会和政治议题的新闻调查工作。在他的"洗礼"因《阿尔及尔共和报》的停刊而终止后，他成了《共和晚报》的主编，这一职务从 1939 年 9 月持续到 1940 年 1 月初该报停刊。随后，丢了工作，因当局的决定被迫失业的加缪搬到了巴黎。在加入《战斗报》的编辑部之前，他在完全保密的情况下在《巴黎晚报》做编辑秘书。

阿尔贝·加缪的一些朋友也为《阿尔及尔共和报》写作，比如小说家埃马纽埃尔·罗布莱斯[1]，他在日报的专栏中写下了他在工人阶级地区的经历，他很了解那些地方，因为他来自那里。罗布莱斯是西班牙人，他用各种化名来为自己的文章署名，如佩特罗尼乌斯（Pétrone）和 E. 谢纳（E. Chêne）。罗伯特·纳米亚（Robert Namia）是加缪在阿尔及尔有着莫逆之交的老朋友之一，纳米亚在西班牙内战中受伤后也加入了该报，在西班牙内战中他为共和阵营而战。

1　见 E. Roblès, *Camus*, Paris, Hachette, coll. "Génies et réalités", 1964。"与我们大多数人不同，他知道如何倾听。他可以全神贯注地听我们说什么，而且他的魅力之一肯定来自这种对他人的兴趣，他似乎总是重视他人的存在，偏爱'将重量放在人间'这种方式，正如乌纳穆诺所说。"

实地调查记者

加缪成为记者时只有 25 岁，但他那时已经具备了天赋、正直和成熟，这些品质引导他去谴责不公正和苦难，而这些正是他小时候在贝尔库的贫困街区不得不承受的事情。在 1937 年秋天被开除党籍后，加缪放弃了他的党员身份，也放弃了上一份在阿尔及尔气象研究所负责记录气温变化的工作。

新闻业给了加缪第一份稳定的工作，使他能够通过写作实现"与现实对话"的梦想。这份对现实的承诺——他永远不会背弃——他 1936 年 11 月在《加缪手记》[1] 中写下自己的秘密时透露了这一点，当时他写道："我更愿意睁着眼睛。"正是新闻工作使他更接近现实，更接近当地的真实情况。他以严谨和精确的方式描述了他看到的东西，正如他传递阿尔及尔这座城市的感官氛围和生命力时那样。他的专栏文章通过五种感官来触动读者：他让读者看、闻、感觉、触摸并理解眼前发生的一切。在写作当中，他时常将身体的和感官的东西，与戏剧性和悲剧性关联起来。

在没有任何专业经验的情况下——当时他只在杂志《南方》（Sud）和《阿尔及利亚评论》（La Revue algérienne）上发表过两篇文学评论——他发现了自己对新闻业的真正热情，他肯定地说：

87

---

1 *Carnets*, Pléiade Ⅱ, p. 810.

"记者这一职业是我知道的最美丽的职业之一。"[1]

加缪在《阿尔及尔共和报》的职业开端如同置身于一所新闻学

88 校。在工作实践中，加缪发展了对表达方式的品位，练习了对词语
的选择，意识到仔细观察和切身感受真正发生之事的必要性。正如
他的朋友让·达尼埃尔（也是记者）所说，这是有利于介入文学[2]、
"作家指南"、"信息承载者"[3]的时代。这是记者加缪职业道路上一
个必经的步骤。让·达尼埃尔这样说："我们已经找到了加缪，完
整的加缪，就在《阿尔及尔共和报》的文章里。我们在那里甚至看
到了一种命中注定。"[4]

加缪在这里选择了一种永远不会离他而去的新闻伦理观念。应
该指出的是，当时"一家殖民媒体（在阿尔及利亚）占主流地位，
它汇集了加缪反对的一切：种族主义、知识分子的平庸、资本主义
的专制、正统派的问心无愧"[5]。

加缪在《阿尔及尔共和报》上发表了大约150篇专栏文章，包
括各类信息，从地方新闻到法庭纪事，从专题报道到社论。这家由

---

1 "为这样的职业而奋斗是值得的。"Jean Daniel, *Avec Camus. Comment résister à l'air du temps*, p. 20. 且正如让·达尼埃尔所指出的："对加缪来说，新闻业不是流放地，而是王国。他在其中如鱼得水。"Jean Daniel, *Avec Camus. Comment résister à l'air du temps*, p. 34.
2 介入文学，指以捍卫或主张一种伦理、政治、社会或宗教观点为目的的文学作品。——译者注
3 Jean Daniel, *Avec Camus. Comment résister à l'air du temps*, p. 39.
4 Jean Daniel, *Avec Camus. Comment résister à l'air du temps*, p. 40.
5 Jean Daniel, *Avec Camus. Comment résister à l'air du temps*, p. 40.

巴黎知识分子帕斯卡尔·皮亚领导，致力于公共利益、社会平等的报刊，其股东中有亲欧洲、主张共和、持政教分离观念的资产阶级。而当这份报纸成了为"所有斗争"服务的报刊，特别是成为保护最贫困者的报刊时，这一阶级便走向了它的对立面。这群创立《阿尔及尔共和报》的人在人民阵线获取权力之时便有一个想法，即在阿尔及尔创办一份进步主义的报纸，就像奥兰的进步报刊《奥兰共和报》（*Oran républicain*）一样。

　　这份报刊是在合作的形式下诞生的，目的是使其免受金钱和政治党派力量的影响。报刊创办者对不同的领导者候选人进行了检验，最终选择将管理权交给帕斯卡尔·皮亚。在阿拉贡和乔治·阿尔特曼（Georges Altman）的推荐下，皮亚特意从巴黎赶来，在此之前，他曾在《今晚报》和里昂的《进步报》工作过。《阿尔及尔共和报》的第一期于1938年10月6日问世。由于缺乏资源，报刊的领导者优先招募新人，因为这样工资成本较低。就这样，阿尔贝·加缪在1938年10月成为记者。帕斯卡尔·皮亚这样解释他的招聘工作：

　　　　编辑部的微薄预算不够雇用足够多的记者，也不足以吸引来优秀的专业人才。我不得不招募新人，并为他们提供培训。我从不吹嘘自己的洞察力，但我必须说，加缪出现在我面前的那一刻，我立刻意识到他会是我能找到的最佳合作者。他没有

89

说任何无关紧要的话，但他显然毫无保留地表达了一切。无论谈论什么主题，他的言辞都彰显出他扎实的知识，以及比他这个年龄段的人（他那时才 25 岁）通常拥有的更多的经验。我没有必要再去进一步权衡他是否能胜任编辑岗位，我立刻邀请他与我一起工作。[1]

皮亚回忆了加缪初入这一行业时的政治观点。他那时就如我们现在看到的一样，一直忠于自己的信念。一个对政治党派感到失望的加缪，却醉心于激烈的进步思想：

90

> 同样，加缪并不是作为一个虔诚的极左派加入《阿尔及尔共和报》编辑部的。他不再对政治组织的道德抱有任何幻想，但他的失望并没有使他接受既定的秩序。根据我了解的情况，我判断他从那时起就将自己的同情心放在极端自由主义者、依良心拒服兵役者、跟随佩鲁蒂埃的工会运动者[2]，总之是所有不服从者身上。我认为他并没有高估无政府主义工会运动在 20 世纪 30 年代的真实影响力（它只在西班牙，在伊比利亚无政

1 Lettre de Pascal Pia à André Abbou, décembre 1970, Pléiade I, pp. 864-865.
2 在 20 世纪初，费尔南德·佩鲁蒂埃（Fernand Pelloutier）是自由工会运动的领导人物之一。

府主义联合会[1]中很重要），但无论这种影响多么有限，那些努力扩大其影响的人，肯定比那些宣誓的马克思主义者更能赢得他的尊重。[2]

虽然加缪一开始是从地方新闻——一些当地小事件——入手，但他很快就把这些简短的通告变成了尖锐的报道，在报道中他谴责了权力的滥用、剥削，并为"白人"无产阶级和最贫困的穆斯林的悲惨生活条件打抱不平。然而，尽管加缪在新闻写作中为他们发声，让他们成为专栏文章的主角，写上了他们的姓和名，但应该注意的是，加缪在文学作品中总是使用一个抽象的统称来指代穆斯林，即"阿拉伯人"。这一行为至今在阿尔及利亚仍备受争议，卡迈勒·达乌德（Kamel Daoud）的作品《默尔索案调查》（*Meursault, contre-enquête*）[3]和西班牙记者哈维尔·雷韦特（Javier Reverte）的旅行作品《重走阿尔贝·加缪之路》（*Tras las huellas de Albert Camus*）都见证了这一点。[4]

91

---

1 伊比利亚无政府主义联合会（FAI）与西班牙全国劳工联合会（CNT）是20世纪上半叶极端自由共产主义在西班牙的代言人。

2 Lettre de Pascal Pia à André Abbou, décembre 1970, Pléiade I, p. 865.

3 Kamel Daoud, *Meursault, contre-enquête*, Arles, Actes Sud, 2014. 这位作家、《奥兰共和报》的专栏记者为《局外人》中没有名字的阿拉伯人找回了身份。达乌德小说的起点就是这种本土人被抹去的状况，他在作品中让被默尔索杀害者的弟弟发声。

4 J. Reverte, *El hombre de las dos patrias. Tras las huellas de Albert Camus*, p. 127.

加缪一进入《阿尔及尔共和报》，就给他的朋友、大学哲学教授让·格勒尼耶写了一封信。他在信中描述了他的新工作和他的感受。考虑到他致信的这位对话者的特殊性，以及一些大学教员有时会对新闻业表现出的偏见，有些段落也许应该谨慎阅读：

> 我开始从事新闻业了（在《阿尔及尔共和报》），做些杂讯和报道，有时也写些文学作品。你比我更清楚这份工作是多么使人沮丧。但我也从中找到了一些价值：一种自由的感觉——我不受约束，我做的一切似乎都有鲜活的生命。也可以从中找到一些质量相当低的满足感，真倒霉。[1]

实际上，加缪不久后就对自己的这份新工作充满热情，把自己的身体和灵魂都投入其中。无论是在《阿尔及尔共和报》《共和晚报》，还是后来在《战斗报》，他都努力践行自己的新闻理想，并以坚实的职业道德观为支撑。他寻求的始终以道德良知为后盾的新闻工作，今天仍然不存在。在这一领域以及其他许多领域，阿尔贝·加缪都是一位先驱者。虽然他在记者领域的停留短暂而紧张，有时还伴随着强烈的失望，但他始终对自己的第一职业表现出极大的依恋。

1　*Correspondance Albert Camus-Jean Grenier*, Paris, Gallimard, 1981, p. 33.

一些加缪的研究者声称加缪热爱新闻工作但讨厌媒体，如莱维－瓦朗西（Lévi-Valensi）。与加缪在多家报刊合作了 9 年的朋友帕斯卡尔·皮亚甚至说，对于加缪来说，新闻业不过是一场"意外"。一些与加缪一起工作的新闻工作者驳斥了这一观点，例如让·达尼埃尔，他为加缪对新闻业的热情和依恋辩护，还有与加缪一起在《战斗报》做编辑的罗歇·格勒尼耶[1]，他认为这种断言是不准确的。当下有种对加缪的所有文字和在多个采访中的声明的解读，证明了他对这个职业的责任和喜爱。在最后一期《卡利班》上发表的让·达尼埃尔对加缪的采访中，加缪仍然没有背弃新闻业。

从一开始，加缪就拥抱一种"公民新闻"、一种道德新闻、"一种意向性新闻"（它不仅是信息的载体，还具有带来改变的决心）、一种愿意为"无声者"发声的致力于支持最弱者的新闻。在这里，我们可以看到加缪后来作品的起源，他就像一个堂吉诃德，面对看似徒劳的事业，将自己的斗争作为生活的理想。

加缪以一种直接、简明、冷静和精辟的风格巧妙地讲述他看到的一切，经常夹杂着讽刺，他是一个熟练的、总是尊重普通人的观察者。他的报道以真理、正义、责任和人类尊严的名义，向公众展示了一些戏剧性场面。此外，他始终坚持诚实的原则。

1　"事实上，他将对这一职业充满热情，为《阿尔及尔共和报》和《共和晚报》全力奋斗，并在《战斗报》发明一种被赋予道德良知的新闻，这在当时是不可能的。但他也会有懒惰的时候，也会有感到索然无味的时候，这些时刻他便远离新闻编辑室。"R. Grenier, *Albert Camus. Soleil et ombre.*

他在《阿尔及尔共和报》的专栏中就已经表现出这种新闻的诚
93 实性。"卡比利亚的苦难"系列报道的一篇文章中出现了错误，他
以"给读者的说明"的形式对错误进行了更正。这是加缪要求严格
的一个例子：

> 昨天，在卡比利亚现有医务人员的明细单中，我们给出
> 的一个数字是错误的。有 12.5 万名居民的苏马姆大区（la
> Soummam）有两名医生和两名护士，而不是一名医生和一名
> 护士。昨天的数字没有算上盖斯尔（El-Kseur）的医务人员。
> 无论如何都必须进行这一更正，诚实性是这一证词唯一的
> 力量。[1]

让新闻记者承认自己的错误往往是困难的，而加缪可以毫不犹
豫地纠正自己的错误。

对事件的社会责任

在加缪最有意义的几篇当地报道中，最引人注目的一篇是关于

---

1 *Alger républicain*, 11 juin 1939.

一个工人阶级社区中的煤气爆炸的。他利用这一事件揭示了那些被市政当局遗弃、挤在穷巷陋室中的人的困境。文章《罗齐斯先生站在受害者的对立面》（M. Rozis contre les victimes）于 1938 年 12 月 29 日[1]发表在《阿尔及尔共和报》上，这是加缪首次公开批判时任阿尔及尔市长奥古斯丁·罗齐斯（Augustin Rozis），此人自 1935 年以来一直担任教务会议（consistoire）主席，并且是当时在欧洲蔓延的法西斯主义的恶毒支持者。

　　这位年轻的记者不仅抨击了市长，还从正面质疑了腐败、种族主义以及议会的管理不善，如 1938 年 12 月 24 日《阿尔及尔共和报》上发表的《一次别开生面的市议会》（Un conseil municipal pittoresque）[2]。他还对时任部长会议主席爱德华·达拉第（Édouard Daladier）提出批评，如 1938 年 11 月 27 日《阿尔及尔共和报》上刊登的《反对政令法的工人们》（Les travailleurs contre les décretslois），或 1938 年 12 月 3 日《阿尔及尔共和报》上发表的《部长会议主席与一个月入 1200 法郎的雇员的对话》（Dialogue entre un président du Conseil et un employé à 1200 francs par mois），加缪还批判了阿尔及尔其他以滥用权力闻名的人士。

94

　　这份日报成为评论的焦点，这说明它探讨的话题很敏感。然

1　此处原文为 1939 年，经核查应为 1938 年。——编者注
2　Pléiade I, p. 600. 此处原文写本篇文章发表于 1939 年，经核查应为 1938 年。——编者注

而，政治环境不断恶化，审查制度出现。因为想为真理服务和想揭露真相，加缪实践着他的"意向性新闻"。那是一个对新闻业不太有利的时代，审查制度、外界压力和政府控制使他无法完全自由地从事这份职业，但他仍是那个时代的先驱。加缪有勇气和胆量来全面叙述他看到的情况，就像另一个时代的左拉[1]——他揭示了法国北方矿工的悲惨命运；就像非洲的卡普钦斯基（Kapuściński）[2]；也像查韦斯·诺加莱斯（Chaves Nogales）[3]——他谴责纳粹对犹太人的罪行，见证了西班牙内战中的暴行。

加缪在 1938 年[4]12 月 24 日发表的一篇饶有趣味的报道中回忆了一次别开生面的市议会，他详尽描绘了这次全体大会期间无聊政客们的行为和动作：

这段时间里，勒克莱尔先生在越来越高的谈话声中继续他的报告；萨列斯（Salles）先生翻动厚重登记簿的纸页来签名，制造出越来越大的噪声；罗齐斯先生提醒他注意纪律；恼火的萨列斯先生便停止了签名；勒克莱尔先生为了吃一粒药中断了发言；杜蒙（Dumont）先生一直在画画，且热情高涨，最终

1　A. Wrona (dir.), *Zola journaliste. Articles et chroniques*, Paris, Flammarion, 2011.

2　R. Kapuściński, *Ébène. Aventures africaines*, Pocket, 2002.

3　M. Chaves Nogales, *A sangre y fuego. Héroes, bestias y mártires de España*, Barcelone, Libros del Asteroide, 2015.

4　此处原文为 1939 年，经核查应为 1938 年。——编者注

感染了他的邻座佩松（Peisson）先生，佩松先生开始认真地勾　　

画一个古怪的鸵鸟头；不再签名的萨列斯先生开始画重点；然

后，他累了，便开始用手指转笔；不久，他又累了，便开始画画。[1]

　　加缪以一种讲传奇故事般但保持冷静的语气，仔细描绘了这些

人物，列出了一份心不在焉的市议员们的癖好和小动作清单。这篇

专栏文章从头到尾都吸引力十足，将读者带入一种"市政肥皂剧"

中，不无趣味。通过这些逸事，他揭示了地方当局的道德缺失，某

些职业政治家对他们所负责问题的蔑视，以及他们对公民的轻视。

　　1938 年，加缪在探访停泊在阿尔及尔港的"马蒂尼埃"号（*La

Martinière*）监狱船时，谴责了囚犯们不人道的生活条件——这种

"令人不安、不见天日的黑暗"[2]。阿尔及利亚的监狱系统糟糕透了。

加缪发现了监牢、惩戒室、狭小而无光的生活区……在报道中，他

不仅描述了他亲眼所见的这种物质上的苦难，还记述了道德上的苦

难："在这种怪异又无法改变的命运下，人被从人性中抹去。"[3]由于

他从不以事件的假定中立性为借口，他补充说："没有什么场面比

看着人被贬低到人的基本境况之下更卑鄙的了。"他从道德层面讲

1　« Un conseil municipal pittoresque », *Alger républicain*, 24 décembre 1939. 此处
　　原文如此，但这篇文章应发表于 1938 年。——编者注

2　« Ces hommes qu'on raie de l'humanité », 1er décembre 1938, Pléiade I, pp. 585-
　　588.

3　*Cahiers Albert Camus 3. Fragments d'un combat*, v. 1, p. 58.

96　出了这里的问题。[1]

奥当案，或加缪的《我控诉》

对于捍卫一个人的清白和尊严的热忱使加缪参与了标志性的奥当案，这之后成了一个具有代表性的诉讼案件。

米歇尔·奥当（Michel Hodent）是特雷泽尔镇（Trézel）的一家当地集体保险管理公司的一名普通职员，特雷泽尔镇位于奥兰省提亚雷特（Tiaret）。奥当于 1939 年 3 月被提亚雷特轻罪法庭指控挪用了销售小麦获得的资金，损害了农民的利益，这些农民中大部分其实是地主。在没有任何切实证据的情况下，奥当立即被关进了监狱。

实际上，奥当希望帮助处于最弱势的阿拉伯农民，即费拉（fellahs），保护他们免受大殖民者不断倒卖小麦造成的价格波动的影响。他在一封寄给《阿尔及尔共和报》的信中解释了自己的情况："我被遗弃在一间牢房里几个月了。"法官只考虑了地主、一些土著地方官员、该地区的穆斯林首领和当地特权者的虚假证词，而这些人都在一个精心策划的计划之中：想要解散，或者更确切地说是毁灭人民阵线为避免小麦价格波动而设立的公共服务。

在读到这封信后，加缪一刻都没有耽搁，立刻亲自参与到这个

1　*Cahiers Albert Camus 3. Fragments d'un combat*, v. 1, p. 58.

案件中，并决定在寻找真相的过程中一路走下去。对他而言，奥当是阿尔及利亚不公正现象的象征，在这里，强者的法律占主导地位，那是有权势者的法律。奥当被监禁，是因为他不想屈服于殖民大地主建立的腐败制度——他们想以牺牲小农的利益来增加自己的利润。加缪站在最弱者和无力反抗者的一边，且会永远如此。他使奥当成为抵抗高官腐败和地方寡头压力的人物。加缪还将辩论扩展 97 到了人性层面，提到了囚犯及其家人的"道德痛苦"。在一篇专栏文章中，加缪讲述了奥当妻子的悲惨状况：她刚刚生了一个孩子，而她被监禁的丈夫是这个家庭的唯一一收入来源。

　　这时，加缪成了司法专栏作家和调查记者，他通过对证据保持严格要求，事事做到精确，增加事实、新的证词、相关文件，甚至引入专家的法律论据，来使这种类型的新闻更有力。他的司法专栏是为调查性新闻服务的，超越了对法庭审理过程的单纯叙述。

　　第一篇关于奥当案的文章发表于 1939 年 1 月 10 日，最后一篇发表于 1939 年 3 月 23 日。[1] 在这 3 个月中，加缪发起了一场反对阿尔及利亚政治和司法制度的激烈运动。他正面抨击了殖民秩序造成的不平等现象，并依靠自己核实过的证据为奥当的释放而斗争。文章一篇接一篇，这说明了其控诉的规模。文章标题指责的语气越来越强，如发表于 1939 年 3 月 7 日的《奥当事件·我们什么时候开

1　Pléiade I, pp. 603-631.

始追求职业良知？》(L'affaire Hodent. Depuis quand poursuit-on la conscience professionnelle ?)，或发表于 1939 年 3 月 13 日的《奥当事件·一个正义者为一个无辜者辩护》(L'affaire Hodent. Un homme juste plaide pour un innocent)。

对加缪来说，这个案件是一种显而易见的不公正的结果：即给一个帮助别人的人定罪。他不会投降。从一开始，加缪就站在奥当的立场上为他辩护，这是加缪的事业，也是《阿尔及尔共和报》的事业。从加缪最初的专栏文章开始，他就呼吁进行公平的审判：

> 在一个苦难和荒谬导致许多人失去人性的世界里，拯救一个人就等于拯救了自己，也等于部分拯救了每个人都希望看到的人类未来。[1]

这句话和其他许多话一样，以令人悲痛的力量在他的专栏文章中振聋发聩。在 1939 年 2 月 4 日发表的另一篇文章中，他坚定地提出了有力的论据，来捍卫他认为是形同虚设的审判的受害者：

> 一个人因一项即便他做过也不算罪行的罪行而被关进监狱，更何况他没有这样做。他因一份简单的盘点清单就能证伪

---

1 Pléiade I, pp. 603-631.

的证据而被关押。就因为除了不公正和仇恨之外没有任何人类
证据可以证实的指控，他被置于一种不清不楚的状况中，而他
并非这种不清不楚的责任人，他唤起的同情则被无端的谎言
驱散。[1]

写给总督的公开信

《阿尔及尔共和报》头版发布了一封写给总督的公开信，这对
事件的结果产生了关键影响，该信题为《致总督先生乔治·勒·博
的公开信》(Lettre ouverte à M. le Gouverneur Général, Georges Le
Beau)[2]。加缪发表这封信是为了抗议奥当在审判前就被监禁，谴责
把他关进监狱的法官滥用权力。这封信发表于 1939 年 1 月 10 日，
文风冷静而严谨，清晰又带有人道主义精神地解释了案件。这封
信作为正义的最高代表，向总督喊话，要求他亲自纠正这一极不　99
公正之事：

　　总督先生，我们知道，只有当我们想讨论的问题足够重
　要、足够紧迫，以至于不能容忍任何拖延和干扰时，我们才能

1　Pléiade I, pp. 603-631.
2　Le 10 janvier 1939, Pléiade I, p. 603.

够召唤来伟人。而我们今天忧心的就是这样一个问题。这个问题很重要，因为它完完全全是一种不公正现象；这个问题也很紧迫，因为它还没有停下迈向不公正的脚步。[1]

加缪继续写道：

总督先生，不公正不能容忍拖延。它从出现的那一刻起就在呐喊。至于那些曾听过它的呐喊声的人，他们再也无法与之撇清关系；不公正就在那里，连那些与之无关的人现在也感到了对此的责任。总督先生，我们今天直接写信给您，也是为了还清我们自身的债务。因为，一想到有一个人正在监狱里等待正义向他敞开胸怀，我们便没有办法好好生活；一想到对我们来说如此轻松的每一天，对这个因不公正而被关在小村庄牢房里的人来说是如此难挨的 24 小时，我们便更难面对自己……因为，必须承认，急于惩罚导致的所有不公正、不合理、不充分的迹象都存在于这一事件中。[2]

加缪试图用一直以来指导着他的一种希望来打动人们："在这

1　Le 10 janvier 1939, Pléiade I, p. 603.
2　Le 10 janvier 1939, Pléiade I, p. 603.

个世界上，伟人背后往往有着具体的人。"[1]

归根结底，这是对人类语言的说服力怀抱信心："这是独特而顽固的希望，即仅用人类语言便让人下定决心。"

100

在这封信中，可以察觉加缪其他新闻作品的萌芽：将所有人团结起来反对不公正，从而拯救人类尊严，这是他的使命。这是一场以严苛的道德基础为标志的斗争，他从未放弃过。

他呼吁的既不是虔诚，也不是仁慈，而是所有人都应得的正义。他只是主张所有公民在法律面前一律平等的普遍权利。他给阿尔及利亚司法机构的异常现象和滥用权力的行为敲响了警钟："人们先监禁，后确认。"[2]他以庄严和控诉的口吻批判已经发生的过激行为，并给出了令人信服的理由。

这封信像一枚炸弹落入了阿尔及尔政界。这位年轻记者的胆量和他控诉的口吻令人惊讶。在他的"文学法庭"上，加缪质疑整个阿尔及利亚的政治和司法系统，以及当地寡头的狂妄。这封信发表后产生了立竿见影的效果：加缪在审判前使奥当获得了临时释放，审判最终遵从了无罪推定的原则。

正如左拉在其传奇般的《我控诉》以及数篇追踪德雷福斯事件的司法专栏文章后才成为左拉，加缪成为加缪也得益于他对奥当案所做的新闻调查。或者换句话说，通过为真理服务的不懈努力，德

1　Le 10 janvier 1939, Pléiade I, p. 603.

2　« L'affaire Hodent ou les caprices de la justice », 4 février 1939, Pléiade I, p. 612.

雷福斯案成为左拉案，奥当事件在这里也成为加缪事件，或者不止

101　如此，奥当事件成了加缪的《我控诉》。

　　在报纸上发表致国家总统或国家高级官员的公开信[1]，这种新闻

体裁是法国新闻界牢固传统的一部分。在更早的时候，法国新闻史

上的另一著名事件催生了巨大反响：由伏尔泰揭发的卡拉斯事件

（Affaire Calas）。[2] 在舆论场上以公开信的形式向法兰西共和国总统

或国家高级权力机构提出质询，这一行为至今仍然存在，但仅出现

在极其特殊的事件上。加缪当时是一名年轻记者，他采用了这一传

统形式，其他常在报刊专栏发表文章的知识分子也是如此，比如左

拉（他也是一名记者）和伏尔泰（他也是报纸的长期撰稿人）。简

而言之，这是在极端情况下，第四权向第一权[3]发出的呼吁，要求

为一个值得关注的案件伸张正义，并因此动员公众舆论。

1　"公开信"（la lettre ouvérte）这一名称指的是同时写给收信人和公众的文章
　或文本。埃米尔·左拉以他举世闻名的公开信《我控诉》开创了这一新闻体
　裁，《我控诉》是写给总统费利克斯·福尔（Félix Faure，1895 年至 1899 年
　任总统）的公开信，1898 年 1 月 13 日发表于《震旦报》（L'Aurore）头版。
　这种类型的文本在媒体出现之前就有著名的先例，如帕斯卡尔的《致外省人
　信札》、伏尔泰的卡拉斯事件，也不要忘了西尔旺事件（Affaire Sirven），以
　及拉·巴尔骑士（Chevalier de La Barre）。一直以来，这一文体的目的都是
　以公众为证人质询当局，以揭露不公正的现象，重建真相。实际上，这是以
　信件、檄文、传单，有时甚至是以书籍的形式，进行的真正的新闻运动。

2　Voltaire, *Traité sur la tolérance. À l'occasion de la mort de Jean Calas*, Paris, J'ai
　lu, 7 septembre 2013.

3　第四权，指在行政权、立法权、司法权之外的第四种政治权力，是西方社会
　对新闻媒体在社会中地位的比喻，它对前述三种政治权力起制衡作用。——
　译者注

左拉的德雷福斯案[1] 及其著名的《我控诉》（距今仅有 50 年）已成为法国大学和高中研究的参考模板，而加缪关于奥当事件的公开信在更大程度上被遗忘了，它值得更多关注。

这封信发出之后，加缪在 1939 年 2 月 4 日发表了第一篇关于审判的文章，题为《奥当事件，或司法的任性》（L'affaire Hodent ou les caprices de la justice），文中说明了起诉的专断，并表达了他对证明被告无罪的承诺和决心：

> 我们只要求伸张正义，但我们要求为米歇尔·奥当伸张一切正义，他因热爱自己的职业而有罪，因保护农民而使他们的主人不高兴而有罪，因没有预想到人的懦弱和愚蠢而有罪。[2]

在定于 1939 年 3 月 20 日进行的审判的前几天，加缪进行了细致有据的调查，以证明奥当的清白。他前往"犯罪现场"，来到位于奥兰东南 250 千米的山地上的农业小镇——提亚雷特。他在那里看到，当地的新闻媒体与当局和当地精英勾结，对案件保持沉默。

阿尔贝·加缪依靠的是他实地收集到的证据。作为一名优秀记者，他与当地所有重要人物和能够向他提供粮食收购运作情况的人

102

1　Émile Zola, « J'accuse... ! », *L'Aurore*, 13 janvier 1898.
2　Pléiade I, p. 619.

交谈。在收集了大量证词和数据的同时，加缪还详细研究了有关小麦销售的法律规定，目的是在听证会前对案件进行说明。通过这种方式，他对司法机关的矛盾提出疑问，用他的话说，司法机关"既判决又变卦"。加缪成功证明了被告是按照惯例来调节小麦价格的，这显然说明了起诉的专断。加缪提高了声音说，作为一个告发者，在监狱里煎熬4个月——奥当被监禁的时间——已经太久了，这都是因为"赋予了能力低于其职能者无上权力。我们怎么能接受一个在无罪中发现犯罪证据的法官的堕落呢"[1]？

在审判开始之前，加缪就成功将舆论导向了有利于米歇尔·奥当的一边。加缪制造了一种普遍谴责预审法官的气氛。他通过专栏文章引发了辩论，自己始终持道德的论调，以捍卫"所有正义者所依附的原则的存在"[2]。奥当则完全是所有"阿尔及利亚勇士"[3]的象征。

加缪赢得了第一轮胜利：他得到了负责此案的法官被调离预审的结果。除了奥当被捕之外，另一个名叫马斯（Mas）的阿尔及利亚裔法国人也被指控偷盗小麦，还有6名穆斯林被认定为马斯的帮凶。随着审判日临近，加缪加快了发表文章的节奏。每隔3天，他

103

---

1 "我们还可以去想象这样一个人的精神状态：一个无罪者、被无端指控的人、受制于专横的人、心怀人性却被污染了的人、在能力低于其职能者被赋予了无上权力的情况下无力自保的人。"Pléiade I, pp. 617-618.
2 *Alger républicain*, 13 mars 1939.
3 *Ibid.*

就会仔细地审查一遍事实。在第一次听证会前几天，他找来了一些新的材料，其中包括含有几份专家报告的新证词。他这次致力于捍卫真理的深度行动，几乎使他成为报刊专栏中的律师，而专栏正在与法庭进行平行审判。在另一篇文章中，加缪以更有人文情怀的方式提到奥当，加缪单以名字呼奥当，省去了姓氏："如果米歇尔被定罪，那么显然我们的事业也将被定罪。"

104

在判决前夕，加缪竟敢在另一篇专栏文章中写下他的"新闻判决"——他宣称奥当是无辜的。他深信法官也会这样宣布。加缪写道："我们求助于公众舆论。我们希望无辜者的声音最终会在这两个法庭上被听到。"他把赌注押在对判决的预测上。

听证会的那一天，加缪再一次前往提亚雷特，那里正在进行人们期待已久的审判，《阿尔及尔共和报》的报道扩大了这种期待。加缪身处现场，密切关注整个听证会，并通过司法专栏进行既具宽度又具深度的新闻报道。他获得了他的第二次胜利，也是最终的胜利：奥当彻底获得自由。判决很快下来了：宣布米歇尔·奥当无罪。第二天，《阿尔及尔共和报》公布了判决书全文，其中法官解释说，构成失信行为的要素不足。

这里应该承认，正是由于《阿尔及尔共和报》的编辑路线，法官才能够抵住压力，做出这样的判决。《阿尔及尔共和报》是独立调查媒体的典范，它为奥当辩护，并通过各种证据证明了他的清白。公众因此了解到事件幕后的真实情况，尤其是地主们想要保全

特权能够带来的隐性利益。得益于年轻的调查记者加缪，读者知道

调查文件存在许多不规范之处，而这也将在法官的最终判决中起到
关键作用。

这是奥当的清白的胜利，也是《阿尔及尔共和报》自创办以来
取得的最大胜利，然而，这是一次为它招致诸多敌意的成功，因
为它揭开了权力的黑幕。在这次事件之后，《阿尔及尔共和报》在
阿尔及尔新闻界被奉为独立报刊，是正义和"民主的卫士"。此外，
加缪也因其尖锐的文字被公认为致力于挖掘真相、服务于调查媒体
的记者。这是加缪在开始做新闻报道后赢得的第一场战役。他的新
闻道德感使他能够为奥当伸张正义。在这次诉讼中，加缪也是在为
自己的个人信念以及正义观进行辩护，这些观念根植于"法律面前
人人平等"这一不可让渡的原则。在诉讼期间经历了那么多折磨之
后，这个不应被扔入狼群的人迎来了尊严的回归，也迎来了个人名
誉和家庭幸福的回归。

多年之后，当米歇尔·奥当在 1960 年获知加缪的死讯时，居
住在撒哈拉地区的奥当给加缪的遗孀寄去一张卡片，奥当在其中回
忆了这位"终身朋友"："我的一切都受恩于这个已经不在我们身边
的人，所有的事都没齿难忘。"[1]

据加缪的朋友让·达尼埃尔（他也是阿尔及利亚人）所说，奥

1　A. Camus, *Fragments d'un combat, op. cit.*, p. 542.

当案彰显了阿尔贝·加缪作为记者的道德使命：

> 在新闻界，丑闻是要付出代价的，而司法不公是一种道德
> 丑闻。掀起一个"事件"并没有什么特别的好处，它会引来
> 当权者的震怒，但好在它也会得到读者的认可。当读者已经对
> "事件"感到厌倦时，坚持追踪它是一种功劳。这就是我们寻
> 求的是证据而非轰动的证明。然而，可以说正是加缪不懈的热
> 情，使职员奥当能在一些人持续威胁、另一些人逆来顺受的情
> 况下被释放。[1]

在加缪后来作为小说家和随笔作者的职业生涯中，他的新闻从
业经历将帮助他触及与公正和清白有关的本质问题。他在 1940 年
写出《局外人》，就是在奥当事件之后几个月，这部作品中的默尔
索诉讼案与奥当案有奇异的相似之处，这并非巧合。可以看到，这
部小说的风格与他在司法专栏中采用的风格一样简明扼要。甚至加
缪在这部小说中也作为一名年轻记者出现，他"穿一身灰色法兰绒
衣服，系一根蓝色领带"[2]出席了听证会。

1　Jean Daniel, *Avec Camus. Comment résister à l'air du temps*, p. 51.

2　*L'Étranger*, Pléiade I, p. 190. 主人公默尔索在谈到一位出席审判的年轻记者
时这样说："记者们已经手中握笔，他们的表情都冷漠超然，还带点嘲讽的
样子……（他）把笔放在自己面前，眼睛一直盯着我。在他那张有点不匀称
的脸上，我只注意到那双清澈明净的眼睛，它们专注地审视着我，神情难以
捉摸。而我也有了一种奇特的感觉，好像是我自己在观察我自己。"（引自柳
鸣九译本。——译者注）

奥克比事件

随后，加缪又将注意力转向另一司法事件。这一事件发生于1936年8月2日，但其审判却拖到了3年后。在这3年里，《阿尔及尔共和报》加入了阿尔及利亚媒体的行列。这起被称为"奥克比事件"（Affaire el-Okbi）的罪行，涉及在卡斯巴（Casbah）附近对阿尔及尔大穆夫提的暗杀，他是该市的宗教领袖，与最保守的殖民主义者关系密切，对任何《古兰经》改革都持敌对态度。检方将进步圈子中的一个进步党成员谢赫奥克比定为知识分子罪犯。地方当局为了利益，选择支持阿尔及尔的穆夫提，反对由奥克比领导的更开放的边缘派，后者选择开明伊斯兰教。通过给奥克比定罪，当局试图推翻奥克比代表的道德形象，那时他在阿尔及尔已经成为一个深具影响力的人。实际上，事件背后策划的是一场政治审判，其目的是除掉这位谢赫——一位温和的宗教领袖，兼容并包的阿尔及利亚的设计师之一。

在跟进这个比之前的案件更复杂的案件时，加缪没有选择像在奥当案中那样给阿尔及利亚总督写公开信的形式。加缪只在1939年6月21日至29日发表了一篇司法专栏文章，其中详述了听证会的过程。他站在谢赫的一边，认为谢赫是一个具有高尚道德品质的人："将伊斯兰世界中最高贵、最受人崇敬的智者之一，判以最低级的罪行指控，这真是奇怪的悖论。"[1]加缪把赌注押在一个他认为正派的人的清白上。

加缪就像往常那样习惯性地讽刺，他甚至敢于嘲讽被传唤来为谢赫的对立方作证的警长的言论。加缪抓住了警长证词的荒谬之处和指控的不堪一击。当法官问警长是否去察看了谋杀现场时，警长回答说："我看到过很多人被杀，我对这场景不感兴趣了。"[2]加缪在1939年6月23日发表的文章中引用了这句话，但没有进行任何评论，这句引述不言自明，他想让读者自发意识到证词的轻率和听证会的不严肃。

证词中有不少是在酷刑下取得的，加缪的文章尽量远离了这些酷刑下扭曲的证词。所有被告都声称受到了警察的残酷对待，加缪只引述了那些自己主动提出曾遭受酷刑的人的说法。

与奥当案不同的是，这次加缪以叙述者而非控诉者的身份写下专栏文章，同时展现了检方和辩护律师的论点。在辩护律师的论点中，加缪认为重点是谢赫奥克比对打破穆斯林和法国人之间的融洽关系没有兴趣。正因如此，给谢赫奥克比安上罪名是与其"宽容阿尔及利亚"立场相反的行动。尽管在本案中，加缪努力详尽无遗地讲述了听证会的情况，但他永远不会成为一个中立的司法专栏记

108

---

1 « L'interrogatoire du cheikh el-Okbi est interrompu », 22 juin 1939, Pléiade I, p. 675.

2 « L'interrogatoire du cheikh el-Okbi est interrompu », 22 juin 1939, Pléiade I, p. 692.

者。正如他后来解释的，他认为"客观不是中立"[1]。

关于奥克比事件的系列专栏透着对被告的强烈同情——加缪把被告说成阿尔及利亚的"正义之士"之一，但这种情感与加缪为米歇尔·奥当辩护时的激烈情绪不能相提并论。加缪于1939年6月25日发表的文章的标题证明了他对奥克比的支持，"穆夫提的暗杀。在3年中，谢努菲（Chennouf）探长对穆夫提的暗杀没有了解多少，或者说正相反，他忘记了很多。昨天，一些欧洲和穆斯林名流来到这里，满怀热情地表达了他们对谢赫奥克比和阿巴斯·蒂尔基（Abbas Turqui）先生之清白的信念"[2]，这篇文章的标题以今天的标准来看太长了。基于这些具有权威性的论据，他重申了谢赫奥克比在欧洲和阿尔及尔具有的合法性和社会认同。

　　一直以来，谢赫奥克比都在内心深处具有法式精神。他一无所求，只梦想着"团结一致"。他从未提到过穆夫提。他对官方神职人员从来只说好话。这是一种高贵的贵族精神，他只是反对迷信。

1　« La table ronde », *L'Express*, 18 octobre 1955.
2　*Cahiers Albert Camus 3. Fragments d'un combat : 1938-1940. Alger républicain. Le Soir républicain*, t. Ⅱ, Gallimard, 1978.

　　加缪对这次审判做了详细的报道。1939 年 6 月 27 日，他的文章标题是《检察官不再支持对谢赫奥克比和阿巴斯·蒂尔基做出的不可靠的指控》[1]。审判结果没多久就出来了，这也是《阿尔及尔共和报》特别是加缪的一个新的胜利。第二次胜利是奥克比被释放，阿巴斯·蒂尔基也获得自由。1939 年 6 月 29 日的文章标题《刑事法庭承认谢赫奥克比和阿巴斯·蒂尔基的清白，宣布他们无罪》（La cour criminelle, reconnaissant l'innocence de Cheikh el-Okbi et d'Abbas Turqui, les a acquittés）指明了这一点。

　　通过这些专栏文章，加缪给引燃反殖民运动的导火索提供了第一缕火苗。然而，他并没有走上这条路，因为他之后选择了另一条路，他对一个属于法国的阿尔及利亚抱有忠实的信念。一些加缪研究者认为，他对穆斯林社区内正在进行的民族主义斗争理解不够细腻。这一事件后来确实变得更为复杂：几年之后，民族解放阵线的领导人提出了一种新说法，尤其是穆罕默德·勒布贾伊（Mohamed Lebjaoui）和阿马尔·乌泽甘（Amar Ouzegane），这使人们相信奥克比的近亲可能参与了犯罪组织。 110

1　«L'avocat général renonce à soutenir l'invraisemblable accusation portée contre Cheikh el-Okbi et Abbas Turqui», 27 juin 1939, Pléiade I, p. 704.

欧里博的纵火犯们

　　加缪用他的笔服务于他为之动容并认为公正的事业，但他并不总能像在奥当案或后来的谢赫奥克比事件中那样，争取到被告的无罪释放。《阿尔及尔共和报》就未能为欧里博（Auribeau）的纵火犯们辩护，这件事发生在 1939 年 7 月，最后败诉。

　　1937 年 9 月，一群阿拉伯农场工人被指控刑事纵火，他们否认自己是纵火者。这场火灾发生在一些被控告方称为"建筑物"的稻草棚里，当时工人们正在示威，要求获得有尊严的薪资，应该要高于他们每天赚取的 4—8 法郎。听证会在 1939 年 7 月举行。被告在受到警察的折磨后，最终承认自己有罪。加缪写道：

> 　　在这样的手段下，任何自由人都无法保全自己的尊严。当卑鄙的手段成功地把不幸的人关进监狱，让他们的生活只剩下一连串苦难时，这些苦难对我们每一个人而言都构成了一种具有个体性的侮辱，这是无法承受的。[1]

　　《阿尔及尔共和报》密切关注此案，并要求对酷刑的实施者进行审判，还要求公开农场工人的工资单。该报称，他们只是犯了坦

1　26 juillet 1939, Pléiade I, p. 735.

白真相的错误，他们"敢于说出这样的薪资与人的尊严不符"[1]。在111该报的司法专栏中，加缪指出工人获得了他们要求的微薄涨薪后再进行纵火的荒谬性。工人们的反抗已经在地主示意压制的一个小手势之后被扑灭了。

在关于这场审判的专栏文章中，一篇文章的标题已经彰显了加缪的立场——《欧里博"纵火犯"事件正在上诉中。一个犯罪故事，或如何为了指控的需要想象一场犯罪》[2]。这篇文章发表于1939年7月25日。加缪再次谴责了阿尔及利亚的司法手段。

然而，这次审判还是被用来作为一种威慑，以防止进一步的叛乱。这12个人被判处服苦役。根据加缪的说法，他们不是因为自己的行为而受此判决，而是因为敢于蔑视和挑战权威。法律机器碾碎了这些艰难困苦且无力自卫的人，给他们定下刑事罪行，留给他们的便只有酷刑了，就像加缪在这个精练的句子中所说："人们勒令他认罪，他供认不讳；人们要求他指认同伙，他指认了自己的

1　25 juillet 1939, Pléiade I, pp. 730-731. 他补充道："我们仍然要抗议，并以这一不可接受的、令人深恶痛绝的事件启迪公众……我们想谈谈我们对这种政治类指控的看法，在这种指控中，无罪者变成纵火犯，稻草棚变成'建筑物'，而且通过一种独特的法律手段，本应被判处监禁的轻罪变成被判处苦役的重罪。"

2　«L'affaire des "incendiaires" d'Auribeau en cassation. L'histoire d'un crime, ou comment on imagine un crime pour les besoins d'une accusation», 25 juillet 1939, Pléiade I, p. 730.

邻人。他们被逮捕，遭到殴打，忍受酷刑。"[1] 当加缪表达他的反抗

112 时，讽刺和愤怒再次有力地涌现。他暗讽施刑者："不幸的是，这一案件的'工作'做得很糟糕，面对他们的否认和他们身上暴力的痕迹，法官放过了这些细节。"加缪继续控诉，谴责一种卑鄙和蓄意策划的复仇逻辑："人们有理由对这些被认为令人遗憾的酷刑的细节产生好奇。首先，被控告犯罪者被用鞭子抽打全身。然后，他们头朝下，上半身被浸入一个水潭，直到窒息。一股电流穿过他们的脚。他们双腿被绑住吊起来，脚底被不停地抽打。"[2] 加缪的讽刺变得尖锐起来："但在这里，真实、真理或正义又有什么重要的呢？这是关乎惩罚的问题，而这一职责是在全然有意识的无意识中履行的。"[3]

加缪揭示了法律的残酷无情：关于工资的讨论被认为违反了劳动合同，烧毁的小屋被认定为有人居住的建筑——尽管已经被遗弃了，这导致在法律上会将此次纵火转化为刑事犯罪行为。加缪谴责这一殖民社会的不公正和败坏，这个社会中的每个人都清楚地知道"阿拉伯工资"的含义。法律语言歪曲了事实，把它们变成了指控。加缪在1939年7月25日发表的另一篇文章中明确表示，这是"一个不可接受、令人深恶痛绝的案件"。

1　26 juillet 1939, Pléiade I, p. 734.
2　26 juillet 1939, Pléiade I, p. 734.
3　26 juillet 1939, Pléiade I, p. 737.

这里被定罪的也是罢工的权利、加入工会的权利，以及进行反对既定秩序的示威的权利。《阿尔及尔共和报》没有成功地动员公众舆论支持他们，公众对这些要求合理工资的阿拉伯农场工人的命运视而不见、不甚关心。尽管在争取公众舆论方面做出了努力，但该报仍无法获得它期待获得的支持。

1939 年 7 月 30 日，加缪发表了他关于此案的最后一篇文章，阐述了被剥夺唯一家庭收入来源对被判刑的农场工人的家庭意味着什么。他详述了判决给这些家庭带来的比受刑者更深的痛苦，这些家庭被判处了双重惩罚。在这里，他采用了"卡比利亚的苦难"系列报道所使用的笔调。当裁决做出时，他只发了一条短小朴实的简明新闻，呈现事实。作为一名态度明确的司法专栏记者，他的最佳作品已经出现。

卡比利亚的苦难

加缪因题为"卡比利亚的苦难"的调查而成为一名伟大的记者，当时他只有 26 岁。他那时仅为《阿尔及尔共和报》工作了不到一年，在此期间，他在这份工作中学到了很多。在 10 天的时间里，他步行和乘公共汽车横穿阿尔及利亚的这个偏远地区。由于他既不会说阿拉伯语，也不会说柏柏尔语，他还要寻求翻译的帮助。

在10天的紧张工作中，他竭尽全力完成了这份详尽而庞大的报道，于1939年6月5日至15日分期发表。[1]他出色地完成了调查记者的工作，并实地目击了当地居民非人的生活条件。[2]

加缪的功绩在于，在法国没有人关心阿尔及利亚的时候，对这个被遗忘的地区产生了兴趣。他去了没有人期望他去的地方，发现了人们避而不谈的东西——一处被阿尔及利亚其他媒体忽视的现实世界。加缪揭示了一种难以言喻的苦难，这种苦难不为该报的大多数读者所知，因为他们主要生活在巴黎。在那时，还没有人透露过那里所发生之事。

在这部翔实的调查作品中，加缪使用了报告文学体裁，其中夹杂着一些他的分析，有时他也表达个人观点，但这些分析和观点都基于精确的、有依据的、进行过背景调查的事实，这些严密的证据使他能够证明他说的是正确的。精确和严谨是给可怕现实拍的X光片中的恒定因素。

---

1 1958年，加缪将他在1940年之前写的关于阿尔及利亚的新闻作品收在《当下·三，阿尔及利亚专栏》一书中。关于"卡比利亚的苦难"系列调查，他只选取了11篇文章中的7篇，这7篇被收录的文章标题分别为：《贫乏》《贫乏（后续）》《薪资》《教育》《政治前景》《经济和社会前景》《结论》。见Pléiade Ⅳ, pp. 307-336。此处原文如此，经核查应为6月。——编者注

2 Christian Phéline et Agnès Spiquel-Courdille, *Camus. Militant communiste. Alger 1935-1937*, p. 15. 正如阿涅丝·斯皮克尔（Agnès Spiquel）和克里斯蒂安·费利纳（Christian Phéline）指出的，"卡比利亚的苦难"系列报道"从根本上对法律原则，甚至是法律歧视提出指控，指出当权者违反普遍主义和共和平等的原则，压迫穆斯林群众，不仅剥夺他们受教育的权利，而且剥夺他们的公民生存权和最基本的人类尊严"。

加缪为报告文学这种十分重要的新闻体裁提供了一个绝佳的定义，它应该被纳入新闻学教科书："报告文学就是：事实、色彩、对照。"[1] 在这个层面，加缪出色地交替使用叙事、描述和解释的技巧，总是以第一人称来讲述，从而将我们带到了事发地。

但他更关注表达的精确性，并致力于揭示不为大众所知的情况。从一开始，加缪就很清楚他要用什么样的写作风格来尽可能准确地呈现他观察到的戏剧性局面。他在《加缪手记》中写道："我将用最少的文字来描述我看到的东西。"[2] 当他想描述的场景很复杂时，他会选择精练、清晰、准确、简洁的语言，这样一来它的道德指控反而更加强烈，而且正如他自己所说："这样，人们可以很好地感受到情况的不幸和荒谬。"[3] 他说，"道德景观"就像北非的景观一样崎岖不平。他的每个句子都有力地塑造了他要表达的感觉。正如记者让·达尼埃尔指出的，加缪避免使用宏大的语句：

> 在严格保持其简洁度的句子中，加缪让人们听到一首悲怆的曲子。显眼又无情的中立的笔触，总是充满一种神圣的颤音。[4]

115

---

1 Jean Daniel, « Le combat pour *Combat* », in *Camus*, Paris, Hachette, 1969, p. 91.
2 A. Camus, *Carnets (1935-1951)*, p. 71.
3 *Misère de la Kabylie*, Pléiade Ⅳ, p. 308.
4 Jean Daniel, *Avec Camus. Comment résister à l'air du temps*, p. 15.

加缪在他最早的几篇文章中谴责殖民政府遗弃了这个被遗忘且人口过剩的地区。就像在非洲的纪德写下了《刚果之行》(*Voyage au Congo*)[1]，又像在法属印度支那的马尔罗于1925年在那里创办了反殖民主义报纸《印度支那报》(*L'Indochine*)，阿尔贝·加缪也质疑殖民主义。殖民政府为了合理化该地区难以忍受的状况，提出了"卡比利亚精神"，然而这只是殖民政府的辩词，加缪对这一辩词提出抗议。此外，他也不忘指出巴黎政府的责任及其对阿尔及利亚的漠视：

116

> 因为我不知道还有什么比这些辩词更卑鄙。说这里的人们能适应一切是可鄙的。阿尔贝·勒布伦 (Albert Lebrun) 先生本人，如果每月给他200法郎的生活费，他就会适应桥下的生活，适应肮脏，适应在垃圾堆里找到的面包皮。出于对生命的依恋，人总有一种强大过世界上所有苦难的东西。然而因此说这些人没有和我们一样的需求，这是可鄙的。[2]

加缪列举并审视了卡比利亚经受的顽疾，从缺乏基础设施到儿童缺乏学校教育。该地区几乎没有任何道路或学校：

1　A. Gide, *Voyage au Congo*, Paris, Gallimard, 1981. 这本书首次出版于1929年。纪德于1926年7月至1927年5月在刚果生活了接近一年时间。他在书中描绘了刚果和乍得的黑人艰难的生活状况。

2　Pléiade Ⅳ, p. 315.

卡比利亚人需要学校，就像他们需要面包……到了撤除人为分隔开欧洲教育与本土教育的障碍的那一天，到了两个民族坐在同一所学校的长椅上开始相互了解的那一天，卡比利亚人将拥有更多学校。[1]

当地居民还缺乏饮用水和卫生服务。他们以食草和树根为生：

农业工人带着一整天的食物：四分之一个大麦饼和一小瓶油。这些家庭在树根和草中加入荨麻，经过几个小时的烹饪，这种植物可以作为穷人餐食的补充。[2]

失业问题也折磨着卡比利亚，当时那里超过半数的人都没有工作。而有工作的少数人日复一日地被剥削，拿着极其微薄的工资。 117

曾有人告诉我，工资是不够的，但我不知道会低到有点侮辱人了；曾有人告诉我，每日工作时间超过了法律规定，但我不知道接近法定时间的两倍。我不想声嘶力竭，但我不得不在这里说，卡比利亚的工作制度是一种奴隶制度。工人们每天工

---

1 Pléiade Ⅳ, p. 323.
2 Pléiade Ⅳ, p. 313.

作 10—12 小时，工资为 6—10 法郎。[1]

加缪费力核实这些情况。他去见了报道中的主角，但也要求他们提供工资单，以确认其薪资的真实性。当加缪看到工资单时，他这样说：

> 我将按地区展示工人的工资，不附带任何评论，但我还是要事先说一句，无论它们看起来多么不可思议，我都能保证它们绝对属实。我眼下就有迈奈耶勒堡地区（Bordj Menaïel）萨巴泰－特拉科尔（Sabaté-Tracol）地产上农业工人的证件，上面记录了工人的名字、编号，这两周工人的表现以及商定的工资。我看到其中一张上写着 8 法郎，另一张写着 7 法郎，最后一张写着 6 法郎。在预留的统计栏里，我看到工资为 6 法郎的工人，在两周内工作了 4 天。人们能明白这代表什么吗？[2]

加缪认为读者面对这种事实不应无动于衷，他对读者提出质询：

> 这个工人即便一个月工作 25 天，也只能赚取 150 法郎，

1　Pléiade Ⅳ, p. 316.
2　Pléiade Ⅳ, p. 316 .

他拿什么来供给一个多子女家庭 30 天的开销呢？这令人愤慨
不已。而我只想问，我的读者中有多少人靠这些钱就能生活？[1]　118

加缪精确地分析了卡比利亚每个城镇的工资情况，就像他对教
育、贫困、政治前景以及经济和社会前景做的那样。没有任何领域
能逃过他的眼睛，他仔细勘探了当时整个卡比利亚的现实。

加缪以第一人称描述了他注视着的这片破败之地。在他眼前的
是营养不良的孩子们在垃圾堆中玩耍，与流浪狗争抢残羹剩饭：

　　一天清晨，我在提济乌祖（Tizi Ouzou）看到一群穿着破
衣烂衫的孩子在跟狗争抢垃圾桶里的东西。我问一个卡比利亚
人这是怎么回事，他回答说：每天早晨都是这样。另一个居民
对我说，冬天，城镇里的居民吃不饱穿不暖，他们发明了一种
入睡的方法：围着火堆躺成一圈，不时地动一动，以避免关节
僵硬。整个晚上，在阿拉伯人简陋得可怕的小屋里，一个由躺
着的身体组成的圆圈匍匐前进，不停转动。[2]

他还讲述了一些年幼的孩子是如何在摄入有毒根茎后，经受抽
搐的折磨并死去的：

1　Pléiade Ⅳ, p. 316.
2　Pléiade Ⅳ, p. 310.

我知道蓟草的茎是卡比利亚人的主食，我在各地确认了此事。但我不知道的是，去年有5个来自阿博地区（Abbo）的卡比利亚小孩在吃了有毒的根茎后死亡。我知道粮食的配给不足以满足卡比利亚人的生活需求，但我不知道的是，粮食短缺会导致他们饿死。今年冬天，有4位老妇人从一个偏远的乡村来到米舍莱（Michelet）领取大麦，在回去的路上死在了雪地里。[1]

119

加缪谴责困住卡比利亚人的"奴隶制度"。人们正在死于饥饿。当地分配的面粉不足，难以满足民众的实际需求。"但我不知道这种情况会使他们死亡……事实是，我们每天都和一个落后了3个世纪的民族生活在一起，而我们是唯一对这种巨大差距不敏感的人。"[2]加缪不需要统计数据，他只是叙述他看到的，抄录居民之间的对话，记下他与被遗忘在苦难中的人、殖民制度的受害者的会面，以及对他们进行的采访，他的报告是官方宣传殖民化"好处"的说辞的真正对立面。

那里最好的土地属于法国大殖民者，他们让其他人只能靠施舍活下去。加缪描述了夜幕降临时，他从提济乌祖附近的一座山顶上观察到的荒凉景象，一位朋友把他带到了那里：

1　Pléiade Ⅳ, p. 312.
2　Pléiade Ⅳ, p. 316.

　　我们在那里看着夜幕降临。在那个时刻，从山上降下的阴影落在这片灿烂的土地上，给最坚硬冰冷的人心都带来了一丝柔软，然而我知道，对于那些在山谷的另一边正围着一个用劣质大麦做成的大饼的人来说，平和并不存在。我也知道，沉湎于这个如此令人惊奇、如此壮丽的夜晚会产生甜蜜的感觉，但苦难的火光映红了我们的脸，它仿佛给世间之美下了禁令。"我们下去吧，好吗？"我的同伴说。[1]

　　加缪的目的、最终意图并不是引起人们的同情，而是采取必要的措施让当地人能在智识、精神和经济上得到解放。他最热切的愿望是使法国与这个被它忽视的民族和解，这涉及在阿尔及利亚的土地上尊重法兰西共和国价值观的问题。加缪避开了统计数字，提到了一些非常具体的案例：

120

　　我同意统计数字毫无意义，但如果我说我访问的阿苏扎（Azouza）村民是一个十孩家庭唯二活下来的孩子之一呢？这不是数字或统计的问题，而是一个触目惊心的、很能说明问题的事实。我也不需要提供国家堡垒（Fort-National）[2]周围的学

1　Pléiade Ⅳ, p. 311.
2　法国殖民时期的城镇，由提济乌祖省管辖，今称拉尔巴纳特伊拉森（Larbaâ Nath Irathen）。——译者注

校中因饥饿而晕倒的学生人数。对我来说，知道这种情况已经发生，且如果不帮助这些不幸的人这种情况还会发生，就足够了。我只需知道，去年 10 月，在塔拉姆－阿伊雅克（Talam-Aïach）的学校里，老师们看到学生们赤身裸体地来上学，身上长满虱子，老师给学生们穿上衣服，并为他们理发。我只需知道，在阿苏扎，在那些因村子太远而不能在上午 11 点离校归家的孩子中，大约只有 1/60 的人能吃上大麦饼，其他人在午餐时只能吃一个洋葱或几个无花果。[1]

加缪没有质疑殖民制度——他从未公开表示支持阿尔及利亚独立——而是阐述了他对已经发生的错误和不公的看法："若我们真的想要同化，想要让这个如此有价值的民族成为法国的，我们就决不能把他们与法国人分开。"

加缪一直主张法属阿尔及利亚应该符合法国的价值观。而他只看到法国在这片殖民地上背弃了自己的历史和价值观，这是非常不幸的。在最后的报告中，加缪列出了结束这种荒凉景象可采取的紧急手段。他最终的分析包括对当地经济和社会状况的总结，他还呼吁政治家承担起他们的责任。

121

1　Pléiade Ⅳ, p. 310.

这一系列报道产生了巨大的影响，留下了印记。这种对原住民在法国殖民主义下受到的剥夺和屈辱的谴责，后来被阿尔及利亚民族主义采纳。

加缪这样为"卡比利亚的苦难"系列报道作结：

这还不够吗？看一眼我的笔记，我便能看到两倍于此的令人愤慨的事实，将它们全部公布出来后，我悲痛欲绝。但我必须这样做，一切都必须说出来。今天，我在此结束这段穿越一个民族的苦难和饥饿的旅程。我们至少可以感觉到，这里的苦难不是一种程式，也不是一个沉思的主题，它就是苦难本身。它哭喊着，绝望着。再自问一次，我们为它做了什么？我们有权利对它视而不见吗？[1]

他还补充了进行实地调查的意义和目的：

最后，我禁不住回头，转向我刚刚访问过的这个国家。正是它，也只有它能在这里给我一个结论。因为，从那些受到难以忍受的景象毒害的漫长日子，到那种从未见过的自然景观，所有的这一切，我回想起的不仅是那些令人绝望的时刻，还有

1　Pléiade Ⅳ, p. 311.

某些我感到深深理解这个国家和它的人民的夜晚……是啊，正是在那些夜晚，我找到了这次调查的意义。因为，如果说殖民征服可以找到借口的话，那就是它可以帮助被征服的人民保全他们的人格。如果说我们对这个国家有责任的话，那就是让这个世界上最自豪、最有人情味的民族之一保持对自身和自身命运的忠诚。[1]

加缪的"卡比利亚的苦难"系列报道很快就产生了影响。文章发表 3 天后，极端保守派报纸《阿尔及利亚快讯》的反击让论战变得激烈起来，该报与罗齐斯市长的圈子关系密切。其主编罗歇·弗里松－罗什（Roger Frison-Roche）发布了题为"卡比利亚 39"（*Kabylie 39*）的系列报道，目的是弥补加缪的报道造成的损失。除了赞扬殖民主义的成果——"法国在卡比利亚做了伟大而壮丽的事情"，他还攻击加缪，指责加缪"被意识形态蒙蔽"。

尽管《阿尔及尔共和报》通过这些报道成功提高了人们对该地区难以忍受的状况的认识，尤其是扰乱了某些权力圈子，但卡比利亚当地没有产生任何变化。此外，这些"火药味十足的运动"不会给报纸带来更多的读者，就像它支持最贫穷的穆斯林的运动一样——他们不看报纸，而当中最有权势的人更喜欢保守派报纸《阿

1　Pléiade Ⅳ, p. 336.

尔及利亚快讯》。

　　几个月后，阿尔及利亚政府对这份揭露了卡比利亚地区不堪状况的报纸发起了迫害运动，对该报实行了军事审查。政治环境不能再糟了：这时，法国在 1939 年 9 月 1 日德国入侵波兰后，刚刚加入对德国的战争。第一波镇压没多久就出现了。达拉第政府于 1939年 9 月 29 日禁止了阿尔及利亚共产党和有民族主义倾向的阿尔及利亚人民党（PPA）。阿尔及利亚共产党和阿尔及利亚人民党中最重要的领导者被监禁，其成员也受到了迫害。任何不赞同爱国主义原则的政治运动或新闻机构都受到了迫害，或遭到封禁。在这种情况下，《阿尔及尔共和报》于 1939 年 10 月 28 日彻底停刊。尽管经受了这些挫折，但加缪后来坦言，他对报刊内部开展的工作很满意，该报有时还能对抗审查造成的障碍：

　　　　所以我按照我相信的真相在做一份报纸。也就是说，在此期间，我捍卫了思想自由，反对审查制度和没有仇恨的战争……我想我在这条单行道上走得足够远了，因为在日复一日的斗争后，报纸在 1 月被封禁。[1]

1　*Correspondance Albert Camus-Jean Grenier, op. cit.*, p. 38.

与审查制度作战

从那时起，阿尔及利亚政府就开始把《阿尔及尔共和报》看作眼中钉。该报已成为一份煽动性的报纸，其编辑路线已向无政府主义立场转变。甚至该报的一些管理者，如让－皮埃尔·富尔，也来指责记者背叛了创刊时的路线，即所有共和主义者的统一："这份属于人民阵线的报纸已经变成了无政府主义报纸……"因此，皮亚和加缪不得不在与政府束缚做斗争的同时与报社的管理者做斗争，因为这些人怀疑《阿尔及尔共和报》的新方向。

如果说巴黎已经出现了审查，那么阿尔及利亚的情况显然更糟。审查员甚至接管了编辑部，以保证报纸的"爱国精神"。每天都有一名官员阅读校样，监管发表的内容。由于审查制度的存在，或由于加缪拒绝用阿尔及利亚当局授意的宣传信息来替换内容，报纸上的空白开始多了起来。事情最终发展到了极端的程度：审查员有一天决定删除所有文章，皮亚和加缪建议他自己来写。当然，从逻辑上讲，这是一个必然会被拒绝的提议。审查员又希望避免空白，以免引起读者的怀疑。

《阿尔及尔共和报》在严密的审查之下慢慢走向消亡，而它的继任者《共和晚报》则面临着时代之恶：它不得不屈服于一种残酷无情的信息审查。但在这份新报刊与审查制度的斗争中，皮亚和加缪有一天成功地在一个空白版面的中央写下了一句话：

《共和晚报》不像其他报纸，它总是提供一些有可读性的东西。[1]

这里用了讽刺的手法，以加缪的才华，他很好地运用了这样的笔调，后来他还宣称这是记者必备的素质之一。[2]加缪并没有放弃他的战斗，他领导了一场对抗阿尔及利亚当局的长期斗争。加缪开始给审查员设陷阱。他在一些文章上署假名，并且为了保护其他人，他在论证中引用法国经典作家，如维克多·雨果、帕斯卡尔、狄德罗、高乃依等人的段落，目的是以如此权威的引文削弱审查员的审查热情。谁敢怀疑维克多·雨果或高乃依的爱国主义精神？

加缪为了躲避审查和可能的报复而使用笔名，其中最常见的有阿利于斯（Alius）、德莫（Démos）、内龙（Néron）、佩特罗尼乌斯、伊雷内（Irénée）、马尔科（Marco）、让·默尔索（Jean Mersault）、扎克斯（Zaks）、能手樊尚（Vincent Capable）。其中一些将成为他小说中人物的名字，如《局外人》中著名的默尔索。加

125

---

1 E. Roblès, *Camus. Frère de soleil,* p. 14. 另见 *À nos lecteurs*, 30 octobre 1939, Pléiade I, p. 757. "我们的读者现在在《共和晚报》上看到的是一份报中之报。或者他们甚至会发现两份报纸，并排，一份是客观的信息，另一份是客观的批评。不言而喻，我们的努力将以'战争的指明灯'为支撑。历史研究、文本发表、文献资料、立场呈现、新闻摘要，所有这些自由、不屈服的思想形式都会相继出现。通过这种方式，我们将为我们认为是恒久和真实的东西服务：思想的自由和独立。"

2 « Les quatre commandements du journaliste libre », *Le Soir républicain*, 25 novembre 1939. « La lucidité, le refus, l'ironie et l'obstination ».

缪在《战斗报》工作期间又回忆起其他一些笔名，如苏埃托尼乌斯
（Suétone）。这是卡利古拉传记作者的名字，加缪用这个笔名在《阿
尔及尔共和报》的讽刺专栏上写文章。该报的其他撰稿人有时也使
用这个笔名。加缪时不时会用一些新奇的笔名，这些笔名更适合嘲
讽，突出了他作品的讽刺性，如在其他改头换面却内核不变的报刊
中，他使用了"良心的反对者""清醒而坚决的因循守旧者"这样
的名字。

　　反对审查制度的斗争演变成一场艰难而复杂的比武，一场带有
杂耍气息的猫捉老鼠游戏。尽管这种情形带有悲剧色彩，但《阿尔
及尔共和报》和《共和晚报》最忠实的读者们享受着这份敢于玩弄
审查制度的报纸提供的阅读乐趣。阿尔贝·加缪蔑视审查员们，给
他们设下陷阱，拒绝提供文章作者的名字。有一天，他与审查者发
生了正面冲突，指责他们审查的是哲学家米歇尔·德·蒙田本人。
"先生们，这是蒙田的作品，名字省略了，您要删掉它吗？"[1]

　　又有一天，加缪别有用心地转述了卡利古拉的一段话：

> 　　如何使用权力往往是对人做出评价的标准。值得注意的
> 是，低等的灵魂总是倾向于滥用巧合或愚蠢赋予他们的那一丁
> 点权力。[2]

126

1　*Cahiers Albert Camus 3, op. cit.*, t. Ⅱ, p. 695.
2　H. R. Lottman, *Albert Camus*, p. 228.

　　加缪有时也会捎带着提一些荒谬的名言，比如作家安德烈·莫洛亚（André Maurois）的一句话："当一个人选择一匹马时，总是选两匹马中更聪明的那匹。"他经常再现当代著名小说家的文字，看看审查员是否能注意到，并拔出他们的剪子……

　　除了作家的话，加缪还引用了一些 19 世纪政治人物的话，比如拉瓦乔尔（Ravachol），一位被送上断头台的无政府主义者。加缪引用了拉瓦乔尔一个非常奇怪的表达："让我们查禁似鲭属（scombéroïdes）！"审查员要来一本词典，以确认似鲭属这个稀奇古怪的词的意思。它是一种鱼，但加缪和皮亚回复说编辑部没有词典。这位审查员便删掉了这个词，在页面上留下一处新的空白，只剩下"让我们查禁……"再无其他。谨小慎微的审查员留下的无瑕空白却是一个更好的警告，说明有些东西已经被审查了。

　　在这艰难的几个月里，皮亚和加缪唯一的安慰就是愚弄审查员，以这种方式在新闻自由受到损害的逆境中找乐子。这段时间发生了很多奇闻逸事。《阿尔及尔共和报》的一些朋友，如埃马纽埃尔·罗布莱斯、皮埃尔－安德烈·埃默里（Pierre-André Émery），养成了到编辑部观看当天大事的习惯：人们为审查员的到来设下了陷阱。根据埃默里的说法，最常去的审查员是一名预备役军官，他的职业是建筑师，他看起来相当没有教养。据当事人说，他经常穿着制服来。记者们注意到，他对法国文学和世界文学中的经典作品一窍不通。他们告诉这位军官他审查的正是政府信息部的专员，这

127

是多么大的不敬！

加缪借通常用以表达对国家和读者的美好祝愿的新年社论，来呼吁人们对一个呈现出悲剧色彩的时代进行抵抗和抗争，这个时代以战争的爆发、迫害和审查作为开端：

> 让我们时刻保持警惕，不要把目光从碾轧、撕碎我们的苦涩现实上移开。只有通过这种方式，我们才能履行我们作为人的责任，我们或许还可以拯救那些深受威胁的人。

在日报《阿尔及尔共和报》停刊前的最后几周，加缪设法以真名发表了一篇文章，很难相信它被批准刊登了：

> 在我们这个时代，新闻是一种可怕的武器，被握在控制它的人手中。它制造或摧毁舆论，它引导、限制、激怒舆论。一个众人皆知的政治家曾经说过，6周的政治宣传就足以发动一场战争。他是完全正确的。[1]

对于阿尔及尔政府来说，战争是一个可以扼住这个报刊咽喉的绝佳机会，该报因其立场和对制度的质疑而令人不安。它经济方面

1　*Cahiers Albert Camus 3, op. cit.*, t. II, pp. 691-692.

的脆弱性也无助于抵御不断的攻击。皮亚和加缪都通过挽救报刊的努力，证明了他们在面对审查制度时的勇气——他们总是以嘲讽的态度面对审查。然而，仍然无望拯救《阿尔及尔共和报》。虽然动员了一定数量的股东，但其他的股东与皮亚、加缪定下的无政府主义倾向的编辑路线脱离了关系。

《阿尔及尔共和报》所经历的经济困难，加上严厉的军事审查制度、读者人数的下降（发行量从 20000 份下降到 7000 份）、股东离开以及缺乏纸张，共同导致了该报停刊。这促使《共和晚报》于 1939 年 9 月 15 日诞生。《共和晚报》的目标是以更低的成本继续提供优质、独立的新闻报道。加缪被任命为其总编辑。这两份报刊共存了很短一段时间，最终《阿尔及尔共和报》于 1939 年 10 月 28 日正式停刊。

《共和晚报》只有一页，正反两面，以叫卖的形式销售，因此用纸的成本降低了。在越来越让人窒息的历史环境下，加缪却变得越来越激进，他忠于自己的新闻理念，相信"对真相的索求不妨碍有自己的立场"。但是，战争使审查的力度一天大过一天。

与阿尔及尔新闻界最后的告别:《共和晚报》

就内容和成本而言，《共和晚报》是《阿尔及尔共和报》的低配"继承者"，这两份报刊在审查制度面前经历了同样的变迁。虽然两者都善用讽刺和嘲弄来应对信息控制，但《共和晚报》越过重重困难发表了一篇社论，强烈反对即将到来的战争。这将是《共和晚报》在其短暂存在期间进行的主要斗争：呼吁和平主义。年轻的加缪在这一时期所写文章中有一篇（1939 年 9 月 17 日发表）清楚地表达了这一点：

129　　　　也许左翼激进分子从没有过如此多绝望的理由。无尽的希望和信仰都随着这场战争而破灭和坍塌。我们身处世界为之动荡的所有矛盾之中，不得不保持清醒，我们被引导着否定一切……我们中的许多人之前并没有完全理解 1914 年的人。现在，我们离他们更近了，因为我们知道战争可以不经同意就打起来。我们知道，在绝望的尽头会产生冷漠，随之而来的是悲惨宿命的感觉和滋味。[1]

审查员最后决定删除末句中的"悲惨宿命"一词，只留下意味深重的空白，上面盖着"已审查"的印章。于是，加缪选择在 1939 年 11 月 6 日发表一篇新的社论，题为《我们的立场》（Notre position）[2]，他在其中阐明了自己对被阻止向读者自由表达编辑观点

1　« La Guerre », 17 septembre 1939, Pléiade I, p. 755.
2　« Notre position », 6 novembre 1939, Pléiade I, p. 768.

的担忧。尽管战争已经开始，但在其中，加缪重申了他对寻求和平的承诺，坚定地谴责了希特勒，同时请人们注意不要羞辱德国人民，以避免集体自杀。

加缪呼吁温和主义，抵制一家具有误导性的媒体的兴起：它煽动仇恨，而非阐释和告知国际问题的严重性。在人们普遍盲目的情况下，很难通过道德话语使自己的声音被听见。然而，加缪还是在1939年11月11日发表了一篇题为《在战争的灯光下：合作的条件》（Sous les éclairages de guerre : les conditions d'une collaboration）的文章，署名"伊雷内"。他在文章中表达了自己对建设一个和平化世界的信念，这沿袭了英法其他知名人士的道路：

> 这种新秩序将由所有人民一同建立，也将为所有人民服务……它以一种宽容、解放、团结、博爱、包容的新姿态为条件。

130

这些和平主义言论受到阿尔及利亚新闻界的严厉批评：从极右翼报纸《阿尔及利亚快讯》批评加缪的和平诉求，到《民族解放报》（L'Émancipation nationale）指控加缪受雇于德国人和苏联人。稍后，加缪和皮亚试图联合发表相当于信仰宣言的文章，但这篇文章遭到了审查，没有印出来。他们在这篇文章中宣布了自己的原则："我们是彻底的和平主义者。我们不赞成政府的法律追究和独裁措施，即便它们是针对共产党的……但我们在这里是作为致力于自由的个人，而不是作为党派人士发言。"[1]

在这份具有无政府主义宣言性质的信仰声明中，加缪和皮亚在野蛮面前捍卫了精神自由：

> 今天，所有政党都叛变了，政治使一切都堕落了，留给人们的只有对自身孤独的认识，以及对全体人类和个人价值的信仰。我们不能要求任何人在普遍的疯狂中保持公正。甚至与我们最亲近的人、我们爱的人都没能保持清醒的头脑。但至少，我们不能强迫任何人变得不公正。我们意识到了我们在做什么，我们将尽可能长久地拒绝不公正，我们将为个人服务，与无名仇恨的煽动者对抗。[2]

1939 年 11 月 6 日，加缪用"内龙"这个笔名发表了另一篇文章：《非现时的考量》（Considérations inactuelles）[3]。面对达拉第政府开始实施的镇压手段，加缪通过对意识自由的呼吁，鼓舞人们参与抵抗。

加缪继续他在《阿尔及尔共和报》专栏中发起的对审查制度的

1　*Profession de foi*, novembre 1939, Pléiade I, pp. 775-776.

2　*Profession de foi*, novembre 1939, Pléiade I, p. 776.

3　*Cahiers Albert Camus 3, op. cit.*, t. II, p. 637.

系列控诉，这次是以"佩特罗尼乌斯"这一化名于 1939 年 12 月 18
日发表了一篇文章，题为《佩特罗尼乌斯和他的剪子》(Pétrone et
les ciseaux)。面对审查制度，他作为沉溺于酒的佩特罗尼乌斯，以
滑稽和讽刺的口吻进行了一番自述："……我不知道我是否喝得太
多了……或者我是否谈论了太多空白……但有一点是肯定的，就是
我醉得昏天暗地。"[1]

　　审查制度的虎钳正在逐渐收紧，《共和晚报》的编辑部有时得
以幸免。加缪拒绝为挽救即将停刊的报纸而在编辑路线上妥协，而
此时，其他所有报刊都毫无怨言地遵守指令。如此一来，1939 年
12 月 28 日，阿尔及利亚军事当局致函该报的负责人，命令他调整
方向、改变编辑路线。他们指责《共和晚报》的主编刊发了一篇遭
到主管官员审查的文章，并谴责他于 11 月 23 日发表了一封他们认
为"不正确且具有威胁性"的信件。随后，签发通知的司法长官警
告他们："你们遭受了我的谴责，并不意味着更严重的制裁不会降
临在你们身上。"其中的威胁意味再明白不过了。

　　洛特曼写的加缪传记[2]中收录了许多关于报刊董事之间产生的争
议的证言。其中一些强调了董事间的分歧——是否该押上加缪和皮

1　此处加缪使用的形容词是 noir，直译应为"黑色的"，该词也有"醉酒的"
　　之意，此处为双关语，与前句中的 blanc（白色、空白）对应，构成对审查
　　制度的讽刺。——译者注
2　"董事会并没有说加缪蓄意使报纸停刊，但他们认为他对当下的局面负有责
　　任。" H. R. Lottman, *Albert Camus*, p. 232.

亚实践的自由、无拘束的新闻这个赌注。他们认为年轻的加缪"对一份对他们所有人来说都意味着巨大付出的报纸是否能存续过于冷漠了"[1]。然而，另一些董事则认为"任无政府主义风格辜沉比让毫无特色的报纸苟存要好，就像《奥兰共和报》那样"[2]。《奥兰共和报》屈从于审查制度，按照当局的要求改变了自己的调性和编辑路线，使其符合当时平庸的标准。

1940 年 1 月 10 日，加缪终于还是接到通知，阿尔及尔省省长决定命令该报永久停刊。这也意味着加缪作为自由独立记者的短暂生涯结束了。

由于被迫失业，没有工作的加缪决定迁往巴黎，这里当时是战争中的欧洲中心。他像流亡者一般体验着那里的生活。他在《巴黎晚报》担任了一段时间编辑秘书，然后秘密进入《战斗报》的编辑部，这是参与抵抗运动的报刊之一。

加缪本人后来也承认，尽管审查制度为阿尔及利亚的新闻业制造了很多障碍，但他对在上述报刊中做的工作表示满意。

正如让·达尼埃尔在《与加缪一起》(*Avec Camus*) 一书中指出的："加缪是第一个由阿尔及利亚政府批准前往巴黎的法国记者。这个不受欢迎的出色年轻人，在普遍的沉默中，在肃静的日子里，

---

1 H. R. Lottman, *Albert Camus*, p. 232.

2 H. R. Lottman, *Albert Camus*, p. 232.

是漫长悲剧中的第一个反抗者。"[1]

与西班牙共和国并肩

对于阿尔贝·加缪在西班牙内战期间和其后对共和事业的介入已经有很多阐述。对加缪而言，西班牙内战这一悲惨事件提前给他上了一课，它是第二次世界大战的前兆。加缪开始捍卫无条件的和平主义，以避免一切形式的武装冲突。《苏德互不侵犯条约》签订后，他在1939年8月22日[2]的一篇文章中要求法国与德国进行谈判，以避免战争。他总是想到西班牙那场悲剧的后果。

加缪数次在文章中表露出他对西班牙共和国的热情和责任，从《阿尔及尔共和报》时期到《战斗报》时期，均有所体现。他总是感到与母亲的故国有着深深的联结，无论是在情感上还是精神上，用他的话说，那是他的"第二故乡"。那是承续了自由和激情的国家，而这些正是加缪所依存之物。此外，他的精神理想也与西班牙共和国捍卫的精神相协调。在加缪看来，这是为自由和民主而战，是反对法西斯主义在欧洲推进。

《阿尔及尔共和报》的编辑路线无疑是支持西班牙共和政权的。

133

1　Jean Daniel, *Avec Camus. Comment résister à l'air du temps*, p. 41.

2　此处原文如此，但《苏德互不侵犯条约》签订于1939年8月23日。——译者注加缪在他的几篇文章中明确表达了对佛朗哥的看法，在他看来，佛朗哥是个军事政变者，他"糟蹋了"西班牙。

1938 年，《阿尔及尔共和报》刊登了几篇关于西班牙内战的报道。它们呼吁国际社会进行声援，从标题中即可看出，如 10 月 25 日的《拯救西班牙共和国》（Au secours de la République espagnole）、11 月 6 日的《与西班牙并肩》（Solidarité avec l'Espagne）、12 月 9 日的《饥饿的西班牙儿童》（Les enfants espagnols de la faim）。1939 年 1 月，德国和意大利军队进行无差别轰炸之后，该报对这一发生在西班牙的屠杀平民事件进行了强烈谴责。《阿尔及尔共和报》还刊登了加缪的朋友罗伯特·纳米亚的报道，纳米亚当时站在西班牙共和党的一边进行斗争，他的报道描述了西班牙流亡者的悲惨处境。这是阿尔及利亚新闻界一个真正的例外，这份日报坚持着支持西班牙共和政权的路线。

佛朗哥主义者在阿尔及利亚新闻界有他们的辩护人。不少杂志得到了资助，以阻碍"红色宣传"，如《运动》（Croisade）。正如《火焰》（La Flamme）杂志专栏中写的那样，其中一篇文章配有一张布尔戈斯斗牛场的照片，其说明文字为："由于年末的伟大胜利，以及来自全国劳工联合会（CNT）、伊比利亚无政府主义联合会（FAI）、工人总工会（UGT）和苏联（USSR）的伟大饲养员的存在，公牛阿萨尼亚、内格林（Negrín）、玛雅加（Miaja）和卡瓦列罗（Caballero）将被斗牛士佛朗哥、达维拉（Dávila）和阿兰达

（Aranda）打败并杀害。这多么引人注目！莫斯卡多（Moscardo）、奎波·德·里亚诺（Queipo de Llano）则给倒下的公牛致命一击。"同样，《奥兰晨报》（*Oran matin*）等报刊也与佛朗哥部队的政治宣传相配合。

其他报刊，如《阿尔及利亚快讯》，其社论路线显然是亲佛朗哥的。该报 1939 年 1 月 21 日发表了一篇题为《西班牙惨剧前的基督教良知》（La conscience chrétienne devant le drame espagnol）的文章，谴责了法国天主教会某些反佛朗哥势力的"疯狂行为"，何况其中还有些知名的天主教知识分子，如弗朗索瓦·莫里亚克、贝尔纳诺斯等，他们坚决支持西班牙共和政权。

在《阿尔及利亚快讯》刊文嘲讽了那些在前线与共和党人并肩作战后从西班牙返回的志愿军之后，加缪在新闻方面做出了首次回击。他于 1938 年 11 月 19 日发文对此做出回应，题为《在斗牛的国度里》（Au pays du mufle）。该文强烈捍卫了以自由之名战斗的志愿军的荣誉。他正面攻击了《阿尔及利亚快讯》这份依附于军事政变者的保守派报纸，指责其提供的信息多为"谎言"，并以"无法用言语形容的奴颜婢膝的姿态"来写作。加缪没有放过任何一个人。他形容嘲讽志愿军的记者是"偏狭之人"，是"可鄙又可悲的跳梁小丑"，他要求给予那些为了捍卫理想而奉献了自己两年生命的国际纵队成员应有的尊重。

1938 年 11 月 26 日，加缪发表了一篇题为《当法国将地中海弃

135

让给海盗》（Quand la France abandonne la Méditerranée aux pirates）的文章。文中，他讲述了一艘法国船在塔里法（Tarifa）附近的国际水域被佛朗哥海军扣留检查的真实的不幸遭遇。该船在驶向奥兰的途中被拦截下来，被迫在休达港停泊数日，船员们缺乏食物，但不被允许补给。加缪谴责佛朗哥军队的狂妄，以及其对待这些水手的"强权即公理"的方式，由于佛朗哥军队蔑视一切国际公约，这些船员被迫偏离航线，并被非法监禁。

加缪将这场战争描述为"不公正且残酷的"。除了写文章，他对共和事业的承诺还体现在签署连带责任请愿书上，如 1939 年 1 月 22 日支持加泰罗尼亚知识分子的请愿书，在这份请愿书的底部，还出现了安德烈·纪德以及其他一些法国文化界人士的签名。

西班牙内战也分裂了阿尔及利亚新闻界。在冲突开始时，还可以在《阿尔及尔共和报》上读到忠于共和政权及其流亡者的声音，有时也可以在《奥兰共和报》上读到。而当西班牙难民开始大量涌入阿尔及尔时，大多数媒体文章都对接待难民提出了非常严厉的批评。殖民当局多次试图阻止难民上岸，这甚至成为一场人道主义危机，例如"斯坦布鲁克"号（Stanbrook）事件。"斯坦布鲁克"号是内战刚结束时离开阿利坎特港的最后一艘船，这艘只能容纳 50 人的小船却搭载了超过 1800 名西班牙难民。"斯坦布鲁克"号被迫远离奥兰的港口，在海上漂泊了 25 天。缺少食物和过度拥挤引发了传染病，导致船上许多人死亡，情况十分严峻。今天，这些场景

136

再次出现在从战争和饥荒中逃离的难民身上。

一些历史学家估计，西班牙内战结束后，阿尔及利亚境内有超过 7000 名西班牙难民。其中许多人最终被关在条件恶劣的难民拘留营中，其中最可怕的是奥兰的监狱，然而阿尔及尔的卡诺（Carnot）、奥尔良维尔（Orléansville）、博阿尔（Bohars）、巴伯鲁斯（Barberousse）等拘留营——仅是拿这几个举例——在最不人道的生存条件比赛中也能占有一席之地。在那里有过悲惨经历的人物包括诗人佩德罗·萨利纳斯（Pedro Salinas），他后来得以前往美国；以及作家玛丽亚·特雷莎·莱昂（María Teresa León）和拉法埃尔·阿尔维蒂（Rafael Alberti），这两位作家后来很受苏联欢迎。

但最可怖的无疑还是位于撒哈拉沙漠南部地区的杰勒法（Djelfa）拘留营，因为在那里，西班牙难民的生存条件极度缺乏保障，他们暴露在 50 多摄氏度的地狱般的气温下。作家马克斯·奥夫（Max Aub，1903 年出生于巴黎，1972 年逝世于墨西哥城）曾有一段时间被关押在这个可怕的拘留营中，这段经历被记录在诗集《杰勒法日记》（*Journal de Djelfa*）[1] 中。

1　他在一首诗中叙述了他在这个"地狱车站"中的经历，该诗载于 *Journal de Djelfa,* Mare Nostrum, 2009。另见 Max Aub, *Le Labyrinthe magique. Campo de los almendros*, vol. 6, Les Fondeurs de Briques, 2011。*Campo de los almendros* 是 *Le Labyrinthe magique* 系列故事的最后一部分，讲述了西班牙内战的最后几天。

137　　多年后，值西班牙共和国前总统阿萨尼亚的回忆录出版之际，在共同朋友安德烈·马尔罗的介绍下，马克斯·奥夫以个人的名义在伽利玛出版社会见了阿尔贝·加缪。据奥夫所言，"加缪之所以

138　　成为现在的加缪，要归功于西班牙战争"[1]。

1　Max Aub, *Diarios, 1939-1972*, Alba Editorial, 1999.

第三章 《战斗报》的新闻冒险

地下报刊《战斗报》日益提升的威望

《战斗报》在成为地下报刊，随后又成为标杆性的报刊之前，是自 1941 年开始的抵抗运动中的一部分。它的任务是"收集关于德国占领军的情报，暗中破坏他们的设施，并在可能的情况下，用武器打击敌人"[1]。法国解放运动是两个团体联合的结果：由亨利·弗雷奈[2]和贝蒂·阿尔布雷希特（Berty Albrecht）领导的民族解放运动团体，他们出版了《真相》（*Vérités*）[3]；由弗朗索瓦·德·芒东领导的自由抵抗运动团体，他们出版了同名的地下公报。1939 年至 1945 年，法国的秘密出版物相当多，期刊数量总计

---

1 H. R. Lottman, *Albert Camus*, p. 313.
2 H. Frenay, *La nuit finira. Mémoires de Résistance, 1940-1945*, Robert Laffont, 1973.
3 法国国家图书馆，稀有图书储备部（département Réserve des livres rares），RES-G-1470 (404)。法国国家图书馆中仅有 12 期可供查阅。

139　超过 1100 种。[1]

　　1941 年 12 月，《战斗报》首期发行，它由地下报刊《自由》和《真相》合并而成。报刊的创办人——也是这一运动的发起人——雅克利娜·贝尔纳（Jacqueline Bernard）对报刊的名称"战斗"做如下解释："名称的灵感来自希特勒的《我的奋斗》[2]。起初我们想的是'我们的战斗'，这听起来有些奇怪，所以我们最终选择了'战斗'。"[3]《战斗报》头版的顶部是克列孟梭（Clemenceau）的一句话："在战争中如同在和平中，胜利都属于那些从不屈服的人。"呼吁书的内容也彰显了他们的意图："《战斗报》编辑部向法国人民介绍这份最新发行的地下报刊。从第一期开始，它就想要告诉读者它追求的目标和它将采取的行动。它的立场如此明确，每个法国人都可以选择是与它站在一起，还是站在它的对立面。与那些将来到我们身边的人一起，我们将进行一场对法国有利的漂亮的战斗。我们希望武力的失败之后是精神的胜利。"[4]

　　起初，编辑部由 7 名成员组成：亨利·弗雷奈、克劳德·布尔

1　Y. M. Ajchenbaum, op. cit., p. 31. 抵抗运动基金会图书馆保存的地下期刊名录中有：*Défense de la France, Étoiles, L'Humanité, clandestine; Lettres françaises, Libérer, Fédérer Marseillaise, Notre Droit, Témoignage Chrétien* et *La Vérité clandestine*。

2　《我的奋斗》的法语译名为"Mon combat"，其中的"combat"即"战斗"。——译者注

3　Entretien avec Y. M. Ajchenbaum, *op. cit.*, p. 43.

4　BNF en ligne, 1er décembre 1941.

代（Claude Bourdet）[1]、弗朗索瓦·德·芒东、莫里斯·贝尔坦－舍
旺斯（Maurice Bertin-Chevance）、皮埃尔－亨利·泰特让（Pierre-
Henri Teitgen）、乔治·皮杜尔（Georges Bidault）以及雷米·鲁尔
（Rémy Roure）。阿尔贝·加缪加入《战斗报》的 1943 年秋天，正
是第二次世界大战战况紧张时，要再次感谢他的朋友、《阿尔及尔
共和报》前领导者帕斯卡尔·皮亚，加缪最初负责编写页码。皮亚
在秘密时期自称蓬托（Pontault）或蓬多（Ponteau），在他组建解放 140
运动的省级委员会时，他建议加缪顶替他担任报刊的编订工作。后
来，成为地下报刊《战斗报》主编的加缪被赋予撰写社论的任务。[2]

　　日报《战斗报》由包括亨利·弗雷奈在内的几位人士于 1941
年底创办，在战火纷飞的那几年，它一直在被秘密撰写和发行。第
一期发行于 1941 年 12 月。在巴黎解放和 1944 年 8 月 21 日颁布报
纸自由流通法令之前，它一直是一份地下报刊。在这些黑暗的岁月
里，所有文章都是匿名发表的，以避免作者被捕和被报复。最初担
任主编的克劳德·布尔代和雅克利娜·贝尔纳于 1944 年 7 月被驱
逐出境。该报最开始在里昂印刷，然后在解放城市的印刷厂印刷。
纸张是在一家假公司的要求下从德国运来的，然后通过火车抵达里
昂。每期报纸通常只有两面。

1　Claude Bourdet, *L'Aventure incertaine. De la Résistance à la Restauration*, Stock,
　1975.
2　J. Lévi-Valensi, *op. cit.*, pp. 34 - 42.

负责报纸印刷和发行的安德烈·博利耶（André Bollier）将报纸的样品送往 14 个印刷车间进行印刷。他还负责为抵抗者和难民制作假身份证件与官方印章。所有《战斗报》的撰稿人都使用假文件，躲在假名字的背后，以逃避盖世太保的监视。在地下状态期间，阿尔贝·加缪自称博沙尔（Beauchard），但其身份证件上的名字又是阿尔贝·马泰。

《战斗报》的许多撰稿人都被逮捕了，其中一些人甚至付出了生命的代价，如贝蒂·阿尔布雷希特和勒内·莱诺（René Leynaud）。加缪将 1944 年 10 月 27 日的社论献给了莱诺。安德烈·博利耶被盖世太保抓进监狱并施以酷刑，然而他们并没有让他说出他抵抗运动同事的名字。在一次不可能的逃亡后，他重新开始在《战斗报》活动，直到 1944 年 6 月 17 日这一天，盖世太保发现了他，将他逼退到他的住所里，并在那里设下埋伏，使其无路可逃。整座房子都被德国警察包围了，他们拿枪指着房子，而博利耶只有一把手枪来与他们对抗。在交火过程中，博利耶四面受敌，满身是伤，最终决定用武器结束自己的生命，他最后大喊道："他们没法活捉我！"[1]那时他年仅 24 岁。他的助手也受了伤，在抵抗组织的帮助下逃出医院后证实了这一情景。

尽管包括加缪在内的所有人都为此承担了风险，但他们肩负的

1　另有版本说他是被枪杀的。H. Frenay, *La nuit finira. Mémoires de Résistance, 1940-1945*, pp. 461-463 ; Y. M. Ajchenbaum, *op. cit.*, p. 132.

任务，即冒险出版《战斗报》，意味着在一个消息闭塞的法国为言论自由冒死一搏，也意味着对德国人的地下斗争的胜利。《战斗报》的回声和影响没有多久就出现了。1941 年底出版的第一期《战斗报》的发行量为 1 万份，然而，在 1944 年诺曼底登陆期间，该报的发行量达到了 20 万份。这是空前的成功。

据加缪的传记作者洛特曼所说，加缪第一次为《战斗报》撰稿可能是在1943 年10 月发行的第 49 期。[1]"这一期刊登了一封戴高乐的信和一篇关于解放科西嘉的文章。"[2] 为了获得资讯，加缪和《战斗报》的其他记者追踪着英国广播公司（BBC）和那些逃避审查的联盟电台的广播，也利用了他们在抵抗运动中的关系网。

142

记者克劳德·布尔代也是旨在为抵抗运动发出多元声音的地下《战斗报》的核心成员之一。1944 年初，布尔代通过皮亚认识了加缪，布尔代后来这样回忆那次会面：

> 我读过《局外人》，在那略带悲伤和讽刺的浅笑中，在低垂的双眼中，也在这张脸的坚定中，发现了一种令人心碎而迷人的反差，它让我爱上加缪的这第一本书。[3]

---

1 H. R. Lottman, *Albert Camus*, p. 373.

2 H. R. Lottman, *Albert Camus*, p. 315.

3 H. R. Lottman, *Albert Camus*, p. 316.

虽然报纸是在里昂秘密印刷的，但其内容大部分是在巴黎写的。在秘密出版的几年里，《战斗报》共发行了 58 期。它的编辑路线将其定义为一份进步的报纸，它致力于公共服务。[1]

在这份只有正反两面的地下报刊《战斗报》中，可以明确认定属于加缪的文章只有几篇。学者们在加缪发表的社论数量上存在分歧。一些研究说只有两篇，另一些认为有 4 篇。我们选择了无疑是加缪写的那两篇社论。第一篇发表于 1944 年 3 月，题为《全面战争，全面抵抗》(À guerre totale, résistance totale)。加缪在这篇社论中批评了缺乏责任和冷漠的情况，敦促读者加入抵抗运动。他详述了纳粹对抵抗运动战士以及那些确实对一切毫不关心的人施加的暴行："因为无论你是他们的支持者还是激进分子，都一样会被杀害、关押或折磨。"他想说服那些被占领者恐吓的法国人，这些人倾向于与抵抗运动保持足够的距离。[2] 正如加缪在这篇社论中解释的那样，这种行为不会比加入反对侵略者的共同斗争带来更多的安

---

1 "它采用了《星期五》(Vendredi) 的模式。《星期五》是由支持人民阵线的知识分子创办的周刊，它的模式与《巴黎晚报》相反。"该报编辑部一致认为，新闻媒体有公共服务的使命，必须不受金钱的束缚，其关键词是"警惕性"和"客观性"。见 J. Guérin, *Camus journaliste, op. cit.*, p. 17。

2 在 1944 年 10 月 29 日的另一篇社论中，他说："人们总是倾向于寻求对人来说最容易的事情，也就是休息。对荣誉的追求不得不伴随着对自己和他人的可怕要求。当然，这让人疲惫。而在 1940 年，不少法国人事先就已经累了……要知道，每一次约定俗成的中庸、每一次放弃，以及每一次轻而易举，都会像敌人的枪一样伤害我们。" J. Lévi-Valensi, *Camus à Combat*, pp. 311-312.

全感："你们只要告诉自己，我们将被压迫者的巨大力量聚集起来，那就是苦难中的团结。"[1]

他继续用重复过数次的"关涉"（concerner）一词来构建他的论点："不要说'这与我无关'。"[2]

在 1944 年 5 月以《在 3 小时内，他们不停射杀法国人》（Pendant trois heures ils ont fusillé des Français）[3] 为题发表的第二篇经过认证的文章中，加缪以一种盛怒的笔触赤裸裸地叙述了纳粹的野蛮行径——他们为了报复没有造成任何伤亡的一列货车的脱轨，处决了来自同一个村庄的 86 名男子。加缪正面攻击了纳粹的警察政策和镇压政策，他们把无辜的人当作人质，让他们做最无谓的牺牲："然而，有可能不带着反叛、不带着对一切的厌恶去读这些简单的数字吗：86 人，3 小时？"[4]

这些社论的语气与它们所处的戏剧性环境相符。我们在其中可以看到加缪的风格：犀利、令人信服、咄咄逼人。他用真正的反思训练来防止文章的衰落。

144

1 J. Lévi-Valensi, *Camus à Combat*, p. 129.

2 J. Lévi-Valensi, *Camus à Combat*, p. 131.

3 J. Lévi-Valensi, *Camus à Combat*, p. 137.

4 J. Lévi-Valensi, *Camus à Combat*, p. 138.

主编和社论作者

阿尔贝·加缪在抵抗运动期间过着双重生活。白天，他在伽利玛出版社工作。晚上，他秘密地为《战斗报》工作。他日复一日、不断深入地与抵抗运动其他部门联系，向其他同志传递信息和文件。加缪躲藏在一个假身份背后：他身份证件上的名字是阿尔贝·马泰，职业编辑，证件签发于 1943 年 5 月 20 日。阿尔贝·马泰出生于 1911 年，比他真正的出生时间早两年。他的签名、指纹和一张真正的照片被附在一个假地址上，而他的配给卡也使用了同样的名字。为了增加这些假文件的分量，他有一份来自军队的证明，证明他是一名从德国当局的战俘营中被释放出来的法国士兵。

加缪在《加缪手记》中提到了这种服务于抵抗运动的、具有人道主义和新闻素养的冒险，其间他的许多战友于危险之中失去了自己的生命：

> 我唯一的野心是，能够让人们对这些数字中的每一个数字代表的内容有一点想象。毫无疑问，他们首先让我们失去了最好的伙伴……至少，我们中的一些人仍然在心中保留着对这些亲如兄弟的面孔的记忆，并将他们与国家的面孔略微混淆在了一起。因此，我们把一个人唯一可以给予那些帮助他对整体人类，尤其是对他的国家形成更高观念的人的东西，唯一能够与

145

他们签订的无尽债务相等的东西，即沉默和记忆，给了他们。[1]

在编辑部的几个成员被捕后，加缪被任命为《战斗报》的社论作者。到法国解放时，加缪将负责该报的整个编辑工作和编辑路线，正如曾在这里与他一起工作的他的朋友让·达尼埃尔指出的：

> 但是，当他谈到新闻工作时，他记忆最深刻、兴致最高的是，自己曾独立经营一份日报。因为尽管他确实经常说到"《战斗报》友谊小组"，但每晚都是他在组织、设想、推动并最终打造了将在凌晨出版的报纸。[2]

每一期报纸上都带着其领导者的痕迹和语调。因此，尽管加缪总是喜欢待在暗处，尽管帕斯卡尔·皮亚在管理编辑工作方面也有功劳，但每个人都说是加缪的《战斗报》，甚至认为加缪与《战斗报》不可分割，这就不奇怪了。这一点得到了让·达尼埃尔本人的证实：

> 此外，在当时，以及之后的一段时间里，报纸，当然特别是舆论性报纸，被认定有一种个性。战前，有亨利·巴比塞（Henri Barbusse）的《世界》（Monde）、马丁－肖菲耶（Martin-

---

1 J. Lévi-Valensi, *Camus à Combat*, pp. 41-42.
2 Jean Daniel, *Avec Camus. Comment résister à l'air du temps*, p. 17.

Chauffier）和盖埃诺（Guéhenno）的《星期五》、埃马纽埃尔·贝尔（Emmanuel Berl）的《玛丽安娜》（*Marianne*），以及亨利·贝罗（Henri Béraud）的《天真》（*Candide*）。战后，有加缪的《战斗报》、伯夫－梅里（Beuve-Méry）的《世界报》、皮埃尔·布里松（Pierre Brisson）的《费加罗报》、布尔代的《法兰西观察家》（*France Observateur*）、塞尔旺－施赖伯的《快报》、我创办的《新观察家》（*Le Nouvel Observateur*），以及随后塞尔日·朱利（Serge July）的《解放报》（*Libération*）、让 - 弗朗索瓦·卡恩（Jean-François Kahn）的《周四事件》（*L'Événement du jeudi*）。这是一个编辑不惜以生命为代价来经营报刊的年代。[1]

146

加缪当下即表现出自己是要求变革的"一代人的道德领袖"。他当时在新闻界的历程中留下了不可磨灭的印记。作为当时反法西斯斗争中的青年领袖，他在《战斗报》上最初发表的社论代表了民众抵抗运动的声音，呼吁为一个公正和自由的法国而战。正如我们已经强调过的那样，在解放时期的巴黎新闻界，《战斗报》的独特之处在于其独立性，它不受政党或金融利益控制。记者们是刊物的唯一股东和所有者：报纸属于记者。而且，在对信息进行批判性处

1　Jean Daniel, *Avec Camus. Comment résister à l'air du temps*, p. 17.

理的基础上，记者们可以选择他们希望赋予报纸的编辑路线。因此，他们为一种新的新闻开辟了道路，称之为"批判性新闻"，这一概念是加缪提出的。这是一种要去验证来源与证词，并质疑所有权力的社会新闻；是一种关涉肃反问题、媒体问题和殖民问题等的批判性新闻；它总是与时事保持一定距离。所有这一切促成了这样一份充斥着剖析和思想的报纸的出现，它渴望通过严谨和客观的信息来革新社会。

尽管加缪的介入很重要，但这也是相对的，几年后，他谈到了自己做得不足的那一面。他在 1949 年 11 月 8 日写给朋友勒内·拉卢（René Lalou）的信中谦恭地说了这番话：

> 但是，首先我从来没有碰过武器；其次，我这种小行动是
> 不值一提的，尤其是在我的一些同事面前，他们是真正的战士。[1] 147

要了解加缪如何参与地下报刊和抵抗运动，应该阅读他的《致一位德国友人的信》（*Lettres à un ami allemend*）[2]。其中第一篇发表于

---

1 Lettre de Camus à R. Lalou, Fonds Camus.

2 包含 4 封写于 1943 年 7 月至 1944 年 7 月地下活动期间的信。第一封信发表于 1943 年的《自由杂志》第二期；第二封信发表于 1944 年初的《解放手册》（*Cahiers de la Libération*）第三期；第三封和第四封信是为《自由杂志》而写，一直到巴黎解放才出版。第三封信最终在 1945 年初刊登于《自由》周报。A. Camus, *Lettres à un ami allemand*, Paris, Gallimard, 1948.

1943 年的《自由杂志》(*La Revue libre*) 第二期：

> 我们必须克服我们对人性的看法，克服我们对和平命运的
> 想象，克服这种深信不疑的信念：胜利不需付出代价，而对人
> 的任何残害都无法挽回。[1]

他在《致一位德国友人的信》中表达了他的信仰，以及他对抵
抗运动的承诺："我们将取得胜利，这一点你们不用怀疑……我们
有自己坚信的东西：我们的理智、我们的正义。你们注定失败。"[2]

他最开始发表的几篇社论的特点是激烈地批判那些与德国人或
维希政权合作的人。但他也攻击了资产阶级：他们与世隔绝，生活
在自己的豪华街区，对时事不闻不问，不参与解放斗争：

> 实际上，许多法国人忽视了抵抗运动，特别是那些从未为
> 其做过任何事情的人。当你经历了巴黎的反抗，你就会清楚地
> 知道，所谓富人区里的平静既是一种无知，又是一种冷漠。[3]

在另一篇社论中，加缪再次将矛头指向这个社会阶层，他谴责

148

---

1 Pléiade II, p. 11.
2 Pléiade II, p. 12.
3 Pléiade II, p. 577.

他们的懦弱及其通敌的勾当：

> 法国资产阶级曾有过辉煌的时期，然而现在只是在苟且偷生……如果必须用几句话来概括他们的罪行，那就是他们不热爱人民，并且为了将自己从人民中拯救出来，愿意接受任何东西。是恐惧造就了叛徒……我们中没有人要求这个阶层消失，但这个阶层必须明白，在让我们如此疲惫之后，他们最终抛弃了我们；在缺乏如此多的勇气和慷慨之后，他们没有丧失一种基本智慧，这种智慧将使其成为一种伟大的见证，即他们一直都不知晓的作为工人阶级的伟大。[1]

反对德国占领的巴黎起义于 1944 年 8 月 19 日开始。巴黎解放时，加缪在 1944 年 8 月 24 日发表了一篇题为《自由之血》(Le sang de la liberté) 的翔实文章，其中列出了最后一战的后果：

> 在 8 月的夜晚，巴黎射出了所有的子弹。在这个满是石头和水洼的巨大布景下，在这条翻涌着历史的沉重波涛的河流周围，自由的路障再次被竖起。再一次，正义必须用人血来买……巴黎今天的战斗是为了法国明天能发出呼声，人民今晚

1　J. Lévi-Valensi, *Camus à Combat*, p. 181.

149

奋起反抗是因为他们希望明天能得到正义……今晚作战的巴黎
想在明天崛起。不为权力，只为正义；不为政治，只为道德；
不为统治，只为荣光。[1]

在 1944 年 8 月 25 日发表的题为《真理之夜》(La nuit de la
vérité) 的社论中，加缪叙述了巴黎在被占领了 4 年后战胜德国敌人
的那几个小时：

当自由的子弹还在城市中呼啸而过时，解放的大炮在呼喊
和鲜花中越过巴黎的城门。在最美丽、最温暖的 8 月夜晚，巴
黎的天空中，古老的星星与曳光弹、战火硝烟、民众欢乐的多
彩烟花交相辉映。在这个无与伦比的夜晚，法国在耻辱和愤怒
中进行斗争的那 4 年骇人听闻的历史，终于结束了。[2]

巴黎解放后，《战斗报》编辑部搬到了《巴黎日报》(Pariser
Zeitung)[3] 曾经的驻地,《战斗报》成为巴黎当局批准的 13 家日报
之一。加缪被重新任命为《战斗报》的主编兼社论作者，他在
1944 年 8 月 21 日至 1947 年 6 月 3 日期间担任这一职务。帕斯卡

---

1 « Le sang de la liberté », *Combat*, 24 août 1944, Pléiade Ⅱ, pp. 379-380.
2 « Le sang de la liberté », *Combat*, 24 août 1944, Pléiade Ⅱ, pp. 380-381.
3 《巴黎日报》是第二次世界大战德国占领法国期间，德国在全法发行的日报，
  是德国当时的喉舌。——译者注

尔·皮亚成为主管，编辑委员会中还有阿尔贝·奥利维耶（Albert Ollivier）和马塞尔·吉蒙（Marcel Gimont）。作为主编，加缪主持编辑部日常工作，确定编辑方向，他的新闻理想体现在一些"良知准则"[1]中。他那时只有31岁，但又一次要早早面对沉重的责任。要在这个年龄站在一家新闻机构的顶峰，尤其是其编辑部的顶峰，绝不是一件容易的事。加缪以他的活力、勇气、责任感以及才能，承担起了他的新闻责任。他再一次与《战斗报》的创立者兼主管帕斯卡尔·皮亚并肩作战。

150

加缪那时领导着一个记者团队，其中大多数人比他年长，且经验丰富，经历过行业的磨炼，但他们都很尊重并钦佩加缪。团队中也有一些年轻记者，他们也在那里崭露锋芒，如让·达尼埃尔，他从加缪那里学到了很多，之后他回忆了加缪管理编辑部的方式——没有专制，没有滥用权力：

> 确实，他反对持有不正当权力，反对给出惩罚和表扬的欲望，反对难以抵抗对时尚和时代风气的崇拜，反对对手之间的竞争，反对成体系的诋毁，还反对所有权力的阿谀奉承者。为何如此？仅仅是因为这是新闻业。[2]

1 « Autocritique », *Combat*, 22 novembre 1944, Pléiade II, pp. 388-389.
2 Jean Daniel, *Avec Camus. Comment résister à l'air du temps*, pp. 17-18.

　　加缪的朋友罗歇·格勒尼耶也是《战斗报》的记者，他回忆了当时编辑部的友爱氛围，那是一堂新闻课，最重要的是，那对他而言是关乎生存的一课：

　　　　因此，我进入的不是一份报刊，而是一个世界，我将从这两位长者那里学到一切，不仅是了解这个行业，还有对生活的思考。那是一个让你感觉很好的地方，我从未在任何其他地方有这种感受。我们那些表现出一些保留意见的同志让我感到震惊，他们只把自己的一小部分时间和劳动交给皮亚和加缪，而没有交出自己的生命。

　　罗歇·格勒尼耶还回忆了加缪对他的撰稿人说的话："我会让你们做恼人的事，但绝不会让你们做卑鄙的事……"[1]罗歇·格勒尼耶还解释了，当他读到帕斯卡尔·皮亚1972年9月在《文学杂志》上发表的一篇文章时，其中关于加缪与《战斗报》的距离的描述，他为何感到困惑。他不同意文中的观点，那让他感到惊讶，他在书中转述了皮亚的这一看法：

　　　　我没有试图留住他。我一直认为有比当记者更好的事情可

1　Jean Daniel, *Avec Camus. Comment résister à l'air du temps*, p. 218.

以做。对加缪来说，新闻工作从来都不是一个选择的结果，而只是一个意外。我相信没有什么比戏剧更能引起他的兴趣，但我不能确定。我是他的同伴，不是他的知己。[1]

然而，对让·达尼埃尔来说，加缪是一个对自己的职业感到满意和幸福的记者，尽管一些加缪研究者或加缪的朋友——如帕斯卡尔·皮亚——提出了存在些微差异的看法。达尼埃尔在 1945 年成为《战斗报》的撰稿人后，与加缪一起工作了很长时间。加缪看着他工作，修改他的文章，鼓励并领导整个编辑团队。他这样表达自己的感受：

> 与排版工一起在版台上排版，在编辑室中写社论，在编辑会议上对事件做出评论，他很充实，在活力中找到了一种平衡。要注意到，事实上这几乎已经说明了一切。这相当于描述了加缪从事新闻工作的方式。他很满足，因此他很自洽，不去怀旧，对于新闻业阻止他做的事情没有任何遗憾，简而言之，他没有任何内心戏——这种内心戏将绝大多数记者定义为流亡者：压抑的文学家、尖酸的哲学家或悔恨的教授。对于加缪来说，新闻工作不是流放之境，而是天堂。这是他的家。我

1　Pascal Pia, cité in *ibid.*, p. 223.

152 已经指出，他绝不是低估了这个职业的局限性。[1]

人间最美好的职业

2013 年 11 月 7 日，《新观察家》杂志在加缪诞辰 100 周年之际发表了一篇采访，罗歇·格勒尼耶在其中回顾了加缪对自己产生的影响："我欠加缪的人情太多了，永远也无法偿还。他使我成为一名记者，他是我在伽利玛出版社的编辑，我几乎欠着他一切。"

让·达尼埃尔赞同罗歇·格勒尼耶的评价，即新闻业是加缪热情而快乐地拥抱的行业，他在其中做到了百分百投入。这两个人都认可加缪作为记者培训老师的工作，他通过自己的榜样和日常的职业实践来灌输这一使命。他们还回忆了编辑部里由于加缪的存在而弥漫的非凡的气氛。

除了组成团队的职业记者们，《战斗报》还拥有当时最好的作家。该报得以与一些享有盛名的作家和知识分子合作：纪德、乔治·巴塔耶、马尔罗、贝尔纳诺斯、萨特、西蒙娜·德·波伏瓦、雷蒙·阿隆、米歇尔·莱里斯（Michel Leiris）、让·波扬等。由于

---

1 Jean Daniel, *op. cit.*, pp. 33-34.

这份日报的严谨度、道德要求[1]和高质量，加缪吸引了当时的整个巴黎知识界。凭借《战斗报》，加缪成了知名记者。

历史学家莱维－瓦朗西认为，加缪基本上不喜欢新闻工作，根据她在埃德威·普莱内尔在"新闻台"（LCI）频道制作的《思想世界》(*Le Monde des idées*) 节目中的发言。她的这一观点引发了争议，让·达尼埃尔表示不同意她的这一评价。他在关于当事者加缪的书《与加缪一起》中提到了这一点：

153

> 见鬼！她是了解作品，但无论如何我有幸认识这个男人。我反驳了她的论断。在我主编的杂志《卡利班》上，加缪曾说，新闻业是"人间最美好的职业"。[2]

让·达尼埃尔在他的回忆录中也回顾了加缪对这一职业的热情：

> 正是这种既让人充满激情又令人沮丧，既能调动积极性又使人产生罪恶感，既紧张又虚妄，既紧迫又易逝的生活，加缪热切地爱着它，就像他热爱戏剧一样。[3]

1　见 Agnès Spiquel et Alain Schaffner, *Albert Camus : l'exigence morale. Hommage à Jacqueline Lévi-Valensi*, Le Manuscrit, 2006。

2　Jean Daniel, *Avec Camus. Comment résister à l'air du temps*, p. 16.

3　Jean Daniel, *Avec Camus. Comment résister à l'air du temps*, p. 17.

研究加缪政治写作的专家让伊夫·盖兰（Jeanyves Guérin）教授在《阿尔贝·加缪词典》(*Dictionnaire Albert Camus*)[1]中提到："他也为持有记者证而感到自豪。"在"记者职业"一词的条目结尾，盖兰总结道："两位伟大的记者找到了正确的词来描述加缪与他们职业的关系，他们是奥利维耶·托德和让·达尼埃尔。前者说：'他知道新闻工作过去了，文学作品还在。'在《快报》与他共事的后者认为：'对于加缪来说，新闻工作不是流放地，而是天堂。'"

加缪社论的教育作用

加缪在《战斗报》上一共发表了 165 篇文稿，包括 138 篇社论和 27 篇文章，这还不包括以"苏埃托尼乌斯"为笔名发表的 5 篇专栏文章。[2] 他所有的新闻写作都展示了在欧洲这一以强烈的意识形态分歧为特征的动荡时期，一个具有责任感的作家面对 20 世纪的巨大恐怖时走过的充满激情的道路。加缪的社论表达了对当时历史事件的"希望和失望"，还对"清醒和警觉"提出了永恒的呼吁。他对自由、公正、媒体的角色、真相和民主进行了反思，这些文章

154

1　J. Guérin(dir.), *Dictionnaire Albert Camus*, Robert Laffont, 2009. 另见 J. Guérin, « Camus the Journalist », in Edward J. Hughes (éd.), *The Cambridge Companion to Camus*, Cambridge University Press, 2007, pp. 79-92。

2　J. Lévi-Valensi, *Camus à Combat*, p. 105.

在"当代意识中引起了令人难以置信的共鸣"。加缪的现代性还在于他具有的先锋性：他主张一种新闻职业道德，这在那个时代和当今社会都是必不可少的。准确地说，加缪的批判眼光超越了他那个时代的讨论。最终，后人将为他支持正义事业的意识形态斗争平反，在这场斗争中，他总是把道德放在政治利益之上。

加缪对于语言和表达的准确性十分严格，对为了服务于真相和有价值的信息所采用的语调也很苛刻。加缪拒绝发表社会杂谈，以避免落入这类新闻的煽情路线，他不屑地将其称为"轻浮女子的新闻"。不少证词都指出，他曾多次要求合作者不要在头版刊登血腥和恐怖的社会新闻。一系列的预防手段和严苛的要求使包括让·达尼埃尔在内的几位著名记者认为，《战斗报》因其严谨度和高质量成为"法国新闻界自存在以来内容最好的报刊之一"[1]。

155

这些社论有时会以作者名字首字母署名。在这里，我们可以看到加缪自己的作品，也可以看到皮埃尔·埃尔巴（Pierre Herbart）和阿尔贝·奥利维耶的作品。无论是否署名，社论都表达了编辑部的观点，是集体审议的结果。因此我们经常看到"我们"这一代表集体愿景和批判的表达，而不是"我"。

加缪选择了社论作为特别栏目[2]来实践他的思想新闻观念，在

1　Jean Daniel, *Avec Camus. Comment résister à l'air du temps*, p. 53.

2　R. Ringoot et J.-L. Utard, *Les Genres journalistiques. Savoirs et savoir-faire*, Paris, L'Harmattan, 2009, p. 136.

这种观念中，求索真相往往意味着选择立场。他对社论的定义是：
"三张纸，一个想法。"

由于行动与作品、新闻与文学之间的完美共生，特别是通过他
的编辑工作，加缪进入了新闻史。[1] 记者和作家的双重身份使他具
有合法性和"道德权威"，这使得这种高尚的新闻体裁产生了最大
的回响。[2] 当时加缪被公认为法国乃至欧洲最中肯、最敏锐的社论
家之一。

通过撰写社论，加缪建立起了一种真正的"权威"，这与"这
一职位的威望"，他的"声望"，他作为"著名知识分子"的影响
力，以及他"瞭望员的姿态"都分不开。[3] 加缪以"他知识分子的高
格调"和"他的远见卓识"使这种新闻体裁焕发生机、得到升华。
作家，享有盛名的法兰西公学院的教授，同时也是《费加罗报》的
记者，之前还为《战斗报》撰过文的雷蒙·阿隆[4]，也认可加缪社论
的新闻价值："加缪的社论具有特殊的魅力，他是对当下事件进行
评论的真正作家。"[5]

关于加缪在抵抗维希政权和第三帝国的《战斗报》上发表社论

---

1 M.-L. Audin, « Camus : journaliste-écrivain ? », *Cahiers de l'Association internationale des études françaises*, nº 48, 1996, pp. 129-147.

2 P. Riutort, « Grandir l'événement. L'art et la manière de l'éditorialiste », *Réseaux*, vol. 14, nº 76, 1996, pp. 61-81.

3 P. Riutort, *in* R. Ringoot et J.-L. Utard, *op. cit.*, p. 145.

4 他在《战斗报》上的第一篇文章发表于1944年10月。R. Aron, *op. cit.*, p. 209.

5 R. Aron, *op. cit.*, p. 208.

而取得的成功，这方面有许多记载。加缪的传记作者埃贝尔·洛特曼回忆说，1944 年 12 月，"读者们简直要从报摊上抢《战斗报》，人们如饥似渴地读加缪的社论，整个巴黎都在谈论它"[1]。在文字报刊仍占统治地位的那个年代，加缪具有非凡的影响力。1945 年《战斗报》卖了 17.6 万份，由于纸张短缺，这是政府允许的最大发行量。

巴黎解放后，在《战斗报》创办的头几年，加缪在新闻创作方面确实非常多产。但因为健康问题，他于 1945 年 1 月 1 日至 2 月 9 日暂时离开了《战斗报》。众多读者来信询问他的消息，可以看出，他的读者很担心他。1945 年 1 月 18 日，迫于读者的期望，《战斗报》宣布了加缪缺席的原因，并发表了他的几句话。这位作者对编辑团队的团结致以敬意，并强调了社论作者的集体责任。

从这一天起，《战斗报》的社论即以匿名方式发表，这可能是为了表示对阿尔贝·加缪的某种支持，也是忠于加缪给读者的话中提到的原则。这一决议一直执行到 1946 年 4 月底，并且即日起再次生效。

157

由加缪研究协会出版的期刊《阿尔贝·加缪的存在》（*Présence d'Albert Camus*）[2]找回了 4 篇属于阿尔贝·加缪的未署名社论。它们

1　H. R. Lottman, *Albert Camus*, p. 35.
2　*Présence d'Albert Camus*, n° 8, 2016, pp. 5-20. 尼尔·福克斯利（Neil Foxlee）按语。

既没有被收录进《加缪全集》，也没有被收录进雅克利娜·莱维－瓦朗西的《〈战斗报〉中的加缪》(*Camus à Combat*)。这几篇社论的发表日期分别是：1944 年 9 月 9 日、10 月 10 日、10 月 26 日和10 月 28 日。1944 年 9 月 9 日的社论《在等待中》(Dans l'attente)回顾了加缪词汇中的关键词："……为了使我们不厌其烦地重复书写的这些词成为现实，如'公正'和'自由'——它们永远存在于法国人的意志中，就像心跳一样。"此外还有"革命"这一不断被提到的概念，对加缪来说它意味着"消灭政治，用道德来代替它"。加缪当时在《战斗报》上发表的社论中常用的一个语句是："最后，通过翻阅自由报刊就可以确定，这个秘密活动的、持续抗争的法国不是先因战争后为革命而战，它是同时在为两者作战：是为全面解放而战。"

记者在传播信息时应该保持警惕，这也是加缪的社论中反复出现的主题。1944 年 10 月 10 日的社论也提到了这一点："所有的道德家都教导我们，人失去在世上的地位比得到它们快。有人力图使我们相信，较好的方式是停止我们的自由批评，将我们没有确认过的关于战争的信息公布出来，让其他人看到一种深陷苦难和自愿蒙羞的氛围。简言之，这意味着要我们展露非我的一面。"[1]

158

---

1 *Présence d'Albert Camus*, n° 8, 2016, pp. 5-20.

《战斗报》的掌舵者

许多作家和记者都认识到了阿尔贝·加缪编辑工作的超凡价值。在此值得回顾献给他的颂词中那些最美好的部分。

在《电视全览》(*Télérama*) 杂志于 2009 年 12 月 31 日刊登的访谈中，罗歇·格勒尼耶强调了加缪的社论给《战斗报》留下的不可磨灭的印记：

> 他是一个真正的记者，他熟知做一份报纸的整个流程，从文章撰写到排版印刷。他曾在《巴黎晚报》担任编辑秘书。有时他会因健康问题或旅行计划从《战斗报》消失一阵儿，但他无疑是这份报刊的掌舵者。他同时是这份报刊的社论作者。《战斗报》上的社论没有署名，因此，后来要找到他写的那些社论并不容易。但幸运的是，他有自己的风格。

在加缪与 1937 年诺贝尔文学奖得主、作家罗歇·马丁·杜加尔的大量通信中[1]，1947 年 9 月 9 日的一封信清楚地说明了加缪在《战斗报》上发表的社论受到的钦佩和高度评价。当时马丁·杜加尔正在为他的一部小说准备历史资料，在这部小说中，主人公莫蒙

---

1 R. Martin du Gard, *Correspondance. 1944-1958*, Paris, Gallimard, 2013, p. 59.

中校的冒险故事发生在第二次世界大战的尾声。在给加缪的信中，马丁·杜加尔解释说：

> 我一直在读你过去在《战斗报》上写的社论。太了不起了。也许你还没有完全意识到这一点？我自己（尽管我对你的文章有些私人记忆），在将这些文章作为一个整体重读时，对文章质量、文章内容的持久性，以及在两面篇幅中以坚定而贴切的笔触所论主题的多样性感到惊讶。毫无疑问，它们以后会再次受到关注。其中大多数仍然非常具有现实意义；如果我是伽利玛，我会毫不犹豫地收下这些最重要的作品，并将其出版成册，以启迪当代人。如今，很少有读物会如此有用。[1]

加缪在 1947 年 10 月 1 日的信中回应了这一赞誉，他在这封信中表达了《战斗报》在他生命中的重要性。他回顾了这份报刊所传达的希望，但也提到了它最终的失败。

> 亲爱的朋友：
>
> 你给我写的那封关于过去那些社论的信让我喜出望外。我不知道它们是否真的如你所说那般，但《战斗报》的创办、那

1　R. Martin du Gard, *Correspondance. 1944-1958*, Paris, Gallimard, 2013, p. 59.

159

些寄予在它身上的期望，以及它最后的失败，一直缠绕着我。
它那时是一种崇高的思想……[1]

加缪对新闻业的贡献与他那个时代的其他知识分子不同，他们
选择这个职业更多的是出于投机，而不是出于真正的使命或信念。
而正如雷吉斯·德布雷（Régis Debray）在《法国的知识权力》（Le
Pouvoir intellectuel en France，Ramsay，1979）这部论集中承认的，
曾经有一段时间，许多知识分子的正统化都少不了其在大众传媒方
面的合法性和可见性——直到今天也是如此。让-保罗·萨特就是
这种情况，他是为了宣传才为《战斗报》和《法国晚报》（France-
Soir）做了一些报道，而不是对这个职业有热情，尽管他确实参与了
《解放报》的创建。让·达尼埃尔甚至说萨特"几乎鄙视新闻界的
一切"。然后他解释了这位存在主义哲学家对这个行业和这家报社
的看法：

160

> 事实上，他只承认它的一个优点，那就是它有助于瓦解由
> 良知或信仰的"混蛋"主导的资产阶级社会。他鼓励他的一些
> 年轻门徒与这家报社合作，以催生社会危机，对抗异化现象。[2]

1　R. Martin du Gard, *Correspondance. 1944-1958*, Paris, Gallimard, 2013, p. 59.
2　Jean Daniel, *op. cit.*, p. 35.

这种与媒体的矛盾关系并不是萨特独有的，而是当时许多知识分子所共有的，他们只在生活中的某些时刻穿上记者的衣服。甚至不仅仅是一件衣服，而是一整套服装，为他们作为社论家或者高级专栏作家的高职位服务……雷蒙·阿隆就是如此，戴高乐憎恨他，称他为"《费加罗报》的教授、法兰西公学院的记者"。阿隆并不欣赏媒体的报道。他是《费加罗报》的社论作者，但他从不认为自己是记者，甚至认为"报纸上发表的分析文章肤浅得可悲，当然，他自己的除外"[1]，正如让·达尼埃尔所言。

值得注意的是，加缪总是表现出谦逊的态度，即便在他成为著名且饱受赞扬的社论家之后。他总是以"我们"之名进行呼吁，从不把自己放在第一位。这种拒绝虚荣的态度从他非常年轻时就彰显出来，正如他在 1937 年的《加缪手记》中所写：

> 我们（或者说我）一旦对自己的虚荣心让步，一旦为了"抛头露面"而思考和生活，那就不再忠实。每一次，都是想要抛头露面的可怜心态让我在真相面前更显渺小……那种在适当时候才显现出来的人，他的力量要大得多。要一直走到最后，就要知道该如何保守秘密。我曾因孤独而痛苦，但为了守住秘密，我克服了孤独的痛苦。但如今，我不知道有什么比孤

161

1　Jean Daniel, *op. cit.*, p. 36.

独地、隐姓埋名地活着更光荣。写作，是我最深的快乐！要拥护这个世界并享受它——但唯有在穷困潦倒中。[1]

加缪对天真的要求也源于他从身边人的经验里得到的教训，他很小的时候便开始从身边人那里不断地体悟到生存的意义："正是在这种贫困的生活里，在这些要么低声下气，要么爱慕虚荣的人中，我确切无疑地触及了在我看来是生命真正意义的东西。"[2]他还补充道："我可以说，并且之后也会说，最重要的是做人，做一个天真的人。不，最重要的是要真实，一切都从属于这一原则，如仁慈和天真。"[3]

加缪在职业生涯的关键阶段，也就是他获得的认可最多的时候，表现出的谦逊是人生的真正一课："30岁时，几乎是在一夜之间，我就成名了。我并不怀念。我后来可能因此做了噩梦。现在，我看清这件事了，它微不足道。"[4]

《卡利古拉》演出成功时加缪只有30岁，他在《加缪手记》中写下了这段关于认可和名望的思考：

30篇文章。赞赏的理由和批评的理由一样糟糕。只有一两

1　*Carnets*, 15 septembre 1937, Pléiade Ⅱ, p. 833.
2　*Carnets*, mai 1935, Pléiade Ⅱ, p. 795. 加缪那时仅22岁。
3　*Carnets I*, janvier 1936, Pléiade Ⅱ, p. 799.
4　*Carnets V*, Pléiade Ⅱ, p. 1033.

162 　个真实的、令人激动的声音。名声啊！充其量是一种误解。但
　我也不会采取蔑视它的人那种高高在上的态度。它也是人类的
　特征之一，与他们的冷漠、友谊、憎恨没有什么不同，不比这
　些重要，也不比这些廉价。这一切最终对我有什么影响呢？这
　种误解，对于那些知道该如何接受的人来说，是一种解放。我
　的野心，如果我有的话，也是另一个层次的野心。[1]

　　当加缪得知自己被授予诺贝尔文学奖时，他回应说应该是马尔
罗获奖。加缪的谦虚和感恩之心也是献给他在智识上欠下债务的那
些人。因此，让·达尼埃尔对他的评价并不奇怪："他自己，无论
多早就预见到了自己的命运，在谈到他的师长和偶像时，都只会以
谦卑的姿态表达感激之情。"[2]

　　这里值得回顾的是，加缪在获得诺贝尔文学奖后给他的老师路
易·热尔曼写的那封动人的信，以及他在那一刻令人感动的谦逊。
这位老师在回信中不仅对自己学生的辉煌事业表示骄傲，也祝贺他
在如此耀眼的名声下仍然保持了自我：

　　　我看到献给你的或谈论你的作品不断增多。令我感到欣慰
　　的是，你的名望（这是确定无疑的事实）并没有让你发生变

1　*Carnets V*, Pléiade II, p. 1033.
2　Jean Daniel, *op. cit.*, p. 11.

化。你一直都是加缪，好样的。[1]

在调查性报刊《战斗报》

尽管阿尔贝·加缪是作为社论家从事大部分新闻工作的，但也不应忽视他还做过一些可能相当于今天所谓调查性新闻的报道。记者是阿尔贝·加缪鲜为人知的一面，他通常被贴着社论家的标签，也就是被看作一个观点记者。

这些报道是实地调查的成果，主要涉及加缪的阿尔及利亚之行。在某种程度上，他的这些报道构成了他多年前在《阿尔及尔共和报》上发表的"卡比利亚的苦难"系列报道的第二部分。他还写到了战后莱茵兰的情况。这些作品是"意向性新闻"的必然结果之一，其目的是在冲突中"掀起变化"。不幸的是，法国对阿尔及利亚问题缺乏兴趣，这意味着加缪的愿望和主张——在《阿尔及尔共和报》时期开始酝酿，在《战斗报》时期明确提出——几乎没什么影响力。

加缪在《阿尔及尔共和报》专栏上发表报道 7 年后，再次回到了卡比利亚这片被遗弃的土地。这里的情况比他当年看到的更加令

1　路易·热尔曼写给阿尔贝·加缪的信，1959 年 4 月 30 日。

人震惊。前两篇文章以《阿尔及利亚的危机》（Crise en Algérie）为题，以报道的形式呈现，但与发表在《阿尔及尔共和报》上的"卡比利亚的苦难"系列报道相比，这两篇文章包含更多政治分析，有地理、历史、社会学、经济和政治方面的数据支撑。加缪在阿尔及利亚停留多时，对该地区进行了细致的考察后，他从 1945 年 5 月 13 日到 23 日，在《战斗报》的专栏上发表了这一系列的 6 篇报道和一篇社论，作为本次考察的总结。

1945 年 5 月 13 日发表的第一份调查报告提到了调查幕后的故事：

164

这是我在阿尔及利亚停留的 3 周中做的一次调查，其目的不外乎要稍稍减轻法国本土对北非那不可思议的无知。我尽可能客观地做了这项工作，沿着阿尔及利亚的海岸和内陆地区行走了 2500 千米，一直到南部国界线。我不仅探访了城市，还调查了最偏远的乡村，直面当地政府和农民、殖民者以及阿拉伯激进分子的意见和证词。好的政策首先应是充分了解情况后做出的政策。从这个方面来看，这项调查只不过是一项调查……虽然我提供的信息并不是最新的，但它们都被验证过了。[1]

1　« Crise en Algérie », *Combat*, 13 mai 1945, Pléiade Ⅳ, p. 337.

用证词验证当地的事实是加缪新闻工作的真正附加价值。他实地收集信息，进行访谈，获取文件。他再一次想要提醒公众和当局注意阿尔及利亚不断恶化的局势，将之作为对即将发生之事的警告。他刚离开阿尔及利亚，当地就发生了冲突和塞提夫大屠杀，这是后来的阿尔及利亚战争的开端。他又从发表在《阿尔及尔共和报》上的系列文章中选取了一个主题，并将新文章命名为《阿尔及利亚的饥荒》，以参照持续存在的贫困问题：

> 阿尔及利亚遭受的最显著的危机是经济方面的危机。阿尔及尔已经向细心的游客展露了并不隐晦的迹象：当地那些规模最大的酒馆让你用底部边缘被磨平的瓶子喝酒；酒店为你提供的是铁丝制的衣架；被轰炸摧毁的商店在橱窗部位已经用木板代替了玻璃……必须尽可能大声疾呼的是，阿尔及利亚的大部分居民正在经历饥荒。[1]

165

加缪就地观察和核实的细节完全确保了其报告的准确性，因而，这些报告严谨地阐释了阿尔及利亚人民是如何在歉收的情况下被遗弃在饥馑之中的：

---

1 « Crise en Algérie », *Combat*, 15 mai 1945, Pléiade Ⅳ, p. 340.

阿尔及利亚的所有高原地区自 1 月以来就没有下过雨。这片广阔的土地上生长着发育不良的小麦，其高度还不及一眼望不到边的罂粟花。像熔岩一样裂开的土地非常干燥，以至于为了播种，犁车必须增加一倍。犁头凿开易碎的土灰色的土地，这种土质不容任何撒下的种子生长。这一季的收成预计会比上一季更糟，而上一季的收成已经是灾难性的了。[1]

与为《阿尔及尔共和报》撰写的报道一样，加缪提供了大量事实和精准的文献资料来支撑。他还从历史的角度审视了这种情况：

例如，1935—1936 年这一季的收成是所有谷物共计 1737.1 万公担。然而，去年的收成仅有 871.5 万公担，也就是正常需求量的 40%。今年的预测更加悲观，因为预计收成不超过 600 万公担。[2]

加缪还详细介绍了第二次世界大战后实行的粮食分配和配给制度，实施这一制度首先影响到的是当地的阿拉伯人。众多的细节让读者对那里发生的事情有了准确的认识。他解释说，例如，在奥雷

1　« Crise en Algérie », *Combat*, 15 mai 1945, Pléiade Ⅳ, p. 340.
2　*Ibid.*, p. 341.

斯地区（Aurès），每人每天能获得130—150克粮食。这分量不够填饱肚子。然后，他就这种不可接受的情况向读者提出质询：　　166

> 我们真的明白这意味着什么吗？我们是否知道，在这个天上人间都呼唤幸福的国家，有数百万人在忍受饥饿？在每一条道路上，都可以看见衣衫褴褛、憔悴不堪的身影，还可以看见那些被奇怪地翻动、刮擦的田地。乡镇上的每个人都来挖土，为了从中挖出一种苦涩但可食用的块茎，这种植物被称为塔尔鲁达（talrouda），把它熬成糊糊后，哪怕吃不饱，也至少能维持基本的生存。[1]

该报道提到了 1945 年 5 月 8 日及随后几天在塞提夫发生的大屠杀的情况。在法国纪念解放的同时，阿尔及利亚在进行殖民镇压。加缪呼吁采取紧急措施，防止进一步的暴乱：

> 人们可能会问，对此能做些什么？毫无疑问，这个问题很难回答。但是，如果我们想拯救这些不幸的人，如果我们想阻止饥饿的群众在少数犯罪分子的煽动下重蹈塞提夫野蛮屠杀的覆辙，就不能浪费一分钟，不能放过任何机会。[2]

1　*Ibid.*, p. 342.
2　*Ibid.*

加缪最后邀请读者关注他的下一篇报道，这篇报道将提出避免悲剧发生的建议：“在我的下一篇文章中，我将陈述必须消除的不公正现象，以及在经济层面必须开始实施的紧急措施。”[1]

在接下来题为《关于船只和正义》（Des bateaux et de la justice）的报道中，他再次提到了饥饿问题，并谴责了出现的高价售卖粮食的黑市：

> 关于这点的第一个证据是，在这个国家，粮食几乎跟黄金一样稀缺，却能在黑市上找到。在我探访过的大多数城镇中，（粮食的）税收价格为每公担 540 法郎，然而黑市粮食的价格在每公担 7000—16000 法郎。[2]

为了帮助读者更直观地了解情况，他解释说，1 千克面包要120 法郎，而阿拉伯工人的平均工资只有 60 法郎。因此，在这种价格下，想要获取像面包这样的基本商品是不可能的。

加缪在这些报道中细致地讲述了阿尔及利亚不可持续的经济状况，这种状况已经到了无法挽回的地步。他还谴责了在不平等的粮食分配中明显存在的种族歧视：

167

1　*Ibid.*

2　« Des bateaux et de la justice », *Combat*, 16 mai 1945, Pléiade Ⅳ, p. 343.

最后，也是最令人痛苦的一点是，就整个阿尔及利亚而言，粮食分配给本地人的比例低于分配给欧洲人的比例。配给是根据配给总额度来的，法国人每天有权获得300克粮食，而阿拉伯人仅能得到250克。在实践中更是如此，因为正如我们刚刚所说，阿拉伯人实际得到的是100—150克。[1]

加缪坚定地认为，在如此多的不平等面前，他的国家正处于一个十字路口：

在一种坚定且出于天性的正义感的推动下，这些人也许会接受这一配给总额度。但他们不接受（他们一直向我强调这一点）配给额度需要限制，而只减少了给阿拉伯人的配给。一个在当前情况下不惧流血的民族，有理由认为他们不应该为面包讨价还价。[2]

168

在讨论了经济短缺之后，加缪转向了政治气候，并将其作为背景来解释当前僵局的起源。他将这篇文章命名为《政治弊病》（La malaise politique）：

1　*Ibid.*
2　*Ibid.*, p. 344.

我在一份早报上读到, 有80%阿拉伯人想成为法国公民。然而, 我想用一句话来概括阿尔及利亚与此相反的政治现状: 他们确实这么想过, 但他们不再想了。若一个人依托着某种希望生活了很久, 那么当这种希望被否定时, 他就会转身离开, 甚至失去愿望。这就是发生在阿尔及利亚当地人身上的事, 而我们最应为此负责。[1]

加缪还提及当地政府期望的新法律框架, 其中包含从未实施过的法律条款和措施, 然而这一提案来得太晚。1936年的布鲁姆－维奥莱特提案(Projet Blum-Viollette)就是这种情况。该提案本来可以制定一种使阿拉伯人的权利得到承认的民主政策:

阿拉伯人不受与法国相同的刑法约束, 也不受与法国相同的法院约束。更加严厉、更加快速简单的特殊司法程序使他们不断受到压制……所有这一切意味着, 一个在1936年会受到热烈欢迎、本可以很好地进行调解的提案, 在今天却只遭到怀疑。我们仍然是落后的。人们一般只渴望获得政治权利, 以便开始并完成他们的社会征服。如果阿拉伯人想要投票, 那是因为他们知道, 通过自由行使民主权利, 他们可以使污染阿尔及

---

1 « Le malaise politique », *Combat*, 18 mai 1945, Pléiade IV, pp. 344-345.

利亚政治氛围的不公正现象消失。[1]

在随后的报道中，加缪表明，大部分阿尔及尔本地人"看起来已经失去了对民主的信仰，他们向他展示了一幅关于民主的讽刺画"[2]，尽管他看到他们"还没有被极端民族主义征服"[3]。他们转向了一个新的政党，即"宣言之友"（Amis du manifeste）。加缪在文章《宣言的那一派》（Le parti du manifeste）中提到了这个组织，其主要领导人是费尔哈特·阿巴斯（Ferhat Abbas）。然而，尽管加缪有着美好的愿望，但他低估了日益兴起的阿尔及利亚民族主义，这种民族主义最终将带来一场血腥而绝望的战争。

在系列报道的最后，加缪试图唤醒麻木的公众舆论对阿尔及利亚问题的新兴趣。他回顾说："盖勒马（Guelma）和塞提夫的残暴屠杀在阿尔及利亚的法国人中激起了深深的愤慨。随后的镇压在阿拉伯群众中激发了恐惧和敌意。"[4]在1945年6月15日发表的一篇总结性的社论中，加缪呼吁和平与正义，这段话清醒而动人，在今天的战争和冲突面前，仍然意义深重：

今天的世界充满了来自各处的仇恨。到处都是暴力和武

---

1 *Ibid.*, p. 346.

2 *Ibid.*, p. 347.

3 « Le parti du manifeste », *Combat*, 20 et 21 mai 1945, Pléiade Ⅳ, p. 347.

4 « Conclusion », *Combat*, 15 juin 1945, Pléiade Ⅳ, p. 351.

力、屠杀和叫嚣，污染了人们本来认为已经远离了骇人毒气的
空气。为了反对仇恨，我们必须去做我们能为法国以及全人类
的真理所做的一切。[1]

170

反对恶之根

加缪如此中肯的社论，即使在今天，也可以用一种客观的态度
来阅读。在恶面前产生的迷惘情绪，是贯穿加缪文学作品的主题之
一，特别是在他的作品《鼠疫》[2]和《反抗者》[3]中。这种思考至今仍然
具有意义，因为在战争、恐怖主义和暴力方面，人类并没有进步，
反而倒退了。作为一名记者，加缪探讨了有罪与无罪、战争、遗
忘、仇恨以及暴力等主题。他抨击了恶的根源，并对此进行思考，
这些思考将在他的小说中得到升华，这在《鼠疫》和《局外人》中

---

1 *Ibid.*

2 见 « Un roman antitotalitaire : *La Peste* », in J. Guérin, *Albert Camus. Littérature et politique*, Honoré Champion, 2013, pp. 159-180. "《鼠疫》以它自己的方式阐述了'平庸之恶'的常见性。若恶在一个社会中爆发，它会再出现在另一个社会中。加缪认为，它就在人身上，在每一个人身上。每个文明人身上都有一个沉睡的该隐。" *Ibid.*, p. 179.

3 "无论我们做什么，出格行为将永远保持在人们心中的地位，在内心的孤独之处。我们都背负着我们的监牢、我们的罪行以及我们的创伤。但我们要做的不是将它们释放给世界，而是在我们自己和他人身上与它们做斗争。" *L'Homme révolté*, Pléiade Ⅲ, p. 320.

都有体现。

恶的起因问题贯穿加缪的数篇社论，尤其是在他于 1946 年发表的系列文章《既不当受害者，也不做刽子手》[1] 中，他犀利的笔触在这一伤口上反复摩挲。这个系列是后来犹太裔德国哲学家汉娜·阿伦特提出的"平庸之恶"的先声。[2] 阿伦特和加缪在谴责极权主义方面是一致的，在对人类的暴力和平庸之恶的分析方面也是相仿的。[3]

171

加缪将施刑者描述为外表普通实际上行为怪异的人：

> 一些跟你我一样的人，早上还在地铁里抚摸着孩子，晚上就变成了谨小慎微的刽子手。他们成为仇恨和酷刑的雇员。4 年来，这些雇员维持着他们的管理。他们让孩子成为孤儿；他

---

1 *Ni victimes ni bourreaux*, du 19 au 30 novembre 1946. J. Lévi-Valensi, *Camus à Combat*, pp. 631-672. 这一系列的 8 篇文章构成了一篇真正的关于暴力的论文。正如莱维－瓦朗西指出的，加缪发出了"对已在世界范围内形成的恐怖统治，以及作为其基础的谋杀合法化的警告和抗议"。

2 1963 年 2 月 16 日，阿伦特在《纽约客》杂志上发表了关于党卫军中校阿道夫·艾希曼——他负责驱逐犹太人和在集中营中灭绝犹太人——在耶路撒冷受审判的 5 篇纪实中的第一篇。这几篇文章后来被收录起来，合成一本著作。H. Arendt, *Eichmann à Jérusalem. Rapport sur la banalité du mal*, traduction française A. Guérin, Paris, Gallimard, 1966.

3 见 R. Baudouï, « Hannah Arendt et Albert Camus », *Présence d'Albert Camus*, vol. 9, revue publiée par la Société des études camusiennes, 2017, pp. 13-27。在历史学家雷米·博杜伊（Rémi Baudouï）看来，这位哲学家在加缪去世两年后，似乎赋予了艾希曼一些《局外人》中的默尔索的性格特征。

们朝人脸上开枪，把人弄得面目全非、难以辨认；他们把儿童的尸体踢进那些对他们来说过小的棺材；他们在妹妹面前折磨哥哥，在姐姐的面前折磨弟弟；他们培养懦夫；他们摧毁最骄傲的灵魂。

加缪在 1944 年 8 月 30 日发表的一篇题为《轻蔑的时代》(Le temps du mépris)的令人心碎的社论中，也描述了这种平庸之恶：

172

1933 年，一个时代开始了，我们中最伟大的人物之一确切地称之为轻蔑的时代。在那 10 年间，这一切是可能的，而今天，这些事情似乎是为了警告我们，武力的胜利并不能解决一切，这里仍然有被开膛破肚的同志，被扯断的四肢，还有被鞋跟戳瞎的眼睛。而这样做的那些人知道在地铁里应该让座，比如希姆莱(Himmler)[1]，他把酷刑作为一门科学和职业，他晚上还是会从后门进家，以免吵醒他最喜欢的金丝雀。[2]

加缪在社论的最后强调了留住记忆的重要性："将来掌握话语

---

1 海因里希·希姆莱(Heinrich Himmler)是第二次世界大战期间纳粹德国的一名重要政治人物，曾担任纳粹德国内政部长、党卫队全国领袖，是纳粹大屠杀的主要策划者。——译者注

2 « Le temps du mépris », *Combat*, 30 août 1944. J. Lévi-Valensi, *Camus à Combat*, pp. 166-167.

权的不是仇恨，而是基于记忆的正义本身。"[1]

就像加缪通过希姆莱的形象来阐释平庸之恶一样，汉娜·阿伦特并没有把艾希曼描绘成一个恶魔般的存在——他被指控为恶魔——而是将他描述为一个有责任心的公务员、康德的阅读者、合格的家庭主夫，对暴力过敏，痴迷于服从命令的要求。说到底，艾希曼是个普通人，他的缺乏思考和狂热"使他成为他那个时代罪大恶极的罪犯之一"。

在一次巴黎之行中，这位居住在美国并撰写了《极权主义的起源》[2]一书的德国哲学家要求会见加缪，她说他是"法国最好的人"。虽然知识界人士极力鼓动她去见萨特，她却回应说："但我从他那儿学不到什么了，我反而想去见见加缪。"[3] 阿伦特认为加缪是20世纪头脑最清醒的人之一。两人最终在1952年4月30日成功会面。

20世纪被加缪定义为"恐惧的世纪"。我们现在可以补充说，这种恐惧一直持续到21世纪。恐怖主义滋生恐惧。加缪对此进行了很多思索[4]，这些思索与最近的时事相呼应。他指出："人类唯一

173

---

1 *Ibid.*, pp. 166-167.

2 1951年2月，《极权主义的起源》在美国出版。同年10月18日，《反抗者》在法国出版。

3 Cité *in* Jean Daniel, *La Pensée de midi*, n° 20, 2007/1.

4 A. Camus, *Réflexions sur le terrorisme*, Paris, Nicolas Philippe, 2002. 这是他关于恐怖主义的文章和社论精选集。

无可争议的团结（是）对抗死亡的团结。"在社论《恐惧的世纪》（Le siècle de la peur）中，加缪特别谴责了以意识形态的名义做出的恐怖行径，这在今天仍然能引起共鸣：

> 刚刚过去那几年的景象摧毁了我们内心的某种东西，这种东西就是人一贯的自信，它使人相信，可以通过对另一个人说人性的语言，而从对方那里得到人性的反馈。我们看到了说谎、堕落、杀戮、驱逐、酷刑，而每一次都无法说服做出这些行径的人不要这样做，因为他们相信自己，还因为人们无法说服一个抽象化的东西，即某种意识形态的代理人。[1]

在杂志《南部思想》（La pensée de midi）上发表的一篇采访[2]中，让·达尼埃尔提到了加缪在面对人类灾难和邪恶本质时的痛苦：

> 我们正处于一个不再有无罪者的时代，这对加缪来说是无法忍受的。在所有他留给我们的、得以重读的文本中，我们可以看到的是对文明概念的回归。在这样的时刻，加缪能做的就是自我思考：如果不回归人性，就不会有救赎。不是用压制暴

174

1　« Le siècle de la peur », *Combat*, 19 novembre 1946. J. Lévi-Valensi, *Camus à Combat*, p. 637.

2　« Entretien avec Jean Daniel », *La Pensée de midi*, n° 20, 2007/1, pp. 192-201.

力的方式回归，这样没有人会信服，邪恶仍在那里。我们必须驯服它。

面对邪恶和野蛮的暴力，加缪的反应是写了几篇关于纳粹集中营的恐怖行径的社论。第一篇发表于1945年5月17日，以一位前政治犯的证词开始，这份证词出现在一封加缪在《战斗报》工作时收到的信中，那是在达豪集中营解放八天后：

> 我们的食物是中午一升汤，晚上一杯咖啡加300克面包……我们浑身都是虱子和跳蚤……每天都有犹太人死亡。人一死，尸体就被堆在集中营的一个角落里，等尸体达到一定数量后才会集体埋葬……尸体会在阳光下暴露数小时或数天，一股恶臭在犹太集中营中蔓延，一直蔓延到我们的营地上空。这个充满可怕死亡气息的集中营就是达豪集中营。我们很早前就知道这一切了，人们开始对如此残酷的暴行感到厌倦。[1]

加缪谴责解放后迟来的遣返，幸存者深受其害：

> 因为这些人一直被留在集中营，等待着看不到希望的遣返。

1　*Combat*, 17 mai 1945. J. Lévi-Valensi, *Camus à Combat*, p. 533.

正是在他们认为苦难已经结束了的地方，他们正经受着更严酷的折磨，因为这一切，他们现在已经不再信任任何东西……从那里传来的第一个消息起到了决定作用，我们必须喊出我们的愤慨和愤怒。这是一种耻辱，必须即刻停止。[1]

加缪再次痛斥了从政者：

必须知道，对法国和整个世界来说，这些人的一根头发比这些政治家的一撮头发更重要，他们的笑容被成群结队的摄影师记录下来。[2]

后来，加缪以毫不让步的批判唤起了教会对民主迟来的支持。在这篇尖锐的社论中，加缪谴责了教会在面对邪恶时采取的政策：

教皇刚刚向全世界传达了一个消息，其中他公开表示支持民主。这是值得庆祝的……多年来，我们一直等待着我们这个时代最伟大的精神权威对独裁集团进行明确谴责……这些年来，有一大群人一起等待着一个声音响起，像今天一样明确地说出邪恶之所在。我们的隐秘愿望是，这句话将在邪恶取得胜

---

1 « La chair », *Combat*, 17 mai 1945. J. Lévi-Valensi, *Camus à Combat*, p. 534.
2 *Ibid.*

利、正义的力量被压制时说出来……准确地说，我们本希望教皇在那段可耻的岁月中就能表态，谴责应该谴责的事情。[1]

加缪在社论的最后回顾了基督教的起源，并为教会指明了未来要走的道路：

不，最初几个世纪的基督徒不是温和派。而当今教会的任务是，不要让自己与保守力量混为一谈……事实上我们是谁呢，竟敢批判本世纪的最高精神权威？准确来说我们什么都不是，只是精神的捍卫者，但我们对那些以展现精神力量为使命的人有着极高的要求。[2]

176

加缪一直在自问，上帝怎么会允许这么多痛苦存在。"我不相信上帝，但这并不意味着我是一个无神论者"，《鼠疫》的主人公里厄医生这样说道。正如哲学家雷耶斯·马特所言，"这是一个没有答案的问题"[3]；但在不能自然而然地接受无辜者承受苦难的里厄医生看来，这个问题仍然值得提出。这是一个与"充斥着死亡的世界之秩序"做斗争的人提出的问题。正如雷耶斯·马特指出的："对

1　*Combat*, 26 décembre 1944. J. Lévi-Valensi, *Camus à Combat*, pp. 427-429.

2　*Ibid.*, p. 430.

3　R. Mate, « Albert Camus et Simone Veil ou la question de la souffrance des victimes », *ABC*, 29 mars 2016 (en espagnol).

加缪而言，这至关重要，因为他清楚地知道，正是上帝在面对不公正苦难时的无能为力导致了上帝的堕落和人类的胜利。神学卑怯地把这种责任推给人类。但这样的话，为什么还要上帝呢？于是，上帝已死，与之相呼应的是人类对世上邪恶的绝对责任。他必须清楚地对无辜者遭受的苦难做出解释。"

加缪那优先于宗教和政治的道德观念，可以很好地说明他的立场。在一篇发表于 1944 年 9 月 4 日的社论中，他明确地将道德放在了首位："我们决心废除政治，以道德取代之。这就是我们所说的革命。"[1]

在让·达尼埃尔看来，加缪关于暴力的思考在当下也适合阅读：

关于暴力，加缪提出的问题比他给出的答案多。加缪的文本映射出他对解决方法的疯狂探索，这些解决方法不是平庸的，不是日常的，不是说教的，也不是公式化的，而是告诉我们，我们可以用暴力做什么。暴力问题是我们当下的问题，加缪很好地反映了这一点。加缪的一些文本可以作为这些问题以及我们今天自问的所有问题的答案。[2]

1　« Morale et politique », *Combat*, 4 septembre 1944. 对加缪来说，抵抗运动更是成了 "一种复兴的力量，它构思了一个公正的法国，同时锻造了一个自由的法国"。

2　*Camus et moi*, avec Jean Daniel, *La Table ronde*, France Culture, 25 décembre 2012.

加缪直面邪恶时的远见卓识引导着他解决至今仍然困扰人类的问题，如恐怖主义。他主张在文化交流[1]的基础上尊重不同的伦理和政治价值观。他甚至预言了许多当今仍是时事热点的问题，并呼吁建立新的世界秩序：

> 帝国间冲突已经让位于文明间冲突。事实上，被殖民的文明正全方位发出自己的声音。在 10 年后、50 年后，西方文明 178 的卓越地位将受到挑战。我们不妨即刻考虑一下，让世界议会向这些文明开放，让它的法律真正具有普适性，让它奉行的秩序亦具有普适性。[2]

谴责对广岛和长崎的轰炸

在野蛮逐步升级的事态下，加缪有几篇社论因其词语的力量和

1　"必须捍卫的是人与人之间世界性的对话和交流。奴役、不公正和谎言是打破这种交流及禁止这种对话的祸害，这就是为什么我们必须抵制它们。但这些祸害今天已成为历史的一部分，因此许多人将其视为必要的恶行。" *Ni victimes ni bourreaux*, « Vers le dialogue », *Combat*, 30 novembre 1946. J. Lévi-Valensi, *Camus à Combat*, p. 670. 加缪在《既不当受害者，也不做刽子手》等文章中从哲学、政治和伦理层面对暴力进行了反思，这个系列收录了 1946 年 11 月发表的 8 篇文章。

2　« Le monde va vite », *Combat*, 27 novembre 1946. J. Lévi-Valensi, *Camus à Combat*, p. 659.

思考的深度引发了巨大反响，其中必须引用的这篇社论发表于 1945 年
8 月 8 日，即美国向广岛投下原子弹致大量日本平民伤亡之后、第
二颗原子弹夷平长崎市的前一天。阿尔贝·加缪是第一个谴责原子
弹轰炸后果的西方记者，当时他的同事们却在谈论其中体现的技术
实力。让·达尼埃尔在这里提到一篇加缪谴责文明之疯狂的文章，
加缪认为文明使人"不再仅有杀死邻居或同族人的能力，而有了消
灭整个物种的能力"：

> 那是 1945 年，我得知了加缪对广岛事件的态度，那是一
> 个特殊的时期。我记得当时我在休假，我得知这一消息时正和
> 两三个朋友在香榭丽舍大街上。两天后，我在《战斗报》上看
> 到了这篇精彩绝伦的文章。它要表达的是，我们已经到了这样
> 一个时期：人不再仅有杀死邻居或同族人的能力，而有了消灭
> 整个物种的能力！加缪将是为数不多坚持这一立场的人之一。[1]

加缪站在公众舆论的对立面，勇敢地谴责这件事。他的姿态构
成了在事件发生的那一刻唯一反对使用核武器的立场。他运用自己
的修辞天赋抨击这种野蛮行径，并一如既往地为和平事业服务：

179

1　让·达尼埃尔的访谈见 *La Pensée de midi*, n° 20, 2007/1, pp. 192-201。

这个世界就是这样，也就是说，这没有什么。这是自昨天以来每个人都知道的事情，因为广播、报纸和新闻机构刚刚在原子弹问题上齐声喝彩。事实上，在一大堆热烈的评论中，我们能得出的结论是，任何中等规模的城市都可以被一颗足球大小的炸弹完全夷为平地。美国、英国和法国的报纸上散布着优雅的论述，关于原子弹的未来、过去、发明者、成本、和平使命、战争影响、政治后果，甚至是其独立性。我们可以用一句话来概括：机械文明达到了野蛮的极限。在不久的将来，我们将不得不在集体自杀和明智地利用科学成果之间做出选择。[1]

加缪谴责了原子弹轰炸的残暴，并指出了新闻界的道德错误——它们赞美发明，而不是警告它造成的破坏性损失：

在那一时刻到来之前，可以认为以这种方式庆祝一项发明是可耻的，因为它首先是为人类几个世纪以来表现出的最可怕的毁灭欲服务。在一个充斥着暴力之痛、无法进行任何控制、对正义和人类的简单幸福冷漠至极的世界里，科学服务于有组织的谋杀，毫无疑问，除了"不知悔改"的理想主义者，没有人会对此感到惊讶。[2]

180

---

1 *Combat*, 8 août 1945. J. Lévi-Valensi, *Camus à Combat*, pp. 594-597.
2 *Ibid.*

在集体陷入盲目、世界大战热火朝天的时期，原子弹首次被用于对付平民，这给人们上了关于道德操守、和平主义和人类智慧的一课。加缪，正如思想家米歇尔·德·蒙田在他那个时代做的那样，在前所未有的野蛮行为面前捍卫宽容思想和人道主义。加缪为和平进行的辩护在今天仍然适用：

> 一种可怕的前景在人类面前展开，此时，我们能更加清楚地看到，和平是唯一值得战斗的。它不再是一种祈祷，而是一种必须从人民上升到政府的秩序，一种在地狱和理性之间做出最终选择的秩序。[1]

排版工的战友

在工作过的每一家报刊中，加缪都很重视印刷车间中的同志情谊，他与排版工亲密无间，无论是在《阿尔及尔共和报》和《共和晚报》，还是在《战斗报》。加缪喜欢在印刷车间里待着，在1940年加入《巴黎晚报》担任编辑秘书后更是如此，后来在《战斗报》时也是一样，有许多照片记录了他在车间的样子，他总是面带微笑，

---

1 *Combat*, 8 août 1945. J. Lévi-Valensi, *Camus à Combat*, pp. 594-597.

与他的排版工同事们在一起。他们让他想起了他过去在剧团时和踢足球时的团队合作。加缪曾跟他的剧团一起演戏，和他们一起排练很长时间。加缪从小就对踢足球充满热情，是一名守门员，在球场上他看到了团队协作及团队和谐对成功的重要性。在报社的车间里，加缪找回了他在剧团或阿尔及尔竞技大学队（RUA）的足球队中曾体验过的热切而真挚的氛围，它来源于同志情谊和团结精神。

加缪喜欢跟那些通宵达旦制作报纸的人待在一起，如校对员、排版员、排字工、图书工匠、印刷工人。这种团队精神进一步滋养了他对新闻工作的热爱。他喜欢印刷厂多于编辑室，他后来在1959年的一次电视采访中表明了这一点："当我还是个记者时，我更喜欢在印刷车间的版台上排版，而不是在编辑室中写这种被称为社论的'布道词'。"

在加缪离开人世时，排版员和校对员工会组织——一个既没有发言权也没有名声的团体，却是报纸日常生产中不可或缺的齿轮——出版了一部名为《致阿尔贝·加缪，他的图书之友》（*À Albert Camus, ses amis du livre*）的小书，以此激动地向加缪表达敬意。在这部选集的序言中，加缪在《战斗报》的记者朋友罗歇·格勒尼耶回忆了伏在版台上的加缪：

记者分为许多种。有些人从未上过版台，我认为这是不对的。而加缪，他曾是一名编辑秘书，在成为主编后仍然参与到

181

排版中，复核那些付印样；他仍然在夜里等待印刷机把纸张缓慢地送出，一张接着一张。我相信，印刷厂终究是他感到幸福的地方之一。

在这本小书中，加缪在《巴黎晚报》和《战斗报》的同事们追忆了在报社的印刷车间里总是面带微笑的加缪。其中，有图拉蒂耶（Touratier）、乔治·鲁瓦（George Roy）和达尼埃尔·勒尼耶夫（Daniel Lenief）等人的回忆。在《巴黎晚报》做了多年排版员，随后又在《费加罗报》做校对员的勒穆瓦纳（Lemoine）回忆了加缪开放而友好的个性：

> 我是1940年8月在里昂认识加缪的。跟着《巴黎晚报》一起，我们先是到了克莱蒙－费朗，随后又转移到里昂。正是在那里，我开始跟加缪一起工作。我当时在值夜班，加缪那个时候在版台上……我记得他大约是在1940年底或1941年初结婚的。总而言之，那是在冬天：我记得，那时天气非常糟糕。我们一行有四个朋友参加了他的婚礼：勒梅特（Lemaître）、科尔尼耶（Cornier）、利奥内（Lionet）和我。也许勒尼耶夫也在那里。我们给新郎和新娘送上了一束帕尔马紫罗兰。[1]

---

1 *À Albert Camus, ses amis du livre*, Paris, Gallimard, 1962, pp. 11-12.

达尼埃尔·勒尼耶夫反复讲到了加缪对版台的依恋："他常常自发地留在版台那里，跟一群喜欢他的排版工在一起。他既真诚热情，又善于讽刺，总是充满魅力。我们还不知道他已经是一个重要的作家了，但我们可以看出，他的本事已经远远超出了他当时所处的环境。"[1]

另一位私下认识他并与他一起工作的排版人员勒梅特，指出了加缪俏皮、爱开玩笑的性格：

加缪到版台时，就像是一缕阳光即刻照了过来。他是个俏皮的朋友，从不摆架子，适应环境很快，这非常吸引人。我们会觉得已经与他相识多年。他随时都能开玩笑，是我们中真正的开心果……而在他婚礼那天，我们对他的欣赏更进一步。这种结婚的方式让我感动，婚礼如此简单，仅有三四个排版员参加。这是多么好的友谊的证明啊！……我们知道，他喜欢印刷车间的氛围，他喜欢跟油墨纸张、跟一行行的铅字待在一起。他完全被这个行业吸引了。在这里，确实很容易沉醉，有墨水的味道、湿润纸张的味道……我们喜欢闻它，就像制革工人喜欢闻皮革的味道……加缪更多时候是在版台前，而不是在编辑室里……他留给我的印象？一个十全十美的同事。[2]

183

---

1 *À Albert Camus, ses amis du livre*, Paris, Gallimard, 1962, p. 14.
2 排字工勒梅特的证词，他也是公司委员会秘书，见 *L'Aurore. Ibid.*, pp. 24-26。

乔治·鲁瓦追忆了《战斗报》时期的往事："我是解放时在《战斗报》认识加缪的，那是 1944 年 8 月，《战斗报》刚重见天日。那时的加缪不再仅仅是一名记者，他还是报刊的领导者和主编，我们可以看到他在各个方面的才能。我是工人代表，我们不得不与加缪一起处理解放后产生的一些特殊问题。他立即领会了最棘手的问题……加缪完全理解这些问题，他真是一个版台人，你可以认为他是一个制书工人。他接受了我们的方式、我们的词汇、我们的长处和我们的缺点。他在版台前如鱼得水，充满了活力和喜悦，爱开玩笑，是个'局内人'。总之，他很上道。"[1]

鲁瓦回忆了加缪离开《战斗报》时的情景，也回忆了加缪在版台前的那种精神："他离开《战斗报》的那一天（我俩当时一起在版台前），我的印象里他很沮丧。他曾希望人们能够从战争和占领中得到教训。他似乎自言自语道：'这一切都是徒劳。我们要从头开始。一切都没有改变。'从《战斗报》离开后，他切断了与新闻界的联系，走入阴影之中。人们是在很久之后才再次在版台前看到他的身影，那是《快报》出现的时候……他总是很平和，我从未看到他有任何愤怒的情绪，即使事情没有按照他的意愿发展。他仍然很冷静，很热情，而且很高兴我们直呼他'阿尔贝'，并与他以'你'相称。我们什么都可以对他讲。他是我们的朋友，从未

1　*L'Aurore. Ibid.*, pp. 17-18.

改变过。"[1]

　　莫里斯·勒鲁瓦（Maurice Leroy）从另一个视角陈述了他对《战斗报》失败原因的理解："一个很常见的说法是，在与《北方之声》（*La Voix du Nord*）商谈失败，以及克劳德·布尔代和亨利·斯马亚（Henri Smadja）进入《战斗报》后，加缪非常沮丧地看到自己不得不放弃《战斗报》。但我感觉并不是这样的。相反，在我看来，他是带着某种宽慰接受这种必然的，因为他也没能实现他最初的计划，即让报纸成为一个真正自由的论坛，在那里，人们可以就当下最热门的论题交锋。这种非常新奇的想法在我们这个时代无疑是无法实现的……尽管如此，相较于那个时代的大多数记者和作家而言，加缪的优越性无可争辩，我们中大多数人都对这一点深信不疑。"[2]

　　总而言之，那些与加缪在版台上共事的人都很认可他，加缪对于留住他们的职位，而不是任由报纸倒台也表现出了责任感，正如后来成为《法国晚报》编辑的达尼埃尔·勒尼耶夫指出的那样："这是一个过渡的、不确定的时期，在此之后，他回来交出《战斗报》这份成果。这违背了他的意愿。他想要什么？不惜一切代价挽救那些曾与他共事、依赖他、从未让他失望的同事的处境。去问问印刷车间里那些认识他的工人对他的看法。所有还在那里的人，都

185

1　*Ibid.*, pp. 18-19.
2　*L'Aurore. Ibid.*, pp. 29-30.

会用发自内心的好话告诉你，他是一个多么好的人。"[1]

在离开《战斗报》一年后，加缪在写给排版员图尼耶（Tournier）的信中表达了离开那里的不快，他仍保留着能返回版台工作的希望："当初我怀着沉重的心情离开巴黎和《战斗报》，而现在一年多过去了，我离它们很远。这就是为什么这个周年纪念日不乏忧郁。我自己也重读了第一篇社论，满心忧伤，这一点你要相信我。我们通过我们的工作、我们的斗争和我们共同的希望，在那里留下了印记。但由于我们的诚实，我们被迫缴械。我们希望可以得到尊重并为之自豪的新闻界，今天成了这个不幸国家的耻辱……我没有忘记你们每个人为了每晚能够在版台前编织我们最美好的希望所冒的风险，我也没有忘记你们是多么轻松地完成了这项艰巨的任务……这就是我不感到绝望的原因。也许有一天，我们可以再次一起工作、一起战斗。"[2]

当加缪获得诺贝尔文学奖时，乔治·鲁瓦给他写了一封贺信，加缪非常谦逊地给他回信说："我衷心感谢你，亲爱的鲁瓦，感谢你和我们的同事，感谢你的友谊之言。人的价值取决于他自身的价值，也取决于赋予其价值之人的价值。像你这样曾长久地与我一同在版台前工作的人能仍然尊重并喜爱我，这让我感到骄傲。"[3]

186

1　*Ibid.*, p. 35.
2　*L'Aurore. Ibid.*, pp. 21-22.
3　*Ibid.*, p. 19.

让·达尼埃尔指出，加缪在新闻界发掘了一个携手合作、以手工艺者的方式制作报纸的团体。加缪因快乐、简单、真实的天性，在工人中感到亲切自在：

（这里有）团队合作、共同努力的同志情谊、创造者们炙热的工匠精神、男人们携手冲破制约的气概。加缪一直很欣赏工匠、手艺人、体力劳动者，他们的工作还没有被工业革命异化。[1]

187

1　Jean Daniel, *op. cit.*, p. 36.

第四章　游刃有余的论战者

萨特和莫里亚克：有来有去的论战

　　加缪在思想和言论方面对自由的要求，让他与许多同时代的人展开辩论。身为新闻界的一员，他与著名知识分子和记者展开论战，产生了巨大反响。[1]他的论战对象包括与共产党关系密切的抵抗运动记者、《解放报》领导者埃马纽埃尔·达斯捷·德·拉·维热里（Emmanuel d'Astier de La Vigerie），以及安德烈·布勒东（André Breton）、《人道报》（L'Humanité）的加布里埃尔·马塞尔（Gabriel Marcel）、《现代杂志》（Les Temps modernes）的让－保罗·萨特和《费加罗报》的弗朗索瓦·莫里亚克。正如让·达尼埃尔观察到的，在这些论战中，"毫无疑问，加缪展示了他作为批判文章作者的天赋，他高水平的应答十分巧妙，他虽然有点紧张，但总是能及时调整得恰如其分……同样不容置疑的是，我们也可以在这些论战

1　P. Dunwoodie, « Hors du combat : Albert Camus et l'art de la polémique », *Lettres romanes*, 46, n° 3, 1992, pp. 213-218.

中看到，作为记者的他会去审视自己不断强调的原则"[1]。加缪往往
所言即所想：

> 在我们所处的相当可怕的知识分子社会中，背信弃义被当
> 作一种荣誉，在这里，趋利避害取代了深思熟虑；在这里，我
> 们的思想随着口号转变，就像巴甫洛夫的狗，一听见铃声响起
> 就开始分泌唾液。[2]

189

许多文章和作品都对加缪与萨特的论战进行了评论[3]，这些评论
细数了两人之间的意识形态冲突，尤其是在萨特的年轻门生弗朗西
斯·让松（Francis Jeanson）对加缪的《反抗者》一书进行了严厉
的批判之后，批评文章发表于《现代杂志》1952 年 5 月刊，这是
让‐保罗·萨特和西蒙娜·德·波伏瓦于 1945 年创办的文学、政
治和哲学杂志。弗朗西斯·让松关注的并非加缪的作品本身，而是

1　Jean Daniel, *op. cit.*, p. 14.
2　*Discours aux Espagnols*, le 22 novembre 1958.
3　R. Aranson, *Camus and Sartre. The Story of a Friendship and the Quarrel That Ended It*, University of Chicago Press, 2004 ; J.-F. Mattéi (dir.), *Albert Camus. Du refus au consentement*, Paris, PUF, 2011 ; G. Deleuze, « À propos des nouveaux philosophes », *Minuit*, supplément au n° 24, mai 1977 ; J.-F. Mattéi, « Camus et Sartre : de l'assentiment au ressentiment », *Cités*, 2005/2, n° 2, pp. 67-71 ; « Camus, le sacré », *Le Nouvel Observateur*, novembre 2009 ; « Camus, l'homme qui avait toujours raison », *Le Point*, janvier 2012 ; et P. Bollon, « Albert Camus l'a-t-il vraiment "emporté" sur Jean-Paul Sartre ? », *Le Magazine littéraire*, n° 536, octobre 2013.

批判加缪对苏联存在集中营的指责。加缪在对此的回应中表示，正是这一点让自己受到咒骂，弗朗西斯·让松从那时起就开始诋毁自己的作品和传记。加缪断言："你文章中写的一切，就像是将马克思主义作为一种不言明的教条为其辩护，而不能将它作为一种公开的政治观点加以肯定。"加缪还说，《现代杂志》试图压制"（他）书中涉及社会主义之不幸及其特定政治内涵的一切"。

《现代杂志》没过多久就给出了回应：加缪被指责是一个具有"红十字道德"的作家、一个"理想主义和浪漫主义的无政府主义者"。他被带有贬低意味地称为一个文学家，而非一个哲学家。加缪给《现代杂志》的领导者回了一封信，他在信中说，他被那些"除了他们的扶手椅外从未赋予任何东西历史意义"的人批评，这是暗指萨特关于古拉格的立场。萨特当然不否认古拉格的存在，但拒绝用它们作为反对苏联的武器。[1]在将自己的一个副手置于尴尬处境后，萨特自己在《现代杂志》1952年8月刊上给加缪写了一封信。他这样为自己辩解："集中营的存在可能会让我们愤慨，会让我们惊恐……但为什么它们会让我们感到难堪呢？……我和大家一样，认为这些集中营是不可接受的，但同样不可接受的是，所谓的资产阶级新闻界每天都在利用它们。"他以贬低加缪结尾："如果是你错了呢？如果你的书只是证明了你在哲学上的无能呢？如果它只

---

1 M. Winock, « Sartre s'est-il toujours trompé ? », *L'Histoire*, nº 295, février 2005.

是由匆忙收集的二手知识构成的呢？你就这么害怕受到挑战吗？我不敢建议你去读《存在与虚无》，它对你而言会显得晦涩难懂，这没必要。你讨厌思想之艰巨……"[1]

尽管加缪和萨特之前是亲密的朋友——他们在圣日耳曼德佩进行过多次讨论——但还是在冷战爆发时分离了，而且是以一种残酷的方式。西蒙娜·德·波伏瓦回忆了她与加缪的第一次碰面，那是在花神咖啡馆，巴黎知识分子常在这聚会：

191

> 他的年轻和独立让他离我们越来越近：我们是在完全脱离学术机构、没有任何学术联系的情况下独自成立的；我们没有场所，也没有人们所说的圈子。加缪和我们一样，也从个人主义走向了社会介入。虽然他从未暗示过，但我们知道，他在"战斗"运动中承担着重要的责任。他满怀热情地欢迎成功、名望，并且对此从不掩饰：他淡然的气质并不那么自然，他时不时会表现出像拉斯蒂涅[2]的一面，但他似乎并不觉得自己了不起。他很简单，也很快乐。他的幽默感并不会让他不屑于开轻松的玩笑。他称笛卡尔为来自佛罗伦萨的名叫帕斯卡的男孩。他能接受这些玩笑。他身上的漫不经心与为人热忱的配比恰

1　*Les Temps modernes*, n° 82, août 1952.
2　拉斯蒂涅，巴尔扎克《人间喜剧》中的人物。他出身没落贵族，为了改变自己的贫困境地，早日实现飞黄腾达的梦想，他抛弃道德、良知，利用各种手段，不顾一切向上爬。——译者注

当，这赋予他一种魅力，使他免于庸俗。[1]

意识形态的差异最终占据了上风，使彼此心照不宣的时代成为过去。双方秉持两种正面对立的立场：加缪抗议所有的极权主义，萨特则表示纵容。面对那些希望用马克思主义来教他什么是自由的人，《反抗者》的作者表示不适，他指出："我不是从马克思那里学到什么是自由的。我是从苦难中学到的，这毫无疑问。"[2]

如果说加缪和萨特一开始是朋友，那么他们后来则变成了竞争对手，然后是敌人。就像让伊夫·盖兰教授所言："1951 年后，加缪就是马克思主义左派、萨特主义者和罗杰·加洛蒂（Roger Garaudy）、维克托·勒杜克（Victor Leduc）、皮埃尔·埃尔韦（Pierre Hervé）等人的嘲弄对象，这是一个不容否定的事实。"[3]最终的决裂源于两人对阿尔及利亚人独立斗争的态度，萨特和他的杂志支持阿尔及利亚民族主义者围绕着民族解放阵线开展的事业，而加缪主张阿尔及利亚继续从属于法国。

最后，时间将证明，在与让－保罗·萨特的几场论战中，阿尔贝·加缪是正确的。与萨特不同，加缪将自己置于"历史意义"

1 Simone de Beauvoir, *La Force des choses*, Gallimard, coll. « Folio », 1960, p. 642.

2 见 « Où est la mystification? Réponse à d'Astier de La Vigerie », *Caliban*, n° 16, juin-juillet 1948, Pléiade II, p. 459。

3 J. Guérin, « Michel Onfray et Camus : le pavé de l'ours », *Les Temps modernes*, 2012/2 (n° 668), pp. 113-124.

当中。

尽管他们之间存在分歧，也产生了骂战，但《现代杂志》的这位领袖在加缪去世后写了一封信，在信中以自己的方式向他致敬：

> 他是那一大群道德家在本世纪的继承人，他们的作品可能是法国文学中最具原创性的作品。他固守的人文主义严格又纯粹、正经又感性，与这个时代厚重而丑恶的重大事件进行了沉痛的斗争。但是，与此相对，通过他顽固的拒绝，他在我们这个时代的中心重申了道德事实的存在，他反对马基雅维利主义者，反对现实主义的金牛犊。[1]

在 1945 年 9 月一篇题为《悲观主义与勇气》(Pessimisme et courage) 的社论中，加缪明确表示他不认同存在主义，[2] 从而在没有直接提到萨特的情况下算清了这笔账："我对众所周知的存在主义哲学没什么兴趣，说实话，我认为其结论是错误的。"[3]

然而，加缪承认存在主义"至少代表了一种伟大的思想冒险，看到它屈身于最肤浅的因循守旧者的评判，是很难忍受的"[4]：

193

1　信件于 1960 年 1 月 7 日由《法兰西观察家》发表。

2　在加缪对加埃唐·皮孔（Gaëtan Picon）的采访中："记者们只想让我成为存在主义者！"见 *Le Figaro littéraire*, 10 août 1946。

3　« Pessimisme et courage », *Combat*, septembre 1945, Pléiade II, p. 422.

4　*Ibid.*

　　我们的共产主义同志和我们的基督教同志，是站在我们尊重的信条的高度对我们说话的。这些不是我们的信条，我们从来没有想过要用他们刚才对我们的语气，以及以他们的那种坚定来谈论它们……我们相信，本世纪的真相只能通过结束其自身悲剧来找到。要说这个时代饱受虚无主义之苦，我们也并不能通过忽视虚无主义来获得我们需要的道德。不，不是一切都可以用否定和荒谬来概括。我们知道这一点。但我们必须首先提出否定和荒谬，因为这些是我们这代人遇到的，也是我们必须解决的。[1]

　　对哲学家雷耶斯·马特而言，近年来"加缪的存在"和"萨特的缺席"的原因主要在于以下事实："前者写人身上有'更多值得钦佩而非蔑视的东西'；后者写'他人即地狱'。"[2]

两位诚实知识分子的道德及政治权威

　　阿尔贝·加缪多次与《费加罗报》的编辑弗朗索瓦·莫里亚克就此进行辩论，他甚至不无幽默地写道："莫里亚克先生和我们之

1　« Pessimisme et courage », *Combat*, septembre 1945, Pléiade II, p. 422.
2　R. Mate, « Albert Camus et Simone Weil ou la question de la souffrance des victimes », art. cit.

间有一种默契：我们互相为彼此提供社论的主题。"[1]

两人都做过记者和社论作者，加缪在《战斗报》，莫里亚克在《费加罗报》。然而，他们遵循的是两条对立的社论路线：《战斗报》是激进的，《费加罗报》是保守的。他们都在1944年至1947年发表了一些社论。这两位社论家在一场辩证的论战中相互对抗，对抗某些时候牵涉具有象征意义的层面：在《战斗报》与《费加罗报》之间，在贝尔库与马拉卡尔之间，在不可知论与天主教信仰之间，在圣日耳曼德佩和法兰西学院之间。两人的共同点是都获得了诺贝尔文学奖，还都是记者兼作家双重身份。

这两位知识分子、记者从战争结束后开始清洗与维希政府和德国人通敌的叛国者时，就开始捍卫自己的立场。他们分歧的根源在于莫里亚克对通敌者采取宽恕的态度，他认为他们"搞错了"；而对加缪来说，在这些情况下"错误就是一种犯罪"[2]，因此，清洗是必要的。

莫里亚克社论最高产的时期是1944年至1953年。他作为一名社论作者，对自己的使命有着严苛的要求："在我看来，我的角色是扰乱官方对事件的解释。"从这个意义上说，他以非常个人化的风格、自由的语调和无可匹敌的思想，为社论的伟大时刻做出了贡献。他与加缪一样，都希望在政治中给予道德和正义至高无上的地

195

1　J. Lévi-Valensi, *Camus à Combat*, p. 390.

2　J. Lévi-Valensi, *Camus à Combat*, p. 278.

位，同时也谴责殖民主义的暴行。莫里亚克的立场脱离了典型的意识形态对抗，但有时会被无数不同的矛盾纠缠。很难将他归为哪一类："我这个右翼人士总是有些左翼思想。"这有些出人意料，因为莫里亚克是一名基督徒，并且忠实于他的信仰。他始终怀有的意识形态双重性保障了他的写作自由，并赋予了他的思想以深度。

因此，尽管他信仰天主教，但在对西班牙战争[1]的立场上，他与教

---

1 1937 年 4 月 26 日格尔尼卡被炸后，莫里亚克与保守派保持距离，站在西班牙共和党人一边，并在 1937 年 6 月 17 日的《费加罗报》上发表《为了巴斯克人民》(Pour le peuple basque)，谴责佛朗哥式的罪行。他还说："天主教会的一贯教导是，我们必须服从既定的权力。没有人可以否认，在西班牙将军们行动的那天，一个合法政府存在于马德里——至少是一个在法律层面上合法的政府。"

莫里亚克批判了西班牙教会对佛朗哥政权的支持："对数百万西班牙人来说，基督教和法西斯主义现在已经二为一，他们将不再能只恨其中一个而不恨另一个，这仍然是一种可怕的不幸。"[《聚焦》(Mise au point)，《费加罗报》，1938 年 6 月 30 日]。面对军事政变，他为西班牙共和政府的合法性辩护："让我们保持态度坚定的是，西班牙的将军们声称……要成为基督的士兵。"

莫里亚克与雅克·马利坦 (Jacques Maritain)、斯塔尼斯拉·福梅 (Stanislas Fumet) 和雅克·马道勒 (Jacques Madaule) 一起，签署了 1937 年 5 月 14 日发表在《九月》(Sept.) 杂志上的宣言《为了巴斯克人民》。他还在 1938 年 2 月 2 日发表在《费加罗报》上的《开放的城市》(Ville ouverte) 一文中，强烈谴责了德意军队对格尔尼卡的轰炸。关于西班牙战争，我们可以注意到他立场的演变。1938 年 7 月 18 日，他发表了自己的第一篇社论，以支持佛朗哥的叛乱，题为《仇恨的国际性：布卢姆先生，不要干预》(L'International de la haine. Monsieur Blum, n'intervenez pas)。这篇文章没有被收入他的《政治回忆录》(Mémoires politiques) 及作品《卸下的嘴套》(Le Bâillon dénoué) 中，因为他后来不承认这篇文章——莫里亚克最初的立场是反对共和的合法性，而且他要求布卢姆总统不要干预这场冲突。

会[1]并不一致；此外，在对纳粹主义的态度上，他也与梵蒂冈的官 196
方路线保持距离。[2]尽管他"为观念正统的机构撰写社论"[3]，但在这
些机构的政治立场面前，他始终有勇气在各种主题上保持独立性，
比如在印度支那、摩洛哥或阿尔及利亚发生的反殖民斗争。莫里亚
克谴责对殖民地人民的剥削，以及针对他们的暴力。 197

对这位 1952 年诺贝尔文学奖得主来说，"介入文学就是新闻写
作"。作为他进行各类斗争的平台，观点类新闻伴随了莫里亚克的
一生。他就此写道："我一直努力平等看待报纸上的文章和书页中

1　他对于天主教会的非正统态度在他年轻时就已经形成，因为他阅读了关于德
　　雷福斯事件的文章，这些文章塑造了他的政治意识，以及他对教会和某些保
　　守反犹派的沉默的反抗。
2　莫里亚克早在 1938 年就意识到了世界大战的威胁，这是对即将爆发冲突的
　　预感。他为希特勒画了一幅肖像，画中的希特勒看起来凶狠、绝不退让：
　　"（他是）一位艺术家、一位心怀不满的艺术家，总而言之他是一个失败的画
　　师，他让欧洲为他的失败付出了惨重的代价。在世界上的大师中，最令人生
　　畏的都属于这一类：一个尼禄，一个罗伯斯庇尔，在人的肉体上刻下了本可
　　能不会如此血腥的作品……党的领导人、德意志帝国首相、手无寸铁的国家
　　的征服者——元首阿道夫·希特勒，将有一个莎士比亚式的结局，就像那天
　　晚上在慕尼黑差点发生在他身上的那种。他本就置身于一场戏剧之中，我们
　　把他当作悲剧的主角来听，但不同的是，悲剧中的演员不会为了逗乐子而自
　　相残杀。"
　　1938 年，莫里亚克谴责了欧洲面对纳粹主义崛起时的冷漠，参见《德
　　国：为错误思想服务的一支强大的摧毁力量》(*L'Allemagne : une puissance
　　formidable de destruction au service d'une idée fausse*)、《德国视角》(*Vues de
　　l'Allemagne*) 和《当下》(*Temps présents*)，1939 年 2 月 24 日。1942 年，他
　　加入了全国作家阵线的抵抗运动。在同事们的建议下，他放弃了他在马拉
　　加的家族庄园，前往巴黎避难，在那里他过着半地下的生活。
3　S. M. Kushnir, *Mauriac journaliste*, Paris, Lettres modernes Minard, 1979, p. 291.

的文字，赋予两者同样的重要性，而且永远不要忘记，我首先是一个作家……我认真对待新闻工作：对我来说，它是唯一适合'介入文学'这一概念的体裁。"[1]

皮埃尔·布里松（Pierre Brisson）是该出版物的负责人，他会将社论发表在头版，这是报纸中的特权空间。莫里亚克于1944年8月25日首次撰写社论，这就是《费加罗报》重生、解放后报纸重新出现的两天后。[2] 弗朗索瓦·莫里亚克的社论总是会署名，他通过表明自身立场成为"报纸的基石"[3]。应该指出的是，在解放时期，由于纸张匮乏，每期《费加罗报》只有一张纸，双面印刷。莫里亚克每周发表两篇到三篇社论，这种定期的贡献使他成为这家保守派日报的头牌记者。

他与弗拉基米尔·德奥梅森（Wladimir d'Ormesson）均是该报的明星社论家。他们共同承担撰写社论的责任，交替拿出他们的"笔和立场"。唯一的区别是，德奥梅森的社论标有大写的字母"F"，并有一根羽毛做装饰。这个符号意味着他的观点代表着整个

198

---

1 F. Mauriac, « Préface », Œuvres complètes, Paris, Pléiade, 1952.

2 莫里亚克自1934年起就与《费加罗报》合作。他以致力于报道墨索里尼军队入侵埃塞俄比亚的记者自居，见 « Mussolini envahit l'Abyssinie », Le Figaro, 24 septembre 1935, 以及 « Italie ! Italie ! », Le Figaro, 29 janvier 1939。他在其中写道："我们非常严肃地对待意大利喜剧中的人物，因为他们不再让我们着迷，因为他们变得邪恶了。"

3 F. Mauriac et J.-L. Barre (dir.), Journal. Mémoires politiques, Paris, Robert Laffont, 2008.

《费加罗报》编辑部。而莫里亚克仍保持着自由和独立，尽管他作为社论家在《费加罗报》任职，但只有他自己的名字能代表他。这种排版上的区别有着强烈的象征意义，字母"F"及其装饰是《费加罗报》的意识形态表达，而莫里亚克是自由的。

然而，弗朗索瓦·莫里亚克从最早的社论开始就采用了符合此报刊路线的风格，这一特征通过其中的"我们"即可看出。他总是就同一个主题展开社论，而且他接受了这份报纸的哲学。但在一些更个人化的反思中，他还是任由"我"浮出水面。

作为社论家，他的道德和政治权威取决于他文学和智识方面的正统性。他的社论因引用其他对他有影响的作家和哲学家的话而更令人印象深刻。从他最喜欢引用的作者帕斯卡——也是加缪最喜欢的作家，他无所不在——到拉辛、伏尔泰、雨果、巴尔扎克、普鲁斯特、尼采、弗朗西斯·雅姆（Francis Jammes）、纪德、歌德，再到阿蒂尔·兰波和保尔·艾吕雅等诗人。莫里亚克的专栏文章受法国大革命这段历史滋养[1]，同时也受到关于《圣经》的记忆的润泽，

---

[1]　F. Mauriac, « Révolution et révolution », *Le Figaro*, 13 octobre 1944. 他提到了山上的"布道"："但革命时代可以通过其他特征来识别。今天和那时一样，正是最渴望正义的法国人冒着被怀疑不公正的风险。"下面是对法国大革命时期的"犯罪嫌疑人法令"的一个影射："我们想要、我们要求惩罚罪犯，而不是犯罪嫌疑人；我们不会贬低无辜者的生命或自由。明确的罪行是存在的，在这些罪行上不会产生任何分歧。但是，还是存在一些模糊的指控，甚至可以说是毫无边界的，它们笼罩着一众公民，马拉让为此而激动；这是最严重的不幸之一，它可以击垮一个已经被如此多的苦难压制的民族。"在这里，他提到让-保尔·马拉（Jean-Paul Marat, 1743—1793），以此指代提倡彻底清洗的记者。

199　尤其是《新约》。他的文本还充满了对天主教礼拜仪式、宗教节日及基督生平的隐喻性暗示。

莫里亚克在伦理层面上的权威因其在抵抗运动中的角色而得以确立：他代表了坚定的天主教知识分子，但有时又与教会的正统观念保持距离。在以《卸下的嘴套》(Le Bâillon dénoué) 为题出版的社论集的序言中，他解释了这些社论的作用："至少它们保有文献价值：它们反映了那个混乱且动荡的时期，当时法国已经获得自由，但还没有找回自由的道德。"[1]

莫里亚克与加缪的论战[2]产生了很大反响。这场论战围绕战争结束后的清洗运动以及其中的过度行为等敏感问题展开。双方立场对立，因为两人之间存在意识形态上的不同。加缪是一个无神论的人文主义者，他呼吁正义和"法国的革新"[3]，而莫里亚克则捍卫基

1　*Le Figaro*, 25 avril 1945.

2　« Réponse à Combat », *Le Figaro*, 22 octobre 1944. "我不敢肯定，以长篇大论驳斥了我的上一篇文章《正义与战争》(La Justice et la guerre) 的《战斗报》社论作者，透彻地理解了我的思想。我更不确定我理解了他的想法。我在最后一段遇到障碍，我绕着它转圈，我用鼻子嗅它，我远离一点，以从整体上把握它。要么是我理解错了，要么是我理解的东西很可怕。"

另见 « La liberté de la presse », *Le Figaro*, 26 octobre 1944 ; « Le mépris de la charité », *Le Figaro*, 7 et 8 janvier 1945 ; 以及 « La sueur et le sang », *Le Figaro*, 9 janvier 1945。

3　A. Camus, *Combat*, 5 janvier 1945.《一个不去清算的国家，正要错过革新的机会》(Un pays qui manque son épuration se prépare à manquer sa rénovation.)

督教的仁慈，选择宽恕敌人和"法国的和解"[1]。加缪在 1944 年 10
月 18 日发表的一篇社论开启了两位社论家之间具有辩证性的交流，
他写到了解放时期大清洗中的过度行为。我们已经可以从这篇文章　　　200
中看到加缪随后在专门讨论这一主题的社论中所捍卫的原则：

> 我们说，清洗是必要的。一些法国人希望就此打住，如果
> 他们这么认为，也不总是出于不纯的原因……这里的重点不是
> 清洗的数量，而是清洗的质量。什么是有质量的清洗？那是一
> 种旨在尊重正义的一般原则，从具体的人的角度来看不会牺牲
> 任何东西的清洗……牺牲这样一位保持服从习惯，因而从不承
> 担重大行业责任、从不做出思想贡献的办公室主管是愚蠢的。[2]

加缪呼吁清洗，特别是对附敌的真正知识分子作者的清洗，但
应该豁免那些没有真正决策权的人。因此，他将矛头指向行政部
门，此外，他的矛头也指向强大的经济势力：

> 清洗行政部门可能是一件好事，而在银行、大型工业企业
> 等组织中施行正义也是合适的……如果说我们倾向于宽容对国

1　F. Mauriac, *Le Figaro*, 19 octobre 1944.《事实是，苦难中的人民渴望和谐、渴
　　望民族和解》(La vérité, c'est que le peuple souffrant aspire à la concorde, à la
　　réconciliation nationale)。
2　*Combat*, 18 octobre 1944; J. Lévi-Valensi, *Camus à Combat*, p. 278.

家利益没有明确概念的法国人，那么我们应对那些为这个国家的重大利益负责的人毫不留情。[1]

加缪主张在这个时候必须奉行道德正义原则：

> 总之，这就是为什么最好能又快又好地完成清洗——为了确保清洗的时间不长。戴高乐将军要求宽恕不小心犯错的人，这在原则上是对的。但是必须看具体的应用场景。在一些社交场合出错是被允许的，但在某些地方，这构成的只能是一种犯罪。[2]

与加缪捍卫的立场不同，他在《费加罗报》的对手弗朗索瓦·莫里亚克呼吁宽恕附敌分子；为了民族团结，他宁愿仁慈也不愿惩罚。莫里亚克的立场与戴高乐的想法不谋而合，莫里亚克在 1944 年 10 月 17 日发表的题为《荣誉的误导性》(Les égarements de l'honneur) 的社论中对此表示赞同。加缪在 1944 年 10 月 25 日发表社论作为回应，他在社论中解释道：

> 虽然我们不是基督徒——或者更准确地说，正因为我们不

---

1 *Combat*, 18 octobre 1944; J. Lévi-Valensi, *Camus à Combat*, p. 278.
2 *Ibid.*

是——我们决定开始讨论这个问题……但是，在25年的平庸生活之后，面对4年的集体痛苦，迟疑不再被允许。我们选择接受具有可怕缺陷的人类正义，急于通过无望地维持公正来纠正它。[1]

对于加缪来说，"现代人的出现是上帝之死的结果。人类通过在恶之丑闻面前质询上帝而取得了话语权"[2]。正因如此，必须宣扬人之正义。这就是莫里亚克捍卫的神之正义——及其宽恕的倾向——与加缪捍卫的人之正义之间的区别。

一直忠实于其基督教道德观的莫里亚克在一篇社论中反驳道：

> 愿我们的雅各宾派，因记起我们的殉道者在临终时说出的许多宽恕之言而得到宽慰，这些宽恕之言通过刽子手传达给了他们迷途的兄弟。

202

在此番论战之后的另一篇于1945年1月11日发表的社论中，加缪总结了与莫里亚克的交锋：

---

1 *Combat*, 22 octobre 1944; J. Lévi-Valensi, *Camus à Combat*, p. 302.
2 R. Mate, « Albert Camus et Simone Weil ou la question de la souffrance des victimes », art. cit.

　　每当我谈到与清洗有关的正义时，莫里亚克先生就会谈到仁慈。而仁慈的美德对我来说是很奇怪的，我感觉呼吁正义就像是在为仇恨辩护。听了莫里亚克先生的话，面对日常，我们似乎真的必须在基督的爱与人类的恨之间做出选择。唉！实际上并非如此。我们中的一些人既拒绝来自一方的憎恨的呼喊，也拒绝来自另一方的惹人怜悯的恳求。我们在两者之间寻找那个正确的声音，它将毫无愧色地告诉我们真相……作为一个人，我可能会钦佩莫里亚克先生能去爱背叛者，但作为一个公民，我将对此感到遗憾，因为这种爱会给我们带来一个由背叛者和庸人组成的国家，以及一个我们不再想要的社会。[1]

　　当时，一些巴黎记者给莫里亚克起了个绰号叫"阿西西的圣方济各"。加缪最终倾向了他的《费加罗报》同事的观点。1947 年，在拉图尔－莫布尔的多明我会成员面前，他承认在论战中莫里亚克是正确的。1945 年 1 月，加缪就已经看到了清洗的失败——因其具有选择性的审判和无理的裁决。戴高乐主义者和法国共产主义者将清洗置于他们的政治目标之下，将抵抗运动真正的领导人抛到阴影之中。加缪改变了立场：公正的目的必须是和解，而不是激化冲突。最终，由于立场发生变化，加缪转而请求附敌作家罗贝尔·布

203

1　« Justice et charité », *Combat*, 11 janvier 1945; J. Lévi-Valensi, *Camus à Combat*, p. 460.

拉西亚克（Robert Brasillach）的原谅，因为后者曾被当作替罪羊，与此同时许多行政长官和高级官员则被无罪释放。

对加缪和《战斗报》的钦佩和同情

尽管两人的意识形态差异很大，但莫里亚克在思想上对加缪表现出极大的敬意。他写道：

> 我有理由相信，这篇文章的作者是我最欣赏和喜爱的晚辈之一，我一直非常欣赏他无可指摘的风格，因而我在这里会因承认自己一贯的简单和天真而感到难堪。[1]

后来，当加缪在 1945 年 9 月因健康问题——也是因为不太认可其编辑路线——暂时停止与《战斗报》合作时，莫里亚克写道，他怀念《战斗报》的加缪。他认为，没有加缪，这份报刊就不再是原来的样子了："这份知识分子正直的名声确保了《战斗报》的声誉。"他以动人的语言向加缪致敬：

1　« Réponse à Combat », *Le Figaro*, 22 octobre 1944.

说实话，自从阿尔贝·加缪先生不在了之后，《战斗报》的崇拜者们（我也幸为其中之一）一直像是生活在留香之中，花瓶或许没有完全破碎，但空掉了 3/4。[1]

莫里亚克对《战斗报》编辑部其他成员的评判更加严厉。像加缪一样，他完美地掌握了论战的艺术，并乐此不疲地沉浸其中。这位《费加罗报》的社论家以尖锐的笔触，用讽刺和挖苦的方式痛斥《战斗报》的编辑团队：

但是，当我昨天读到他们对我上一篇文章——这篇文章彬彬有礼，甚至可以说是友善的——的回应（发表在《战斗报》上）时，我在想，革命已经结束了，至少是在礼仪方面：不久之前那种自由、轻松的语调，法国人擅长的高效交流，以及那种快速传球、永不逼抢的艺术，我们必须放弃了。这些新同事仍然处于缺乏信任的低级阶段，而且让人觉得他们会永远停留在那里。他们渴望得到关注，总是害怕被"错过"。这些贪婪的教条主义者，这些新式媒体中的罗歇·科拉尔（Roger Collar）[2]，耸着肩缩在他们的领带里，用充满敌意的目光戒备地

1　« Le dernier de la classe », *Le Figaro*, 24 novembre 1945.
2　法国政治家、哲学家、法兰西学术院院士。他是保皇党和自由主义者，是复辟时期教条主义者的领袖。——译者注

204

盯着你。他们不太清楚人们是否真的在取笑他们。但凡对他们
的讽刺留有一丝丝善意，这些沾沾自喜的人就会开始张牙舞
爪，暴露出自己内心深处最不堪的一面，对此最好是把目光移
开……

　　两人的其他分歧在两份报纸的社论栏目中暴露无遗。加缪为
"革命的"论题辩护，反对莫里亚克的"国家重建"和"专制民主"
思想。后者则对革命持敌视态度，为实施社会改革以重振法国而辩
护。莫里亚克反对抵抗运动将自己定位为政府的对抗力量。[1]

　　当一些报纸支持革命[2]和重建精英阶层而谴责资产阶级时，如
《战斗报》，面对革命中可能出现的失控，莫里亚克却维护这个阶层
的利益——他的家庭出身于这一阶层。他站在《战斗报》的对立
面反驳道："对某种体制的公正谴责不应成为对某个阶层的不公正
谴责。"[3]

205

　　莫里亚克还补充了某些细微的差别：

　　　　目前，小资产阶级、中产阶级和大资产阶级之间的划分似
　　乎非常粗略。马塞尔·普鲁斯特（Marcel Proust）以他全部的

1　« Vers la République indivisible », *Le Figaro*, 27 septembre 1944.
2　《战斗报》的口号是"从抵抗到革命"。
3　« L'avenir de la bourgeoisie », *Le Figaro*, 3 octobre 1944.

天赋，都没能成功地让我们看清这三个阶层的不同世界，它们并存，但没有混杂在一起。请注意，一些孤立的圈子很突出，如医学界或大学，它们所有部门都受到社会主义或共产主义的影响。因为存在社会主义的资产阶级，这是不用说的；然而，也存在被共产主义影响的资产阶级。因此，关于广义上的资产阶级的一切说法都很可能是不准确的。[1]

面对战争的恐怖，莫里亚克回忆起了法国的悲剧，并呼吁人们团结起来：

> 想到不在了的人，不仅是想到他们的痛苦，也是试图想象他们变成了什么、分离对他们造成了什么。我们必须适应这样的想法：多年后会回来的人，将与离开我们的那个人完全不同。我们必须为此做好准备，等待事情发生。能对他们所做的最仁慈的事，莫过于试着去理解他们，不要对任何事情感到惊讶。[2]

莫里亚克的社论有时带有传教士说教的口吻。实际上，他和加缪是法国历史上一个关键时期的两个伟大的良知见证者。莫里亚克

1　« L'avenir de la bourgeoisie », *Le Figaro*, 3 octobre 1944.
2　« Les absents », *Le Figaro*, 21 décembre 1944.

的社论作品中还有对法国和欧洲的未来的思考，这是他担忧的重点，也是他最偏爱的主题：

　　当德国碾压我们的时候，对我们来说，除了不要死，不用再担心别的问题。我们活下来了，我们是一个有生命力的民族；我们必须每时每刻都重复这句话，并感谢法国的圣徒，就像佩吉[1]会做的那样。但我们是从一个平衡已经遭到破坏的欧洲中幸免的，它将不再如我们所想。[2]

206

　　当莫里亚克通过加缪的一篇社论知道，他们在抵抗运动中与共产党员有过接触时，他大发雷霆，指责加缪背离了《战斗报》本应有的那份知识分子的正直：

　　磁铁不能自由选择它能吸引的铁屑……这个小机灵鬼，因相继发生在他在《费加罗报》的同行和政府首脑身上的诽谤而神气十足。但与此同时，他也毁掉了保障《战斗报》声望的知识分子正直的声誉。[3]

1　夏尔·佩吉（Charles Péguy），法国作家、诗人、文论家、预备役军官，主要奉行社会主义和民族主义。——译者注
2　*Le Figaro*, 27 février 1945.
3　« Le dernier de la classe », art. cit.

1945 年后，冷战来临前夕，莫里亚克在法国全国作家阵线内部的秘密斗争中与他以前的战友决裂，其中包括许多共产党员。他的反共热情使他成为亲莫斯科的报纸——如《行动》（*Action*）和《人道报》——的主要目标。他与《人道报》信奉斯大林主义的记者皮埃尔·埃尔韦发生了激烈的争论：

> 当我与皮埃尔·埃尔韦先生争吵时，我把整个埃尔韦帝国、整个沙皇帝国都放在了我的双臂间。让我们承认吧：这些争论不够严肃。说这场论战没有解决任何问题都太轻，它几乎连辩论都算不上。19 世纪以来，我们的教会，亦即末世的教会，混迹于一个垂死挣扎中的世界，完全被人类的罪恶历史缠住，敌人怎么可能不在此中找到可乘之机呢？同样，仅仅在 28 年前，马克思主义革命成形了，在欧洲的一个国家完成了，在这里，思想再次受到现实的污染……有人给我带来了《人道报》，我读这篇文章读得大汗淋漓。这深深地刺激了我，我想，必须下决心把小学生埃尔韦挤进角落，并且在他的背上挂上一个牌子，写上"大骗子"……我们不害怕共产主义学说，但我们确实害怕警察政权，而你们是其最新的支持者。[1]

207

---

1 « Un métier difficile », *Le Figaro*, 28 mars 1946.

莫里亚克在《费加罗报》的社论中以其特有的讽刺性文字作结：

我们一和你们谈到自由，你们就挥舞起巴士底狱的大旗，这是为了让我们忘记，在你们的教会统治之处，自由均被扼杀……不仅是主教或资产阶级的自由。下一次皮埃尔·埃尔韦度假的时候，我建议他写一点孟什维克和托洛茨基派的历史，献给他工人国际法国支部（SFIO）的同事。这将有助于他们思考什么是永恒。皮埃尔·埃尔韦，巴士底狱如今改名了。我们一起攻占了它，并把它摧毁了：它被称为盖世太保。这不是为了让你们重建另一座巴士底狱，其可憎的名字我就不写在这里了。[1]

在对共产主义的指控中，莫里亚克宣称自己并非反共产主义者：

世界上没有人不知道斯大林政权的本质是什么。此外，正是这种对个人的系统性攻击减缓了各地共产主义的进程，特别是在我们这里。

208

除了细微的差别，两位社论家的著作对共产主义的系统性批评

1　« Un métier difficile », *Le Figaro*, 28 mars 1946.

是相同的，这也是当时意识形态分歧的核心。

加缪的社论中既有反对共产主义的坚定声明，也提及粗暴的反共主义的风险：

> 如果我们不认同共产主义的哲学，也不认同它的实际道德准则，那么我们同样应该大力反对政治上的反共主义，因为我们知道它的灵感来源，及其未明言的目标。[1]

在《快报》重逢

在战后的几年里，莫里亚克的大部分社论都牵涉左翼报刊，如《战斗报》和共产主义日报《人道报》。尽管莫里亚克会在他的社论上署名，这表明了他的政治介入和个人观点，但每当保守派日报的社论路线受到攻击时，他还是会为其辩护：

> "《费加罗报》非常了解它的客户，它以严苛到接近恐吓的方式反对弃权。我们可以想象其意图……"我们负责《战斗报》新闻评论的好心同行这样表达。这份报刊有读者，而我们

1　*Combat*, 7 octobre 1944 ; J. Lévi-Valensi, *Camus à Combat*, p. 251.

的报刊只有顾客，你可以感受到其中的差别。《战斗报》的读者要求他们年轻的思想大师提供严格的指令。然而，《费加罗报》的客户只会请求（不是吗？）万能的记者为他们的资产阶 209 级偏见提供日常养料。[1]

　　这种良知上的自由让莫里亚克在 1954 年面对自己所在报刊发出的攻击时，仍选择为弗朗索瓦·密特朗（François Mitterrand）辩护。这一次，莫里亚克远离了保守派报刊的官方编辑路线，这也证明了他的个人独立性。[2]

　　1953 年，莫里亚克离开了《费加罗报》，之后在《快报》的专栏中找到了容身之地。他离开《费加罗报》之时，正是弗朗索瓦丝·吉鲁和让－雅克·塞尔旺－施赖伯创立《快报》之时。离开《费加罗报》意味着莫里亚克在国属日报社担任社论作者的 10 年结束了。

　　莫里亚克在《快报》与加缪重逢，但交往方式与以往不同。时过境迁，今非昔比。解放时期的争吵早已不复存在。真是命运的悖论，两位过去吵得不可开交的社论家，如今执掌同一面大旗。《快报》迎来了许多知名作家，这两位也位列其中。曾在敌对的报刊

1　« La hargne », *Le Figaro*, 17 avril 1946.
2　1953 年，莫里亚克参与了法国－马格里布协会的创建，与摩洛哥人民团结在一起。

《战斗报》和《费加罗报》中是对手的两人，现在都赞同《快报》
这份周刊的编辑路线，虽然也存在各自的保留意见。

莫里亚克继续以社论的形式发表他的意见，唯一的不同是他
采用了自己发明的另一种新闻体裁。这是一种混合体裁，混合了
观点、信息、个人思索和童年的回忆。他称之为"笔记文"（Bloc-
notes），大致相当于今天的博客。这一举动的独特之处在于，他有
意愿把私人日记变成一种新闻行为。作为米歇尔·德·蒙田的继承
210 人，莫里亚克会对时事发表评论，并在其中加入反思、情感、逸
事，也有个人记忆、阅读笔记和主观参照。从 1967 年到 1985 年，
18 年来他从未间断过撰写"笔记文"，不同时期发表在不同的媒体
上。"笔记文"最初发表在《圆桌》（*La Table ronde*）[1] 杂志上，随
后出现在《快报》专栏中，最后刊登于《费加罗文学》（*Le Figaro
littéraire*）。这种作品只是莫里亚克的谋生手段之一，他主要以新闻
工作为生。

他自己对"笔记文"的定义如下：

> 我认为新闻作品是一种半私密的日记，是将时事在我们心
> 中激起的情感和想法转述给大众的一种形式。

---

1 B. Cocula, *Mauriac, écrivain et journaliste*, Éditons Sud-Ouest, 2006, p. 114. 第一
篇 "笔记文" 于 1952 年发表在杂志《圆桌》上，但起初这种文章发表得不
多，没有规律。

莫里亚克意识到他的新闻创新是现在流行的题材的先驱——摆脱了体裁和风格的限制，寻找新的表达域——于是突出了"笔记文"的创新特点，这增加了他新闻贡献的价值，使他从同事中脱颖而出：

> 我想，如果我们想生存下去，就必须敲出只有在家才能听到的音符。[1]

多亏了这些"笔记文"，莫里亚克再次担任唤醒读者良知的角色。这种自传式的、囊括了私密和公开的记载就像一面镜子，他从中审视着普遍性和特殊性。它也是周围世界的镜子。1961 年，当塞尔旺-施赖伯关于戴高乐的社论[2]引发争议时，莫里亚克选择忠于自己的信念，离开了《快报》。莫里亚克支持阿尔及利亚独立的立场与《快报》存在分歧，这最终让他和加缪一样与该报渐行渐远。莫里亚克的"笔记文"最终在《费加罗文学》找到了栖身之地。[3]

211

212

1　Préface du tome I du *Journal* de François Mauriac, *op. cit.*

2　Servan-Schreiber: « Un homme dans l'espace », *L'Express*, n° 513, 13 avril 1961.

3　C. Blandin, « Les interventions des intellectuels de droite dans *Le Figaro littéraire*: l'invention du contre-engagement », *Vingtième siècle. Revue d'histoire*, n° 96, 2007/4, pp. 179-194.

第五章　对新闻业的思考

批判性新闻理论

让·达尼埃尔认为，今天重读加缪可以让我们发展出"一种新的新闻伦理"[1]，这种伦理有助于我们解决这个时代的媒体提出的问题。因此，我认为分析 1944 年 8 月至 1947 年 6 月发表的所有关于"新闻"的社论是有意义的。[2]要做此分析，研究材料有大约30篇文章，其中包含一篇 1939 年 11 月 25 日的文章，这篇文章因遭到《共和晚报》审查而未发表。[3]这些社论可以归为这几类："新闻批评"、"记者的角色"和"新闻改革"。

加缪社论涉及主题的多样性已经由雅克利娜·莱维－瓦朗西整理了出来[4]，可分为以下类别："巴黎的解放""战争的持续""对内

1　Jean Daniel, *op. cit.*, p. 14.
2　J. Lévi-Valensi, *Camus à Combat*.
3　首次发表于 *Le Monde*, cahier *Culture et idées*, n° 20888, 17 mars 2012。
4　J. Lévi-Valensi, *Camus à Combat*, pp. 110-125.

政策""对外政策""国际政治""殖民政策""《战斗报》政治路线"　213
"道德与政治""躯体""既不当受害者，也不做刽子手""新闻""公
正""教会"。在这 13 个主题中，我将集中分析关于新闻的文本。

在这 29 篇关于新闻的文章中，有 9 篇是阿尔贝·加缪本人署
名了的社论，其中"我"无所不在；有 13 篇没有署名，但已被鉴
定为加缪所作；另外 7 篇没有署名的，经莱维－瓦朗西核实[1]，可能
出自加缪的手笔。这些文章集中在 3 年内发表，仅 1944 年就有 19
篇，1945 年有 6 篇，1947 年只有 4 篇。1946 年，确定为加缪写的
或被看作加缪写的社论中，没有一篇涉及新闻。为了确保能考查
所有他关涉这一主题的新闻创作，我选择将上述未发表的那篇文
章纳入分析范畴。这篇题为《批判性新闻宣言》（Manifeste pour un
journalisme critique）的文章于 1939 年 11 月 25 日在《共和晚报》
遭到审查，它可以说是后来《战斗报》主题的前奏。

分析社论材料使我们有可能找到一根轴线，关于加缪的最新批
评和主张即围绕着这根轴线展开。这种分析还有助于正确看待加缪
的遗产，以及在当下的数字时代，他能成为法国新闻界标杆所具有
的独特性。[2] 在这个意义上，数字报刊《参与传媒》的创始人兼主
管埃德威·普莱内尔的作品《为自由新闻而战》重新审视了阿尔

1　J. Lévi-Valensi, *Camus à Combat*, pp. 123-124.

2　S. Lévêque et D. Ruellan, *Journalistes engagés*, Rennes, Presses universitaires de
　　Rennes, 2010, pp. 9-16.

贝·加缪的时事新闻，普莱内尔称，这是一份遗产："我们想要的新闻业应回归一种悠久传统，它与对民主的要求密不可分。"[1]

通过这些社论，加缪展现了他对新闻业的反思。[2]他表达了自己的理想，也在阐述了这个职业应该如何做之后给出了对应的承诺。从来没有一个作家对新闻行业如此崇敬。从这个意义上说，他是"重建新闻领域"的先行者。《参与传媒》如今接住了这支火炬，以期"在数字革命中重塑新媒体"。

我研究的某些社论也涉及其他主题，但往往是一笔带过，如莱维－瓦朗西所说。[3]在1944年11月15日的社论中，加缪谴责了从德国流入的虚假信息，同时还提到了相关国家的媒体、战争和局势。其主题随着历史背景的变化而演变。虽然大部分新闻批评类文章都写于1944年，但1945年的某些文本关注到了记者的角色和使命，1945年至1947年的社论则侧重于他的两个主要关切点：新闻改革和新闻业的重建。

本章旨在回答以下问题：加缪是以何种方式提出他对新闻界的批评？要求一种介入性新闻，并给出了关于"新闻业再生"的提议的加缪，留下了什么遗产？他对大众新闻，特别是新闻伦理的主要思考和贡献是什么？他的新闻批评理论中有何要点？

---

1 E. Plenel, *op. cit.*, p. 5.

2 F. Zamit, « Albert Camus: une réflexivité et éthique journalistique », *Les Cahiers du journalisme*, n° 26, printemps-été 2014, p. 183.

3 J. Lévi-Valensi, *Camus à Combat*, pp. 15-16.

从二战前到二战后，复杂的历史背景造成了新闻媒体的迷惘，加缪对此进行了反思，而他的批判性新闻理论就是在这种反思中形成的。更重要的是，他想恢复对读者应有的尊重。正是他，将公众、公民和要求获得可靠信息的读者置于最重要的位置。记者的作用在于提出见解和深入思考，从而促进民主辩论。

> 今天我们似乎有必要告诉自己，同时也告诉读者这一点，好让他们知道，在我们日复一日所写的一切中，我们没有忘记我们有反思和审慎的义务，这应该是所有记者的责任。[1]

加缪持续不断地进行自我批评，且由此出发，建立了他的批判性新闻理论，这都以他作为记者的责任[2]以及对语言[3]和真理的恰当运用为基础：

216

1　Pléiade Ⅱ, p. 388.

2　« Critique de la nouvelle presse », *Combat*, 31 août 1944, Pléiade Ⅱ, p. 385. "对于多年来只写一篇文章的人来说，他们知道这篇文章得到的报偿可能是监狱和死刑，显然，文字有其价值，必须深思熟虑。"

3　奥地利记者卡尔·克劳斯（Karl Krauss）也批评了新闻话语中长期存在的滥用语言现象。他与文字的堕落做斗争。他谴责华而不实的词句的胜利，这种情况被称为"措辞的灾难"，它否认或改写了现实。参见：Jacques Bouveresse, *Schmock ou le triomphe du journalisme. La grande bataille de Karl Kraus*, Seuil, coll. « Liber », Paris, 2001. 从 1889 年到 1936 年，克劳斯一直在出版他的讽刺杂志《火炬》（*Die Fackel*），他在其中猛烈抨击了当时新闻界和媒体的腐败。

在法国人会被"祖国"这种词激怒的时代，用这些陈词滥调和爱国话语是无法表达出我们想要表达之意的。在新的时代，即使不需要新的词汇，也需要词汇的新用法。这些新的变化，只有心才能决定，只有真正的爱带来的尊重才能支配。只有这样付出，我们才能以自身的微薄之力做出贡献，为这个国家带来一种能够让它倾听的语言。正如我们看到的，这意味着要求有深度的文章，不把虚假或可疑的新闻呈现为真实的新闻。上述这一整套方式，我称之为批判性新闻。[1]

在 1944 年 9 月 8 日发表的题为《批判性新闻》的社论中，加缪明确指出了这种表达的含义:

在今天，报纸接收和使用的信息都离不开批评意见。这是整个新闻界都倾心的模式……这样做的好处是，可以强调它的批判意识，而不是诉诸其简单思维。这样一来，问题只在于这种批判性信息在技术上是否可行。我对这一点有信心，持积极态度。[2]

---

1 Pléiade II, p. 386.
2 *Ibid.*, p. 387.

新闻批评

在一种有利于质疑媒体角色的历史背景下，加缪呼吁推翻两次 217
世界大战期间通行的新闻实践。他承认"新闻界不是一所完美的学
校"[1]。然而，他尖刻的批评还是在为一种道德基础辩护，这种道德
基础应该日复一日地激励和引导着新媒体。[2] 因此，他警告过去和
今天的记者，危险是存在的：

> 在希望得到最好的东西时，人们自然会专心辨别最糟的东
> 西，有时也会辨别不那么好的东西。简而言之，我们可以采取
> 法官、教师或伦理学老师的那种专业态度。这一职业距自命不
> 凡或愚昧无知只有一步之遥。我们希望自己还没有越过这条界
> 线。但是我们不确定，我们是否一直能逃脱这样的危险，即暗
> 示自己拥有洞察力的特权和那些永远不会犯错的人的优越性。[3]

在持续不断的自我批评中，加缪没有姑息任何人，甚至连他自
己所在的报刊《战斗报》也不放过：

---

1 *Combat*, 21 août 1944.
2 *Combat*, 22 septembre 1944.
3 « Autocritique », *Combat*, 22 novembre 1944, Pléiade Ⅱ, p. 388-389.

可以提出的批评毫无例外地是针对整个新闻界的，我们应该理解这一点。会不会有人说这为时过早，应该留给我们的媒体一些时间进行自我组织，然后再对它们进行良知的检验？答案是否定的。我们很清楚，我们的媒体是在怎样令人难以置信的条件下做事的，但这并不是问题所在。问题在于媒体的基调：从一开始就有可能采用的某种基调却没有被采用。而媒体在制造内容时、在呈现最终面貌前进行自我检验是很重要的。这样，它会更清楚地知道它想成为什么，它会成为哪个样子。[1]

有时，《战斗报》会因其主张道德权威而惹恼人，正如盖兰教授指出的："它会指责同行。"[2] 1947年，加缪对这些攻击和误解做出回应："每当一个自由的声音试图毫不掩饰地说出他的所思所想时，一群毛色混杂的看门狗就会狂吠，企图淹没他的声音。"[3]

1944年的社论几乎都提到了德国占领期间新闻媒体的失控，加缪认为，这是真正的"国家耻辱"。他谴责被作为目标的新闻工具化、道德感和确凿信息的缺失[4]、徒劳的论战[5]，以及对信息的急不可

218

1　« Critique de la nouvelle presse », *Combat*, 31 août 1944, Pléiade II, p. 385.

2　J. Guérin, *Camus, journaliste*, op. cit., p. 18.

3　« Démocratie et modestie », *Combat*, 20 avril 1947, Pléiade II, p. 427.

4　*Combat*, 15 novembre 1944.

5　*Combat*, 21 août 1944.

耐[1]。在关乎这一主题的文章中，加缪对两次世界大战期间的媒体给出了尖刻的评价：这些媒体屈服于审查，并倾向于传播虚假和蛊惑人心的消息。[2]

虽然加缪和他在《费加罗报》的同行弗朗索瓦·莫里亚克都有着改革媒体的愿望，但他们在审查制度的问题上存在分歧。加缪反对政治审查，不反对军事审查[3]，而莫里亚克认为在战争时期两者都是合理的[4]。

在对附敌记者——如被判处了 20 年监禁的斯蒂芬·洛桑（Stéphane Lauzanne）——的批判中，加缪确认了记者的社会责任，但也将矛头指向了允许附敌者在职业上获得成功的社会：

219

> 那么应该控诉谁呢？是这个全盘接受了自身的怯懦和妥协的人，还是这个赋予一个平庸无能、缺乏道德的记者以权力，使其得以引导公众舆论，并以国家的名义发言的社会？[5]

这些以批判新闻业为主题的社论中有着对职业道德的反思，这

1　*Combat*, 10 décembre 1944.

2　*Combat*, 22 septembre et 24 octobre 1944.

3　*Combat*, 24 octobre 1944.

4　Le Figaro, 26 octobre 1944.

5　*Combat*, 31 octobre 1944. J. Lévi-Valensi, *Camus à Combat*, p. 313.

些反思在今天也应该被提出和坚持。[1]他认为，一篇好的时事报道总是应该首先去现场考察，再做决定。因此，加缪提到了快信息的风险："正如我们说过的，法国媒体对信息这一概念应该有更好的诠释。他们总是想快速地提供信息，而不是高质量地提供信息。然而在这种情况下，事实并不会被好好呈现。"[2]

他对散布谣言和虚假信息的批判[3]似乎也具有现时性：

> 让我们再次为严肃信息辩护。我们对不确切的快讯和神秘的猜想都毫无兴趣……法国人想要作战，他们知道即使没有耸人听闻的文字，也可以做到这一点。[4]

虽然讲话不属于社论，但作为其新闻批评的补充，我认为很有必要在这里介绍 1945 年 3 月 15 日加缪在法国友好协会会议上的讲话。他在讲话中谴责了一些报纸采用的基调，对它们来说，侮辱和不尊重高于辩论：

> 直到今天，在一些报刊内部，人们还是沉浸在暴力和侮辱中。但后来，他们又向敌人屈服了。与此相反，我们应恪守的

220

---

1 Voir Karl Krauss... Acrimed... manifeste.
2 *Combat*, 8 septembre 1944.
3 *Combat*, 10 décembre 1944.
4 *Combat*, 15 novembre 1944. J. Lévi-Valensi, *Camus à Combat*, p. 351.

是，不将批评与侮辱混为一谈。这就要承认与我们唱反调的人或许是正确的，无论他的理由是什么，即便是错误的，也可能是不偏狭的。最后，这涉及重塑我们政治心态的问题。[1]

加缪的这一系列批评指出了最常见的错误，这些错误至今仍然存在，如机械行为主义、化约论、公式化的套话、陈词滥调、思维定式和先入为主等：

> 我们很清楚，我们的报刊是在怎样令人难以置信的条件下制作的……出于便利原则，我们采用了威胁新闻道德和国家道德的说法和思想。这一切都是不可接受的，要不然我们就必须辞职，对我们必须做的事感到绝望。[2]

在可耻和耸人听闻的行为面前，加缪却致力于做高要求和高质量的新闻报道。例如，这位《战斗报》的社论家强烈批评了1944年11月关于玛琳·黛德丽（Marlène Dietrich）访问梅斯的报道，他认为这篇报道过于耸人听闻，十分轻浮；此外，这篇夸张的报道掩盖了有关战争进展的报道：

1　« La défense de l'intelligence », *Actuelles. Pessimisme et tyrannie*, Pléiade Ⅱ, p. 423.

2　« Critique de la nouvelle presse », *Combat*, 31 août 1944. J. Lévi-Valensi, *Camus à Combat*, p. 386.

当然，在梅斯被攻占的第二天读到这篇玛琳·黛德丽访问梅斯的报道，我们不可能不愤怒，因为我们知道这代价有多大。我们对此感到愤慨永远是合理的。但与此同时，我们必须明白，这并不意味着报纸必须是令人生厌的。我们只是不认为，在战争期间，明星的任性行为一定比人民的痛苦、军队的流血或一个国家为寻找真理所做的艰苦努力更有趣。[1]

加缪在社论的最后呼吁"批评力"与"反思和审慎的责任"，认为这是所有记者都该具有的品质。

新闻界的财政独立性是加缪媒体批评的另一个重点。他严厉谴责在金钱面前的奴性。[2]在这方面，他展现出很高的道德标准：他认为新闻业是为公民和读者服务的，不应受政治或经济利益的摆布。加缪为自己设定的目标是："让报纸摆脱金钱的束缚，赋予它们一种基调和真实性，以便将公众带往高处，使其到达所能到达的最高点。"[3]他持续关注他最关心的主题之一，这个主题今天仍然很重要，即新闻的经济独立：

对金钱的渴求和对伟大事物的漠不关心共同作用，催生了

---

1 *Combat*, 22 novembre 1944, Pléiade II, p. 389.
2 *Combat*, 11 et 31 octobre 1944.
3 *Combat*, 31 août 1944.

法国的新闻界：如果忽略掉极少数例外，它除了加强某些人的权力之外别无其他目的，除了败坏所有人的道德之外别无其他效果。[1]

这篇发表于 1944 年 8 月 31 日的题为《新媒体批评》（Critique de la nouvelle presse）的社论可以说具有象征意义，因为它包含他后来的一些思想和主张。

加缪进一步说道："既然自我表达的方式从现在开始就被驯服了，我们对我们自身和国家的责任就完成了。"[2]新闻界的偏航令他担忧，并让他想起了占领时期的某些通行做法："我们必须说服自己，我们只是在做些占领时期新闻的复制工作，是反向对称的复制。"[3]

某些媒体的道德沦丧甚至让加缪壮起胆子去谴责某些报社为了获得国家补贴而操纵销售的欺诈行为："一家同意伪造账目以营造拥有大批读者的假象并因此获益的报纸，没有权利谈论这个国家。"[4]

加缪在这方面的苛刻使他成为一个真正的楷模，他在职业上做到了廉洁和正直，这种属于《战斗报》的加缪的道德遗产，在外部

222

1　« Critique de la nouvelle presse », *Combat*, 31 août 1944, Pléiade Ⅱ, p. 384.
2　Pléiade Ⅱ, p. 386.
3　*Combat*, 31 août 1944.
4　*Combat*, 5 novembre 1944.

利益和各方压力面前，成为独立的典范。普莱内尔谈到了这份遗产：

《战斗报》是承诺的一部分，但这承诺遭到了背叛，新闻史被这种背叛搞得一团糟。选择这个参照物作为我们新挑战的守护者，无异于唤起一个错失机会、无底线妥协、极端盲目的过去。毫无疑问，这段糟糕的历史、这份沉重的遗产促生了这些放弃和倒退、懒散和堕落，这是我们这个堕落时代的特征，从政治世界到经济领域，我们的职业和许多其他活动一样，都见证了这一特征。[1]

在这种情况下，《参与传媒》希望通过发明一种新的法律和财务模式，来建立一家属于公民的非营利性信息传播公司，以此确保自身独立性：没有赞助人、没有补贴、没有广告，只靠读者为生。

以加缪为中心的《战斗报》团队曾试图建立这样一种经济模式，可惜没有成功。在加缪的最后一篇社论中，他代表他的团队说了以下的话：

在新闻界，发财的方法有很多。但对我们来说，无须多言，我们进入这家报刊的时候很穷，出来时也很穷。我们唯一

---

1 E. Plenel, *op. cit.*, p. 13. 又见同一作者的 *La Valeur de l'information*, Don Quichotte, 2018。

的财富始终是我们对读者的尊重。[1]

印刷厂罢工导致报社因缺乏资金而倒闭，除此之外，《战斗报》还拒绝资本的进入，以及存在财务依赖带来的潜在阻碍。在加缪领导的团队离开后，由于一位商人的资本介入，《战斗报》继续出版。此后《战斗报》由克劳德·布尔代领导，直到他于 1974 年去世。[2]

对新闻业的反思，是加缪留给我们的最美丽、最正义的遗产之一：

> 我们认为，一个国家的价值往往由其媒体的价值体现。如果报刊确实是一个国家的发声筒，那么我们决心站在我们的角度，作为一支微弱的力量，通过优化这个国家的语言，来提升这个国家本身。[3]

普莱内尔在他的作品中提到了加缪最后留给我们的话："通过提升语言水平来提升这个国家。"这是一场挑战："要以高质量对抗肤浅，以细心对照对抗粗心大意，以分层制度对抗流动不居，以公众力量对抗庭审，以忠贞不渝对抗心猿意马，以历史真实性对抗

1　*Combat*, 3 juin 1947, Pléiade Ⅱ, p. 645.

2　J. Lévi-Valensi, *Camus à Combat*, 2002.

3　*Combat*, 31 août 1944, Pléiade Ⅱ, pp. 384-385.

假性现时性，以记忆对抗遗忘，以不敬对抗服从，以自由对抗奴
224　役。"[1] 这是对加缪所捍卫的新闻业具有的颠覆性意义的忠实诠释。

1952 年，阿尔贝·加缪在《加缪手记》中写下了要创作一部关
于新闻业的喜剧的计划。这部戏永远都不会出现了。加缪秉持着讽
刺精神，始终对新闻业持批判态度，他指出："做报纸的目的是让
人读到它，即便不是从自己的手中读到，也必须能够在地铁上邻座
的手中读到。在邻人手中读过它的人就不会买它，但没关系，他
会谈论它。"[2] 他对媒体的批判贯穿《加缪手记》，也出现在他的
《鼠疫》一书中，他在这部作品中谴责了操纵信息、毫无判断力
的媒体。[3]

记者的角色

这个主题汇集了加缪具体阐述记者的角色和使命的文字。他总
结了自己对记者责任问题的看法："拒绝一切审查。或许不能说我

1　E. Plenel, *op. cit.*, p. 12.
2　*Carnets 1949-1959*, Pléiade Ⅳ, p. 1130.
3　在《鼠疫》中，雷蒙·朗贝尔调查了阿拉伯人的健康状况。里厄医生问这位
　　记者能否说真话。"那当然。"对方这样回答。"我的意思是，您能不能对此
　　情况进行全面谴责？""全面，不行，这一点应当说清楚。不过，我料想这
　　样的谴责并没有什么根据。"见 Pléiade Ⅱ, p. 41。（引自刘方译本。——译者注）

站在受害者的一边，但我绝不会站在刽子手的一边。谴责一切限
制自由从事这一职业的行为。"[1]他还为记者的"十戒"补充了几点：
"与其说是出于道德，不如说是要做好你的工作。（记者应是）一
个可以总结所发生之事的人，一个有思想的人。记者也是历史学
家，要对历史的见证做出评判，要对新闻证词做出评判。绝对真
理是不存在的。做好这项工作是必要的，以增加历史学家的美德，
但这要以百分百的力量去做到客观和审慎。准则是要提供批判性
信息。"[2]

　　职业道德问题贯穿加缪所有的新闻写作，几乎可以说无处不
在。在关于新闻的研究材料中，加缪为数不多署了名的社论中最早
的两篇[3]专门论述了记者的角色。加缪认为自己是名副其实的"护
卫犬"，而不仅仅是一个信息的传播者。其记者的角色并没有局限
于历史的见证者，他还做了"律师"和"伸张正义者"的工作。[4]他
主张记者应主动出击、勇于干涉，在这样的新闻逻辑下，他让自己

225

1　Bien faire son métier, Pléiade Ⅳ, p.1338. "只有当你们中的每个人都把记者这
　　个职业看作一场征服和斗争，其中的每个人都完全自洽，记者才能不再卑鄙
　　地行使不应有的特权。从这个角度来看，今天的新闻工作要么一事无成，要
　　么是一场伟大的冒险。" Ibid., pp. 1338-1339.
2　Ibid., p.1337.
3　Combat, 1er et 8 septembre 1944.
4　M. Mathien, N. Pelissier et R. Rieffel: « Avant-propos: figures du journalisme,
　　critique d'un imaginaire professionnel », Quaderni, n° 45, automne 2001. Figures
　　du journalisme: critique d'un imaginaire professionnel, pp. 49-52.

的思想服务于真理。[1]

在这里，他提出了批判性新闻的概念[2]，他也称之为思想新闻。这种新闻包括对时事的政治评论和道德评论。[3]加缪将记者定义为"首先应该具有思想的人"。这是与盎格鲁－撒克逊新闻模式不同的概念，建立在基于客观的专业价值体系之上。[4]

对加缪来说，记者的角色以其社会责任为特征。他提出记者应该在道德层面上进行真正的反思，尤其应该关注语言问题：

> 面对新闻映照出的历史的无序力量，也许值得注意的是日常生活中每个个体的反思，或者几个灵魂的共同观察。但这样做不可能没有迟疑、没有差别、没有某种相对的想法。诚然，对真理的追求并不意味着人们不会选择立场。甚至，人们即便已经开始理解我们要在这份报刊中所做之事，我们也无法在离开他者的情况下被理解。这里同其他地方一样，要找到某种基调，否则一切都会贬值。[5]

226

1　此处原文为夹注"Hanitzsch, 2007"，参考文献无相关信息，查询后疑似为：T. Hanitzsch, "Deconstructing journalism culture: Towards a universal theory", *Communication Theory*, 17, 2007, pp. 367–385。——编者注

2　*Combat*, 8 septembre 1944.

3　*Combat*, 8 septembre 1944.

4　S. Lévêque et D. Ruellan, *op. cit.*, pp. 10-11. 又见 E. Neveu, *Sociologie du journalisme*, Paris, La Découverte, 2001。

5　*Combat*, 8 septembre 1944, Pléiade II, p. 387.

　　《局外人》和《鼠疫》的作者认为，记者是"日常生活中的历史学家，首先关注的应该是事实"[1]。事实核查，即今天常说的"fact-checking"，无论是在过去、现在，还是将来，都是新闻工作的基本原则之一。他给出如下建议：

　　　　新闻工作者比公众见多识广，对于已知不可靠的信息，他们应该尽可能保持原样地向公众传达。若要对此进行直接的批评，那么在文章和信息来源中，记者应该加入尽可能清晰和准确的声明，以使公众了解信息的来龙去脉。[2]

　　加缪还在许多篇社论中表达了记者对于读者的重要作用。记者必须向读者提供经过核查的信息，同时帮助他们培养批判精神："好处是，这样会提醒他们应具有批判意识，而不只是对着简单的灵魂讲话。"[3]

　　在记者的其他基本素质中，加缪把诚实放在首位。据他说，"抵抗就是不允许谎言"。因此，他主张诚实的新闻报道，这使得恢复媒体失去的信誉成为可能。普莱内尔声称，这些主张是自己的灵感来源，他在书中谴责道："今天，在这个国家和这个时代，似乎所

227

1　*Combat*, 1er septembre 1944.

2　« Journalisme critique », *Combat*, 8 septembre 1944, Pléiade Ⅱ, p. 387.

3　*Ibid.*

做的一切都是为了打击新闻业及其价值、理想，简言之，就是消磨新闻业的朝气。"[1]

他继承了加缪关于新闻业的观点：

因为我们主张的这种新闻工作是悠久传统的一部分，与民主的要求密不可分。它致力于提供关乎公众利益的新闻，这对于保持自由和自主不可或缺。它想成为个人和集体命运的引导者和参与者。它的首要义务是呈现真实，它忠诚的首要对象是公民，它奉行的首要纪律是仔细核查，它的首要责任是保持独立。[2]

普莱内尔进一步论述时，再次提到了加缪：

在激励我们的事业中，在夺回曾经受阻的自由时，我们经常想到阿尔贝·加缪的《战斗报》，这份报纸以抵抗运动开始，诞生于解放时期，当时人们希望通过加强民主、团结和人道主义来重建共和国。他当时说的话完全没有过时，对我们来说仍然是中肯且实用的，可以用来促进数字时代新闻业的革新和重建。[3]

1　E. Plenel, *op. cit.*, p. 2.
2　*Ibid.* p. 28.
3　*Ibid.* p. 11.

　　然而，加缪对职业的投入并没有让他想到未来记者的培训问题。在工作实践中掌握职业技能的加缪，并没有提及在学校中接受职业培训的必要性。他在抵抗运动中的一些同行参与了记者培训中心（Centre de formation des journalistes, CFJ）的创设，这一机构由菲利普·维亚奈（Philippe Viannay）和雅克·里歇（Jacques Richet）在 1946 年建立。一些与加缪一起工作的人，尤其是他在《战斗报》的同事，都认为从加缪那里学到了很多，例如罗歇·格勒尼耶，他将加缪视为自己的良师益友，让·达尼埃尔也是如此。

228

　　在一期法国文化广播电台（France Culture）节目《圆桌》中，让·达尼埃尔强调了加缪留下的主要遗产："他创立了一种影响了许多记者的新闻道德。我常常想，如果是他，是否会这样做。我在模仿他……"[1]

　　让·达尼埃尔还在他的回忆录中写道："加缪的同代人，甚至是那些他在作品中最推崇的人，也从未想过后人会对他如此青睐。"[2] 他还回忆了加缪在发布一则信息前是如何深思熟虑、权衡利弊的。根据让·达尼埃尔的说法，如今镜子和过滤器都已消失，取而代之的是独家新闻的专横和信息传播的速度：

1　*Camus et moi*, avec Jean Daniel, *La Table ronde*, France Culture, 25 décembre 2012.

2　Jean Daniel, *op. cit.*, p. 11.

人们似乎不再谈论文章的发表是否适当，转而去关注它的时效性和多样性……加缪帮助我们反思我们的现代性。[1]

加缪以异常严格的要求，对记者的使命进行了构想。让·达尼埃尔以这位《战斗报》社论作者的理想，反对如今早该被禁绝的某些卑鄙手段和勾结行为。他指出：

229 有人说，加缪比其他人更易被赋予一项使命。而我们必须延长这种使命，否则就不配从事这一职业。这就是加缪这个榜样留给我们的。[2]

新闻改革

关于新闻改革的社论都是在解放时期发表的。加缪的主张涉及几个领域：法律、经济、政治，还有比这些都重要的道德领域。法国解放时期是一个很好的时机，在此期间，媒体的经济结构及其运

---

1 *Camus et moi*, avec Jean Daniel, *La Table ronde*, France Culture, 25 décembre 2012.
2 Jean Daniel, *op. cit.*, p. 20.

作均遭到质疑。[1] 这在今天仍然是一个基本问题，因为媒体面临着一个挑战：要建立一个能够保证其生存能力和独立性的功能性经济模式。

许多报刊与德国人和维希政权合作，给人们造成了创伤，这导致公众对新闻从业者和整个新闻界都怀有深深的不信任，因为它们卷入了法国当代新闻史中最黑暗的一段。[2] 因此，加缪提倡能够保护媒体免受金钱影响的法律改革：

> 侵犯自由有两种方式：通过警察力量和通过经济力量。后者可以以物质的方式来实现，或者间接地，通过引导思想，让思想变得愚钝，为了特定利益而使思想扭曲。报刊遵守的 1881 年法[3] 使该领域向金钱开放。而现在，它几乎没有得到纠正。我们知道，在战前，金钱能够在多大程度上利用报刊。[4]

230

法国《1944 年法令》实施的第一批新闻改革措施包括封禁通敌报刊并解散其报社。在解放时期，抵抗运动中出现了一种新媒体。

---

1 M. Mathien, *Les Journalistes. Histoire, pratiques et enjeux*, Paris, Ellipses, 2007, p. 115.

2 J.-M. Charon, *La Presse en France de 1945 à nos jours*, Paris, Seuil, 1991, p. 52-53.

3 指 1881 年 7 月 29 日的《新闻自由法》。——译者注

4 *Combat*, 9 mars 1945. J. Lévi-Valensi, *Camus à Combat*, p. 474.

加缪概述了这种新媒体面临的挑战："要为国家提供其需要的新闻。"这一责任不仅落在新媒体公司身上，也落在记者身上，他们必须为信息透明和民主辩论做出贡献。他还呼吁媒体重新担起自己的使命——为真相和读者服务。

在这种历史背景下，加缪呼吁道德复兴，以及对媒体独立性的民主保障："如果没有能够保障报纸真正独立于资本的政治措施，那么任何新闻界的道德改革都是徒劳的。"[1]

因此，他呼吁对金融集团的权力进行一系列限制，以避免记者受制于报刊的股东。加缪的主要思想是：通过保护新闻界免受经济和政治力量干预，来加强媒体的社会功能：[2]

> 如果这份抵抗运动报刊因暴露在金钱或权力的压力之下，而最终放弃或背叛了赋予其合法性的国家利益，那么没有采取任何措施使其摆脱这些压力，就会有些耻辱。[3]

现在的历史背景与那时大相径庭，这一要求现在已经被《参与传媒》这类数字平台接受，以应对金融危机给媒体独立性带来的风险：

---

1 *Combat*, 1er septembre 1944. J. Lévi-Valensi, *Camus à Combat*, p. 172.

2 M. Mathien, *Les Journalistes*, *op. cit.*, p. 116. 加缪希望"赋予法国新闻界一种地位，以保护其免受金融和经济势力影响"。

3 *Combat*, 9 mars 1945.

231

　　经济和政治在这里相辅相成：脆弱的媒体就是贫困的媒体。而贫困的媒体又通常是一种即使还未腐败，但至少在某些方面容易被腐蚀的媒体，比如在其实际效用、使用价值和民主合法性不被重视之处：信息——包括其质量、意义和独立性——是可以被收买的。[1]

　　在 1944 年 10 月 4 日发表的一篇社论中，加缪提到需要展开"真正的新闻界革命"。抵抗运动者将在这种"新闻界的重建"中发挥重要作用，比如《战斗报》。在 1944 年 3 月 16 日发表的另一篇文章中，他再次提到"新闻界革命"这一说法，他认为应该实施一系列改革，包括解决新闻的法律地位问题的改革。[2] 这个计划永远地夭折了。但当时，为了推动改革，他责成信息部通过法律条款和行为守则，将新闻伦理道德制度化。他还提议成立一个"荣誉陪审团"，一个在发生纠纷时负责裁决的商议机构。[3]

232

　　如今，该倡议在某些记者专业协会中仍然有得到一些支持——尤其得到了法国新闻委员会预备协会（l'Association de préfiguration d'un conseil de la presse en France）的捍卫——但也引起了很多争议，因为它可能会限制从业自由。

1　E. Plenel, *op. cit.*, p. 2.
2　*Combat*, 16 mars 1945, 9, 11 et 12 mai 1945, 22 août 1945 et 22 mars 1947.
3　*Combat*, 22 août 1945.

加缪对新闻媒体的某些分析和批评在今天仍有参考价值，但对于专家让伊夫·盖兰而言，"它们已经呈现出乌托邦的色彩"[1]。他认为加缪并没有质疑"记者职业培训、新闻界中的权力和反权力。他强调了记者的职业道德，却不问制度能怎样使之规范化"[2]。

未发表的文章:《自由记者宣言》

加缪对记者职业的反思力度在一篇未发表的题为《自由记者宣言》（Manifeste du journaliste libre）的文章中已经有所体现，这篇文章本应在 1939 年 11 月 25 日的《共和晚报》专栏中发表，但在发表前最后一刻遭到了审查。加缪写这篇文章的时候只有 26 岁，而 3 个月前战争刚刚爆发。他与帕斯卡尔·皮亚共同领导的《共和晚报》只在阿尔及尔发行，每天发行的报纸仅有一页，还是双面印刷。1940 年 1 月 10 日，阿尔及利亚总督命该报永久停刊。

这篇文章是加缪新闻反思的先声，也是他对新闻自由的有力诉求。2012 年，《世界报》记者玛莎·塞里（Macha Séry）[3]在普罗旺斯地区艾克斯的海外国家档案馆中发现了这篇文章，随后它刊登在

233

---

1 J. Guérin, *Camus, journaliste, op. cit.*, p. 18.

2 J. Guérin, *Camus, journaliste, op. cit.*, p. 18.

3 Macha Séry, *Premiers combats. Albert Camus à 20 ans*, Au Diable Vauvert, 2011.

2012 年 3 月 17 日的《世界报》上。在这篇文章中，加缪警告说，战时及和平时期的新闻业面临着审查和政治宣传带来的危险。这篇文章被埋藏在当时审查机关的档案里。我们可以在其中看到加缪的部分人道主义和道德主义思想的起源，它不受一切教条主义影响，体现了一种反叛和不屈服的精神。

这份宣言可以被视为他关于新闻批评的奠基性文本，这种批评后来在《战斗报》的社论中发展起来。加缪思忖道，记者如何在面对权力的滥用、束缚和审查时保持自由。文章以呼吁新闻自由作为开端：

今天，法国的问题不再是如何维护新闻自由，而是要寻求在自由受到压制的情况下，记者能够不受束缚的方法。这个问题不再涉及集体，而是关系到个人。

在宣言中，加缪给出了自由记者的四原则："清醒、拒绝、讽刺和固执。"这 4 个要点在他的文学作品和哲学思考中也得到发展，构成一部完整的"记者圣经"："清醒意味着要抵抗住仇恨的牵引和宿命论。"他补充说：

一个自由的记者在 1939 年不会感到绝望，他会为他相信是真的事情而战，他相信自己的行为可以影响事件进程。他不发表任何可能引起仇恨或导致绝望的消息或文章。这都应是他力所能及之事。

随后，在 1939 年，加缪谴责了毒害法国的虚假消息，并呼吁大家进行反抗："在这个日渐荒唐的世界中，也有必要拒绝一些事情。"他补充说："纵使世界上存在再多局限，一个正派的人都不会接受不道德行为。"他继续道：

> 然而，如果你知道新闻业是如何运作的，就很容易确认信息的真实性。这就是一个自由记者必须注意的。因为，如果他不能畅所欲言，他就有可能不说出他不认同的或认为虚假的东西。因此，要衡量一份报刊是否自由，就既要看它说了什么，也要看它没说什么。

加缪指出，讽刺一直是"一把利刃，可以用来对付十分强大的敌人。它是在合理范围内对拒绝的补充：不再只是拒绝虚假的东西，而要经常说出真实的东西"。

在加缪看来，固执"是一种基本美德。它通过古怪却直白的奇谈怪论，带来客观和宽容"。他如此为他的批判性宣言作结：

> 培养，或者说唤醒这样的心灵和思想，对于具有独立性的

人而言是一个微小却艰巨的任务。必须不带功利心地坚持下去。历史可能会给这些努力一个结果，也可能不会，重要的是，已经努力过了。

这些原则性宣言是加缪后来在其新闻作品中反思的雏形。他概述了新型媒体的优先事项，并呼吁在处理信息时要更加透明和严谨：

> 一份独立的报纸应给出其信息来源，帮助公众对信息进行评估，弃绝欺骗性宣传，抵制谩骂，用评论来打破信息的标准化。简言之，就是在人道的基础上，以最大的力量为真理服务。这样的做法虽然也有局限性，但至少可以让报纸拒绝世界上任何力量都无法让它接受的东西：为谎言服务。

235

在这一道德框架内，加缪还为新闻工作提出了高标准的其他必要建议：应该"高质量地提供信息，而不是高速地提供信息"，以及应该"通过适当的评论阐明每条新闻的含义"。归根结底，就是要"建立一种批判性新闻，在一切层面都不允许政治凌驾于道德之上，也不允许后者陷入道德主义"。

玛莎·塞里总结了加缪对建立新闻职业道德的贡献：

> 对于加缪来说，新闻界是一个人文社区，他在其中快速成

长，它还是一所生活和道德的学校，他在其中看到了高尚的东西。而加缪也是这个行业最杰出的代表之一，他帮助新闻行业制定了严格的职业道德准则。[1]

　　最后，加缪在"媒体再生"和"批判性新闻"这两个概念的基础上，提出了一种新闻学理论。他提倡自上而下的媒体改革，这既关涉媒体的法律地位和经济独立性，也关涉记者的社会责任。他还讨论了该行业应选择的方向，并将读者、知识分子的正直、独立性和对真相的求索放在首位，同时没有忘记警告媒体，不要走到耸人听闻的方向上去。在加缪看来，当下的新闻业要"回归本心"，贴近"真实的人"，报道被传统媒体遗弃的领域和地带，让不可见的东西变得可见，归根结底，要重建公众的信任。

　　加缪对新闻界的建议塑造了一种介入式新闻模式，这种模式促成了法国当代的辩论氛围，并且正如我指出的那样，这对新数字媒体有很大启发。在法国媒体深陷身份危机的情况下，加缪再次创造了"行业神话"。这种身份危机存在的原因是技术变革和战略调整、报刊收购、编辑部合并、裁员、机构脆弱等媒体的财政危机阻碍了媒体的独立性。当然，促成"行业神话"也源于当前越来越不信任记者的情况，公众认为记者是在为精英服务。

236

1　*Le Monde*, 17 mars 2012.

在数字报刊《参与传媒》的开刊宣言中，埃德威·普莱内尔以一种"带有批判性质的主观性"姿态提到了加缪，并将他推崇为当今新闻界的榜样。这份演讲旨在通过成为"立场坚定的媒体，即与公众平等的行动者"，来"重建新闻权威"。[1]

加缪对新闻的反思在法国仍有生命力，它激发了一种模式，即记者作为"对民主的辅助，捍卫社会，实践战斗性新闻"[2]。下面这段话发表于《战斗报》1944年8月31日的一篇社论中，题为《对新媒体的批判》，它也许最恰当地总结了阿尔贝·加缪留给新闻行业的思想和道德遗产：

> 我们每个人都该在说话之前考虑清楚，细致入微地塑造属于自己的新闻精神，专注于写作，永远不要忽视重新听到一个国家最深层声音的巨大需求。如果我们将这种声音视为体现活力的声音，而非源于仇恨的声音；认为它基于一种高尚的客观性，而非花言巧语；认为它是人性的反射而非低劣的结果，那么很多东西就会得到拯救，我就不会失去尊重。

237

---

1 S. Lévêque et D. Ruellan, *op. cit.*, p. 10.
2 *Ibid.* p. 11.

一个流产的项目

虽然加缪的《战斗报》因其自由、严谨和独立的新闻实践而成为新闻界的标杆，但由于财务上的迟滞，这一新闻项目流产了。除了销量下降（达到 20 万份的印量高峰后就开始下降了），报社还存在账户管理不善的问题，这被《战斗报》撰稿人罗歇·格勒尼耶描述为"业余"。[1]1947 年 2 月到同年 3 月的印刷厂长期罢工使报社筋疲力尽，没有资金来源，报社束手无策。根据罗歇·格勒尼耶的回忆，皮亚用电报宣布了自己要离开《战斗报》管理层的消息，皮亚忠实于自己的理想主义逻辑，认为与其把报社卖给新股东，不如自行停刊。于是加缪选择回归《战斗报》，为了挽救难以挽救的东西，而且最重要的是，要保障报社员工能拿到薪水，确保他们在找到新雇主之前不会流落街头。

从区域性报刊《北方之声》到最接近权力中心的圈子，他们得到了来自各方的不少提议。其中一项提议将他们带到了国家的中心。时任法国总统戴高乐将军愿意几乎无条件地提供 100 万法郎，唯一的条件是皮亚留任社长，以支持这份他认为有必要存在的日报，尽管他不同意该报专栏捍卫的观点。然而，这一提议被拒绝了。戴高乐向后来成为文化部部长的马尔罗表达了他对这份报刊的

1　R. Grenier, *Albert Camus, op. cit.*, p. 225. "它的管理方式一直比较业余，而新媒体的销售团队之间的竞争变得很激烈。"

尊重，因其诚实的品质以及足以成为模范的风骨："你在《战斗报》的朋友是怪人，这很遗憾，但他们是唯一诚实的人。"[1]

今天，和过去一样，报刊的经济问题本质上是要找到平衡的问题：既要维持生计，又要确保主题的编辑独立性。正如我们之前看到的，加缪在他对新闻业未来的思考中提出了一些核心问题：资金问题，以及在经济压力下会限制编辑自由的各种障碍。

《战斗报》失败还有些其他原因，例如，知识类报刊《世界报》与它的激烈竞争，以及思想新闻的衰落。曾为《战斗报》撰稿一年的雷蒙·阿隆谈到了时代的变迁："《战斗报》这份抵抗运动的刊物，在一个政党政权的新闻环境中找不到自己的位置……对社会主义者来说，它的戴高乐主义太强；对于温和派来说，它的反殖民主义太强；对于人民革命运动（le MPR）[2]来说，它的用词和风格太左派。它吸引了所有党派的边缘人，但它徒劳地寻求站在中心位置，渴望成为其追随者的核心。"[3]

对于加缪研究专家让伊夫·盖兰教授来说，"国际形势和知识背景导致了他的失败；该报的反极权主义选择，将它与左翼知识分子的一种重要思想割裂开来：这些左翼知识分子将目光投向萨特。

239

1　R. Grenier, *op. cit.*, p. 225.

2　全称为 Le Mouvement populaire de la révolution, 是刚果民主共和国的一个政党，于 1967 年建立。——编者注

3　R. Aron, *op. cit.*, pp. 216-217.

冷战又明确了这两种不同的选择"[1]。

最后，《战斗报》限制了资本的介入。首先是皮亚拒绝了资本，皮亚辞职后，加缪也表示拒绝，他的理由是：这可能导致编辑路线受到影响，被强迫选择新方向。主要出于这个原因，他们离开了《战斗报》，很显然，这代表着那整个时代的终结。

据罗歇·格勒尼耶在其讨论加缪的书中所言，帕斯卡尔·皮亚甚至有一天对他的合作者预言："我们在尝试做一份合情合理的报纸，但由于世界是荒谬的，它必定会失败。"[2]

加缪通过《战斗报》介入世界的那些年对他来说激烈而紧张。他赋予了这份报刊一种法国媒体前所未有的道德良知。他全身心地投入报社工作中，将这份职业作为自己的生活方式。他认为记者这个职业不是一种谋生手段，而是一种生活和思考当下的方式。随着编辑路线的变化，以及团队中新潮流的出现，他最终与这份报纸渐行渐远。

在这之前有几个短暂的时期，加缪也远离过《战斗报》。有时是出于健康原因，但正如我们所说，有时也是出于与编辑路线的分歧。对这种离席的说明和对这些小插曲的解释，可以在他 1945 年 11 月 19 日写给其朋友兼《战斗报》领导者的帕斯卡尔·皮亚的信中找到：

---

1 N. Racine-Furlaud, « Le premier combat de Camus », *Vingtième siècle. Revue d'histoire*, 1987, pp. 110-112.

2 N. Racine-Furlaud, « Le premier combat de Camus », *Vingtième siècle. Revue d'histoire*, 1987, p. 218.

我总是怀着复杂的心情阅读《战斗报》，但从未感到满意。在我看来，读者只能在你接连的立场中，看到矛盾和前后不一致的地方。　240

随后，加缪选择暂时退出报社。他在多场论战中的对手弗朗索瓦·莫里亚克感觉到了他的缺席，并认识到没有加缪风格的《战斗报》不再是原来那样："这种智识上的诚实，保证了《战斗报》的声望。"

1946 年起，加缪再次开始撰写社论，但他的作品越来越少。同年，《战斗报》进行重组，选择了新的编辑方向，准备迎接新潮流：

既是为了避免单调，也是为了在这里听到不同的声音，（我们）决定要常将社论的位置让给各式评论和个人观点，又能在有需要的时候回到惯常的模式，表明基本立场。[1]

随着新主人的到来，《战斗报》编辑路线的变化达到了高潮。吉蒙保留了高达 20% 的股份，但帕斯卡尔·皮亚、阿尔贝·加缪、阿尔贝·奥利维耶、雅克利娜·贝尔纳和让·布洛克－米歇尔（Jean Bloch-Michel）将他们的股份卖给了他们在抵抗运动中的前同事克劳德·布尔代和亨利·弗雷奈。《战斗报》的第一个时期结束

1　« À nos lecteurs », *Combat*, 3 juin 1947, Pléiade Ⅱ, pp. 645-647.

了，由阿尔贝·加缪和帕斯卡尔·皮亚组成的编辑团队离开了。长达9年的团队合作中，他们联合起来做了很多重大新闻项目，但在1947年结束了合作。

1947年6月3日，加缪和他的团队在题为《致我们的读者》（À nos lecteurs）的最后一篇文章中，宣布他们将离开报社：

> 但我们从未放弃过任何属于我们这一职业的荣誉。因为这份报纸确实与众不同，多年来它一直是我们的骄傲。要表达我们今天离开《战斗报》的感受，这是唯一一种毫不失礼的方式。

克劳德·布尔代接管了《战斗报》。法裔突尼斯商人亨利·斯马亚（Henri Smadja）成为该报的新主人，直到1974年该报最终消亡。布尔代担任主管的时间很短，由于与新的所有者斯马亚发生分歧，不久就被其他人取代了。

法国知识分子、《战斗报》撰稿人让·布洛克－米歇尔，在以下这封信中赞扬了加缪领导编辑团队时，该报的战斗精神和充满勇气的独立性：

> 《战斗报》存在的理由，以及它在法国媒体中独树一帜的原因，是它完全独立于权力和政党。这一切得益于它拒绝以个人或党派论战的口吻处理政治问题，而发表这类文章意味着报

纸的彻底转型，也意味着彰显其价值的东西消失，而这种价值无疑是道德和知识层面的，而非商业层面的。[1]

让·达尼埃尔还强调了这份遗产的持久性：它是"自法国媒体存在以来，内容最好的一份报纸"[2]。

对于加缪来说，《战斗报》的故事仍然是令人失望的，一种夹杂着怀旧和苦涩的失望……尽管如此，让·达尼埃尔回忆道，"他对新闻业的信念始终如一"："从《战斗报》消失以后，成千上万的读者一直在给他写信，这加强了他的这种信念，使其愈发坚固。"[3] 242

法国新闻界对《战斗报》的消失做出了各种反应。一方面，主流媒体的支持者认为取得了胜利：这份总是对新闻业指指点点的年轻报刊失败了。另一方面，有人认为成功的《战斗报》并不是这份真实存在的《战斗报》。据让·达尼埃尔所说，这两种反应都困扰着加缪，第二种反应给他带来了更大的痛苦。

多年以后，1951 年 11 月，在由让·达尼埃尔领导的《卡利班》杂志的第 51 期，也是最后一期的采访中，《西西弗神话》的作者吐露了他"对新闻业的尊重"，以及他从事这一职业的自豪。而在离开该行业 4 年之后，他也重申了对新闻业的批判：

1　J. Lévi-Valensi, *Camus à Combat*, p. 100.

2　Jean Daniel, « Le combat pour *Combat* », art. cit., p. 91.

3　Jean Daniel, *op. cit.*, p. 45.

法国的大部分媒体远没有反映公众的思想状况，而只是呈现了那些新闻制造者的想法。除了一两个例外，窃笑、嘲讽和丑闻构成了我们新闻的基础。[1]

当让·达尼埃尔问及《战斗报》的冒险对他来说意味着什么时，加缪明确表示，他希望恢复这个流产过的新闻项目。他重返新闻界的愿望显而易见：

《战斗报》曾经很成功。它并没有消失。它让一些记者良心不安。在离开法国媒体的百万读者中，有些人离开是因为他们早就认同我们的要求。当有一天经济形势稳定下来之后，我们会再做《战斗报》，或类似的报纸。我们用两年时间做了一份绝对独立的报纸，它从未有失体面。我不会再要求更多。总有一天，一切都会得到回报。这是一种选择。[2]

但加缪的过早离世使他在 1951 年的采访中提出的想法搁浅了。加缪本来是否会回到新闻界，我们永远不会知道了。现在只有他对此意图的宣告和他人的猜测。命运阻断了这一切。

有必要回顾一下让·达尼埃尔鼓励我们为了当代新闻业的发

1　Jean Daniel, *op. cit.*, p. 43.
2　*Ibid.*, p. 44.

展，去继承加缪的遗产时所说的话。"有人说，加缪比其他人更易被赋予一项使命……这就是加缪这个榜样留给我们的。同样留给我们的还有，加缪为所谓'真理的冒险'而奋斗的形象……他说：'为这样的职业而奋斗是值得的。'"[1]

让·达尼埃尔在他的作品《与加缪一起》中，给出了许多理解加缪的新闻概念的关键：

> 事实上，我们可以说，加缪一直怀念的新闻界是一种赌注，人们没有留给他太多时间去经营它：构造一份能够驱逐一切形式的谎言的报纸，它的德行也将让人开心，在那里，正义、爱和幸福这三项原则将得到坚决捍卫。[2]

他补充道：

> 哪个左派敢于把荣誉作为一种理想？除了加缪别无他人。我们永远不要忘记加缪的西班牙精神，对他来说，西班牙精神一方面在于"对荣誉的狂热"，另一方面在于其悲剧性。他把这种堂吉诃德主义带到了各个地方，甚至是新闻界。[3]

244

1　Jean Daniel, *op. cit.*, p. 20.
2　*Ibid.*, p. 18.
3　Jean Daniel, *op. cit.*, p. 18.

让·达尼埃尔还列举了加缪以苛刻的要求批判媒体——更确切地说是糟糕的媒体——的原因。对于加缪无法容忍的媒体的偏向和迷失，让·达尼埃尔列出如下问题：

> 受金钱、权力奴役，不惜一切代价地取悦他人，在商业或意识形态的借口下肢解真相，对极恶之人的奉承，耸人听闻的"爆点"，庸俗的排版……概括地说，就是对读者的轻视。[1]

在一次更新的采访中，埃德维·普莱内尔展现出了与加缪相通的想法，他也希望通过不依赖外部资本的财务自主来保证独立性：

> 我记得的另一点是，《战斗报》记者加缪在独立性、距离感方面要求很高，他甚至与金钱势力决裂。他想把新闻工作和信息生产从资本主义逻辑下的装腔作势、暧昧不明和腐败堕落中分离出来。在这里，我们看到了加缪作为一名记者的激进主义。[2]

245

1　Jean Daniel, *op. cit.*, p. 46.
2　埃德维·普莱内尔的采访，发表于 2010 年 1 月 4 日的《新观察家》。

第六章　《快报》专栏作家

"当下"，一个与之匹配的平台

加缪于 1955 年重返新闻界。这时距他离开《战斗报》已经过去了 8 年多，而距他作为记者加入《阿尔及尔共和报》已经过去了超过 17 年。尽管他确实经历了对这一职业的某种厌恶，但他始终承认，他很珍视这一职业带给他的自由感。他现在是一位知名作家，享有极高的声望。他已成为法国知识界的标杆之一。那么，回归这一行业是如何成为加缪后来的文学创作的起点的？

加缪首先是一位介入社会的作家：他认为在某些时候，参与政治生活是很有必要的。阿尔及利亚战争是他在 1955 年回归的原因之一。他开始与《快报》周刊合作，主要是为了支持皮埃尔·孟戴斯·弗朗斯。加缪钦佩弗朗斯的正直，以及欧洲主义和人道主义承诺，希望与弗朗斯的政党——共和阵线一起，重新找回权力。如果说，在阿尔及利亚问题上的立场是加缪加入《快报》的主要原因，

那么他后来离开这份周刊也是出于同样的原因。在共和阵线胜利之

247　后，居伊·摩勒（Guy Mollet）将重新掌权，取代孟戴斯·弗朗斯，

正如让·达尼埃尔所指出的那样：

> 一份心照不宣的合约就此撕毁。他是为一个从舞台上消失
> 的人而来……人们一致认为，这比加缪没有参与制定编辑路线
> 更事关重大。他根本不可能参与其中。他自己也事先拒绝了。
> 唯一适合他的职位是领导者。[1]

让-雅克·塞尔旺-施赖伯和弗朗索瓦丝·吉鲁为加缪提供了
一个合适的平台。他们给了加缪一个空间，让他恣意发挥，他可以
在那里发表对时事的看法。《快报》国际部的总编辑让·达尼埃尔
最终认定加缪是最负盛名的特邀作家之一。加缪以最纯粹的社论风
格一共为《快报》写了 35 篇观点类专栏文章，让人想起了《战斗
报》时期。

这些专栏文章都以"当下"为题发表，这是加缪的专栏名称。
第一篇发表于 1955 年 5 月 14 日，最后一篇发表于 1956 年 2 月 2 日。
这一时期很短，但成果颇丰，特别是在对阿尔及利亚问题的立场方
面。该周刊受到美国新闻杂志模式启发，非常现代，风格自信，但

1　Jean Daniel, *op. cit.*, p. 57.

有时附有加缪不喜欢的广告。《快报》在为受过高等教育的城市精英提供信息方面做出了形式上的创新。《快报》最初以周刊的形式出现，但不久之后，随着选举日期临近，它从 1955 年 10 月起变成了日报。

　　加缪与《快报》的合作拉近了他与记者们的距离，与他们建立起深厚的友谊，例如当时法国国内政治部的负责人皮埃尔·维昂松－蓬泰（Pierre Viansson-Ponté）。而最重要的是，加缪因此与让·达尼埃尔有了交集。让·达尼埃尔和他一样出生在阿尔及利亚，当时是《快报》外交政策板块的主编。他还记得，加缪经常在《快报》的编辑部来来去去：

　　248

　　　　每周三他都来报社写文章。我那时和这一行业的其他人一样，有些虚情假意。他写文章很顺利，写完会拿给我看。他知道我不会做任何改动，哪怕是一个标点，而我会装模作样地改点什么，有时只是一个逗号……我想，那几个月我与他一起，陷入了对阿尔及利亚痴迷的思考。我可以说出加缪对阿尔及利亚的真实想法。阿尔及利亚与法国彻底分离对他来说是不可想象的。[1]

1　*Camus et moi*, avec Jean Daniel, *La Table ronde*, France Culture, 25 décembre 2012.

　　在《快报》编辑部的走廊里，持各种观点的记者、作家和政治家来来往往，例如，共和阵线获胜后将被赶下台的孟戴斯·弗朗斯，甚至还有弗朗索瓦·密特朗。一个命运的悖论是，加缪与他在《战斗报》时期进行激烈论战的对手——作家兼记者弗朗索瓦·莫里亚克，如今共同出现在《快报》上，后者发明了自己的新闻体裁，即著名的"笔记文"。解放时期的那些争吵了结了……莫里亚克最后也会因其他原因离开《快报》。[1] 在莫里亚克的人物传记[2]中，让·拉库蒂尔讲述了莫里亚克看到那些夸张标题时的失望。

　　尽管1955年的时事新闻与加缪在《战斗报》时做的新闻相比，相似之处很少，但某些基本主题仍然没有改变，包括他对阿尔及利亚问题的关注。此外，他对记者这一职业的看法没有改变。在他发表于1955年5月14日，写于希腊，题为《人性的职业》（Le métier d'homme）的第一篇专栏文章中，他通过描绘一个由希腊、阿尔及利亚两地的考古学家和建筑师组成的国际团队，向团队合作、人性的职业、民族之间的和谐以及建设更美好世界的行动致敬。这篇专栏文章预示了加缪在与《快报》的合作中会再次采用的笔调和道德立场。以这个例子作为象征的，这种被他描述为"兄弟般"的融洽关系，被他当作向记者这一久别重逢的职业致敬的理由："我知道

249

1　关于这一点，更深入的讨论见第四章"游刃有余的论战者"。
2　J. Lacouture, *François Mauriac*, Paris, Seuil, 1980.

我从来没有像现在这样开心、平静过：从事一份值得信仰的职业，在我可以去爱的人中间工作。"[1]

加缪的新闻观念与当初一样，即必须寻求真相，即使它令人不安："事实就在那里，思想必须首先承认它们，然后，如果思想不想死，就会发展。"[2]

在一些专栏文章中，他对新闻界和言论自由的作用进行了思考："言论自由以思考的权利为前提，谵妄是自由的反面。"[3]

加缪可以完全自由地选择他的专栏主题，于是他将政治、文化与社会问题结合起来。时值莫扎特诞辰 200 周年之际，加缪既提到了法国日常政治生活，也提到了工人阶级状况。在一篇带有文学色彩也混杂着一些个人思索的专栏文章中，他向这位音乐家的崇高和人性致敬： 250

> 莫扎特真正伟大之处，他唯一令人钦佩的地方在于，即使到了今天，他也像所有伟大的创作者一样，帮助数百万人活下来，我们实用主义的统治者却对他们很冷漠。[4]

1　« Le métier d'homme », *L'Express*, 14 mai 1955, Pléiade Ⅲ, p. 1016.

2　« Le rideau de feu », *L'Express*, 11 novembre 1955, Pléiade Ⅲ, p. 1041.

3　« Les élus et les appelés », *L'Express*, 15 novembre 1955, Pléiade Ⅲ, p. 1044.

4　« Remerciement à Mozart », *L'Express*, 2 février 1956, Pléiade Ⅲ, p. 1078.

这篇向莫扎特致敬的文章发表于 1956 年 2 月 2 日，是加缪为《快报》撰写的最后一篇文章。他以此结束了与报社的合作，告别了新闻界。他用一句话概括了对自己命运的看法，这句话在时代的动荡中传递着人道主义价值观。加缪离开时，将自己的愿景与他认为是莫扎特的愿景联系起来："最重要的是，这是他与历史的结合点，他没有将自己从一切中抽离，他拥抱整个人类领域，从享受乐趣到情感流露；并且，他接受他的时代，不对它感到不满。"

反对种族主义和排外心理

今天再阅读加缪当时论及的主题，可以看到它们在看待种族主义、排外心理和对移民的恐惧时的现实意义。他在《战斗报》中谴责了这些事实，又在《快报》专栏中对此进行指控。在 1955 年 11 月 29 日发表的一篇文章中，加缪批评了"挑起轻蔑态度和种族仇恨的肮脏行为"。这里指的是对阿尔及利亚人的态度。他们来到法国本土，希望在这里找到更好的工作，过上更好的生活，却发现自己遭到社会中一部分人的排斥。加缪在为《阿尔及尔共和报》撰写的一些文章中，通过讲述移民工人在法国的艰难处境，谴责了这种对移民的态度。排外心理困扰着加缪，法国人对阿尔及利亚人的种

251

族主义的升级也困扰着他，他对此也进行了批判。[1]

捍卫工人阶级的利益也是加缪偏爱的主题之一。他谴责工厂工人每天遭受的掠夺、剥削和羞辱：

> 我们先进汽车的拥有者必须知道——即便他不愿承认——在那些制造它的人中，有些女人为了不损失 3 法郎的奖金而不去上厕所，有些男人住在 16 人一间的宿舍里，睡着上下铺。[2]

加缪呼吁改善工人阶级的状况。与此一脉相承的是，他还在其他文章[3]中谈到了强者与弱者之间的不平衡。他再次用挖苦和讽刺的手法，谈起悲剧性的主题。他在一篇题为《公主与屋顶工》(La princesse et le couvreur)[4]的文章中讲述玛格丽特公主的访问时，也用了这一手法。他将混淆公众视听的特权者的世界，与一个 73 岁工人的悲惨生活进行了对比，而后者的生活无人关注。加缪想知道，

252

---

1 « La loi du mépris », *L'Express*, 29 novembre 1955, Pléiade Ⅲ, p. 1051. "无论如何，我们都觉得有必要提醒一下，30 万北非人因为在当地无法生存而到法国生活，他们在敌人的天空下，在可怕的住房条件下，力所能及地工作，他们中的绝大多数都值得我们主动的友谊。"

2 « La condition ouvrière », *L'Express*, 13 décembre 1955, Pléiade Ⅲ, p. 1058. 与此类似的观点，见 « Les déracinés », publié le 25 novembre 1955。

3 « La chaussure et le rouet », *L'Express*, 22 novembre 1955, Pléiade Ⅲ, p. 1048; et « La main tendue », *L'Express*, 23 décembre 1955, Pléiade Ⅲ, p. 1064. 在这后一篇文章中，他指出了国家对两名拒绝与省长握手的工会会员处以罚款的荒谬之处。

4 « La princesse et le couvreur », *L'Express*, 8 novembre 1955, Pléiade Ⅲ, p. 1039.

为什么这个人到了这把年纪还必须工作，并指出公众对这些重大社会问题失去了兴趣。

在《战斗报》专栏中已经出现过的其他主题也再次被提及，如和平主义、对核武器的断然拒绝、意识形态的终结。这让人想起广岛原子弹爆炸后加缪在《战斗报》上发表的社论。此外，他向和平主义的象征甘地表示敬意，在赫鲁晓夫参观这位印度伟人之墓时，加缪将甘地描绘为反列宁的。尽管加缪指出，历史最终证明了甘地是正确的，但加缪不理解跪在非暴力象征前的苏联领导人，因为此时其政策提倡完全相反的做法。

加缪对西班牙的兴趣和对政治的介入促使他写了3篇专栏文章来谴责佛朗哥政权，尤其是佛朗哥的西班牙竟然加入了联合国。但他没有忘记向支持共和的这一代西班牙人致敬，他们是加缪为自由而战的精神导师："在1936年到1939年的动荡中，那些人明白，这一切不会让他们停止返还他们欠西班牙的东西。"[1]

左派的战争、知识分子与政治的关系、对自由的热情、对个人自由的捍卫，这些也是加缪文章的主题。

---

1 « Fidélité à l'Espagne », *L'Express*, 24 août 1956, Pléiade III, p. 989. 另外两篇关于西班牙的文章是：« Les bonnes leçons », le 9 décembre 1955 (Pléiade III, p. 1056) 和 « Démocrates, couchez-vous ! », le 18 novembre 1955 (Pléiade III, p. 1046)。他还说："但我们的历史是从这场失败的战争开始的，西班牙是我们真正的老师。"

阿尔及利亚，始终如一

阿尔及利亚战争是加缪重返新闻界的原因之一。目前，攻击和镇压的浪潮越来越高，促使他在他的专栏"当下"中频繁论及这个问题。这是一场折磨、撕裂他的冲突。加缪为阿尔及利亚局势写了13 篇文章。[1] 他提出了自己的观点，甚至提出了一些以和平为目的的想法和方案。专栏文章就像社论一样，允许他选择立场。在这些新闻文本中，"我"无处不在，加缪在其中揭露了阿尔及利亚战争造成的他的个人悲剧：

> 今天的阿尔及利亚沉溺在磨难之中，我们怎样能带着这种苦难存活？在这种永恒的心碎中，每一次死亡，无论是法国人还是阿拉伯人的死亡，都被我视为一种个人不幸。[2]

加缪以教育者的姿态反对偏见，认为法国媒体应该为之负责；他回顾了自己的童年，并唤起了对见证其成长的国家的记忆。当他使用"我们"这个表述时，他指的是法国本土人。他注意到了导致

254

---

1 参见 J. Guérin, « Un Algérien à L'Express », in *Littérature et politique, op. cit.*, pp. 233-254。

2 « Terrorisme et répression », *L'Express*, 9 juillet 1955, Pléiade Ⅲ, p. 1022.

当前局势的接连不断的裂痕：殖民当局管理不善、失约、误导和不公正。加缪提出的大部分建议都与其在《阿尔及尔共和报》时期的报道相呼应，尤其是与伟大的"卡比利亚的苦难"系列报道相呼应，他谴责了造成灾难的土地政策。他在另一篇文章中提到了这些，即 1955 年 7 月 23 日发表的题为《阿尔及利亚的未来》（L'avenir algérien）[1] 的专栏文章。他提供了一个历史语境，使理解阿尔及利亚殖民政策的多重失败成为可能。

　　在 1955 年 7 月 9 日和 10 月 16 日刊登的文章中，加缪恳求双方进行对话。他想组织一场会议，将双方聚集在一起。这是一个明智的提议，适用于任何和平进程：

> 在当今世界，敌人隐遁无形；斗争是抽象的，没有什么能使它现身，也没有什么能弱化它。看到对方、听到对方的声音可以赋予斗争意义，但也许会使其徒劳而虚妄。[2]

　　在报刊专栏中，加缪与冲突的双方都进行对话，主张打破僵局。对阿尔及利亚人，他表达了自己的声援，把自己说成"20 年

255　　来，远在他们的事业被巴黎看到之前，就在阿尔及利亚的土地上，

1　« L'avenir algérien », *L'Express*, 23 juillet 1955, Pléiade Ⅲ, p. 1028.

2　« La table ronde », *L'Express*, 18 octobre 1955, Pléiade Ⅳ, p. 357. 所有这些文章都被收录在 *Actuelles Ⅲ. Chroniques algériennes 1939-1958*, Pléiade Ⅳ, « L'Algérie déchirée », pp. 356-372。

在近乎与世隔绝的情况下，捍卫他们正当权利的人"[1]。

在 1955 年 12 月 27 日发表的另一篇题为《伟大事业》（La grande entreprise）[2]的专栏文章中，加缪呼吁法国政府采取公正的措施，尊重阿拉伯人和法国人之间平等和互相理解的诉求。面对不断升级的暴力，他从未停止寻求和平解决措施。他的斗争建立在劝说和善意的基础上。然而，阿尔及利亚的恐怖并没有停止，恐怖袭击接踵而至，镇压加剧：这些消息使加缪的意志日渐消沉。他在 1956 年 1 月 10 日发表的题为《为平民休战》（Trêve pour les civils）的专栏文章中表达了这一点：

> 邮件、报刊，甚至电话，没有一天不传来来自阿尔及尔的可怕消息……而我们不得不忍受这些。在这个泥混着雪的巴黎，一天比一天沉重。[3]

加缪最后一篇关于阿尔及利亚的文章发表于 1956 年 1 月 26 日，题为《向前一步》（Un pas en avant）[4]。这篇文章发表于他从阿尔及利

1　« Les raisons de l'adversaire », L'Express, 28 octobre 1955, Pléiade Ⅳ, p. 363.

2　« La grande entreprise », L'Express, 10 janvier 1956, Pléiade Ⅲ, p. 1066.

3　« Trêve pour les civils », L'Express, 10 janvier 1956, Pléiade Ⅳ, p. 367. 此后不久，在 1955 年 12 月 16 日发表的另一篇题为《生命的暂停》［La trêve du sang, 发表于 1955 年（Pléiade Ⅲ, p. 1060)］的同类文章中，他呼吁停止暴力升级。

4　« Un pas en avant », L'Express, 26 janvier 1956, Pléiade Ⅲ, p. 1076.

亚回来后。在那里，他发表了支持和平的演讲，请求休战，这是恢
256　复双方对话的唯一办法。这场对话的失败让他感到非常难过。

与新闻业永别

　　加缪与《快报》的合作只持续了 9 个月。当他加入该报刊时，
《法兰西观察家》的一些记者对他加入一家与他的新闻理想相去甚
远的刊物感到惊讶。与萨特的立场相近的，由克劳德·布尔代领导
的日报《法兰西观察家》随后发表了一篇文章[1]，质疑加缪加入"具
有美国风格"的《快报》这一行为："阿尔贝·加缪，他对媒体的
构想与弗朗索瓦丝·吉鲁女士不同，他会给《快报》开一个文学
专栏。"

　　加缪在发表于该报的一封信中驳斥了对他的攻击。他解释说，
如果说存在一份他永远不会为其撰稿的报纸，那一定是《法兰西观
察家》。他既不认同该报对记者这一角色的定义，也不认同其对新
闻客观性的理念。

　　让·达尼埃尔认为，加缪在《快报》时"从未真正感到自在"[2]，

1　Giroud, F., *Leçons particulières*, Paris, Fayard, 1990.
2　Jean Daniel, *op. cit.*, p. 54.

即使加缪自己解释说"他从不寻求自在"[1]。这首先是让－雅克·塞尔旺－施赖伯的杂志。加缪没有对他表现出像对帕斯卡尔·皮亚那样的尊重，也没有与他建立起那种同谋关系。塞尔旺－施赖伯过度膨胀的自我超出了对孟戴斯·弗朗斯的单纯支持。对于塞尔旺－施赖伯来说，新闻是通向政治的便捷工具，甚至是跳板。成为法国总统是他的梦想，也是他挥之不去的野心。据让·达尼埃尔所说，《快报》让加缪不满的众多元素中包括"某些巧妙的广告……也许塞尔旺－施赖伯家族'家财万贯'，超出了我们的认知"。[2]尽管如此，让·达尼埃尔也承认：

257

> 然而，加缪的记者风范太足，以至于看不到他快乐的时刻。我又见到他了，他交给我一篇他刚写的文章，笔调坚毅、用词细腻、结构紧凑。但他也太像一个团队的领导者、一份报刊的主持者了，以至于他在《快报》没有参与的任何事情都只能让人思考，如果他是刊物领导，他会怎么做。[3]

加缪最终也没有认同《快报》关于阿尔及利亚的编辑路线。由于失望，他于1956年2月离开了该杂志，从而结束了他的新闻生

1　Jean Daniel, *op. cit.*, p. 54.
2　*Ibid.*, p. 55.
3　Jean Daniel, *op. cit.*, p. 55.

涯。他写完了《堕落》。

　　一些作者认为，《快报》呈现了一个比《战斗报》更具文学性的加缪：表现力更强，更简洁明了，还有合适的标题为其增色。然而，我们还是可以在其中看到加缪在《战斗报》中关于阿尔及利亚的早期文章的影子：某些隐喻和特定风格。他精心构建了《快报》上的每一个专栏。历史背景不同了，加缪的文学和思想背景也不一样了。他经常引用夏多布里昂、贝尔纳诺斯、波德莱尔、圣埃克絮佩里和萨德的话，但从不引用萨特。

258

第七章　新闻与介入

一个介入记者

在埃米尔·左拉[1]的影响下，介入记者的形象出现在了 19 世纪末的法国。左拉于 1898 年 1 月 13 日在《震旦报》专栏中发表了著名文章《我控诉》。其他知名人士，如让－保尔·马拉、维克多·雨果、让·饶勒斯和让－里夏尔·布洛克（Jean-Richard Bloch）等，也加入这一行列，扩大了介入记者的规模。不要忘记，在 19 世纪中期，某些介入记者反对资本主义，如皮埃尔·勒鲁（Pierre Leroux）和路易·勃朗（Louis Blanc）[2]，他们谴责对工人的剥

1　A. Wrona (dir.), *op. cit.* 像那个时代的许多作家一样，左拉利用媒体来传播他的思想和理念，无论是文学的还是政治的。另见 Henri Mitterand, *Zola journaliste*, Armand Colin, 1962。左拉是一群反对帝国政权（1868—1870）的民主记者中的一员。

2　路易·勃朗是杂志《前进：政治、社会和文学》（*Revue du progrès : politique, social et littéraire*，1839-1842）的主编，也同皮埃尔·勒鲁和乔治·桑一起，是《独立评论》（*Revue indépendante*, 1841-1848）的编辑。他的介入体现在要求扩大选举权。

削和使用童工。但是，这一概念得以确立是在 20 世纪中叶，即在
两次世界大战之间成长起来的那一代人中。以阿尔贝·加缪为首的
这一代人，将"介入"作为新闻业的行为典范："对真相的索求不
妨碍有自己的立场。"[1]

加缪还补充说："客观不等同于中立。"他对思想新闻的坚决捍
卫正是以此为基础。这是一种以真相为背景的批判性新闻，向读者
提供真诚的观点和评论，使其能够对时事形成自己的看法。[2] 虽然
近年来在法国，以推崇客观性的盎格鲁－撒克逊模式为代表的更加
"旁观"和"中立"的新闻已经占据主导地位，创造了行业神话，
但是主张回归介入性更强、更具批判精神的声音也开始出现。[3]

1　« Le journalisme critique », *Combat*, 8 septembre 1944, Pléiade II, p. 386.

2　参见 « Bien faire son métier », 1946, Pléiade IV, pp. 1335-1339。"记者是文字的
持有者，因为拥有这危险的宝藏，他有时他以国家的名义说话……但无论如
何，在任何时候，记者这一职业拥有的好处和肩负的责任是相当的；因此，
它既是一份职业，也是一项使命……从这个角度来看，今天的新闻工作要么
一无是处，要么是一次伟大的冒险。"

3　E. Neveu, *Sociologie du journalisme*, Paris, La Découverte, 2009, pp. 9-18; S.
Lévêque et D. Ruellan (dir.), *Journalistes engagés*, Presses universitaires de
Rennes, 2010, pp. 9-16. 另见媒体社会学家让·卡龙（Jean Charon）的文章
（« La période actuelle est propice à un journalisme d'engagement », *Le Figaro*,
19 février 2018）。卡隆解释说："矛盾的是，在 20 世纪下半叶观点媒体衰落
了，而当代恰恰相反，它准备好了迎接介入性新闻，尤其是政治、哲学类
的，即便这属于小众新闻。"
另外，安伯托·艾柯在他关于新闻的评论文章中提到："一方面，还存在着
关于客观性的巨大争议。我们中的许多人认为，除了天气预报之外，真正客
观的新闻从不存在。即使是非常仔细地去对新闻评论和短篇小说进行区分，
但单单是故事的选择和排版就会影响判断。"见 *Cinq Questions de morale, op.
cit.*, pp. 78-79。

在加缪这一代，也许是作家兼记者弗朗索瓦·莫里亚克最好地定义了新闻与介入之间的密切关系，莫里亚克以与《战斗报》社论作者加缪一样的热情实践了它：

> 我一直努力平等看待报纸上的文章和书页中的文字，赋予两者同样的重要性，而且永远不要忘记，我首先是一个作家……我认真对待新闻工作：对我来说，它是唯一适合"介入文学"这一概念的体裁。[1]

对阿尔贝·加缪而言，介入感体现在他的生活与工作、思维方式与行为方式的共生关系中。他不同形式的写作——新闻和文学——是不可分割的：前者孕育了后者。在这个意义上，最忠实于加缪记忆，对加缪表达了最多敬意的记者让·达尼埃尔确认道："他不区分作品、生活和个人。在我看来，这是对介入最好的、唯一的定义。"[2]

加缪将新闻介入建立在实实在在的现实基础上，这使我们能够反思人类状况的最深层问题。新闻是一种特权，可以对影响人类的问题进行表达和思考，例如清白、有罪、狂热、自由、正义等。他在他的文学作品中发展它们，这也滋养了他的新闻职业道德。

261

1　F. Mauriac, « Préface », *Œuvres complètes, op. cit.*

2　Jean Daniel, *op. cit.*, pp. 29-30.

在这个意义上，加缪对记者的定义如下。

"他首先应该是一个有想法的人；其次，他应该是一个每天都要把前一天发生的事告知公众的人。简而言之，他是一个日复一日的历史学家，而他最应重视的是真相。"[1] 他必须一直说真话，应痴迷于对真相的索求。在 1951 年接受里昂《进步报》的采访时，加缪警告我们假新闻、编造谎言的危险和对民主的危害："自由在于不说谎。在谎言泛滥的地方，暴政兴起，且会永存。"[2]

他将记者这一职业视为一场争取真理和独立的斗争："新闻界是一场斗争。"正是出于对这个职业的崇高构想，他选择了它，将之作为真正的理想。正如法国新闻史学家克里斯蒂安·德尔波特（Christian Delporte）和法布里斯·达尔梅达（Fabrice d'Almeida）指出的那样，加缪的新闻性介入是通过道德实现的："道德是介入的关键词：政治道德化的前提是新闻道德化，这就是《战斗报》呼吁的'公民新闻'的条件。"[3]

262

在瑞典学院诺贝尔文学奖颁奖仪式上，加缪在获奖演说中清晰

---

1 « La réforme de la presse », *Combat*, 1er septembre 1944, Pléiade II, p. 521.

2 « Servitudes de la haine », Pléiade III, pp. 389-391. "仇恨本身就是一种谎言……仇恨和谎言之间甚至可以说存在着一种生物学上的联系。今天，几乎世界上的所有报纸都或多或少在说谎。这是因为它们在不同程度上都是仇恨和盲目的传声筒。仇恨越多，谎言就越多。除了少数例外，今天的世界新闻界不以其他标准衡量。没有更好的办法，我只能对那些少数者表示同情；他们说谎最少，因为他们恨得最少。"

3 C. Delporte et F. d'Almeida, *Histoire des médias en France de la Grande Guerre à nos jours*, Paris, Flammarion, 2003, p. 131.

地总结了他认为社会介入对作家以及记者意味着什么："他今天不能为创造历史的人服务，他是为那些受制于历史的人服务的。"[1]

加缪的介入是始终如一的，无论他是在新闻作品还是在文学作品中进行表达。他选定了他的阵营，即为最贫困者服务：

> 从我的第一篇文章到我的最后一本书，我写了这么多，也许太多了，这是因为我每天都无法自控地被拉入一个阵营，站在那些被羞辱和贬低的人背后，无论他们是谁。[2]

他仅 32 岁时就在《加缪手记》中写下这段话：

> 比起介入文学，我更喜欢介入者。我欣赏他们生活中的勇气和工作中的才能。作家在他想这么做的时候就会去介入，他的价值便在于他的运动。[3]

加缪对工人阶级情况的介入，不能仅仅用他对自己家庭出身的忠诚来解释，我们还必须从他自觉对某种知识遗产有亏欠中寻

---

1 *Discours de Suède*, Pléiade Ⅳ, p. 240. 此外，他还说："每一代人无疑都认为自己注定要重塑世界，然而，我们这一代人知道，我们不会重塑它。但我们的任务也许更艰巨：防止世界解体。" Pléiade Ⅳ, *ibid.*, p. 241.

2 A. Camus, *Actuelles Ⅱ. Chroniques 1948-1953*, Paris, Gallimard, 1953, p. 802.

3 *Carnets 1935-1948*, Pléiade Ⅱ, p. 1070.

找它的起源。哲学家西蒙娜·薇依[1] 的思想对加缪产生了非凡的影响。在《反抗者》中，加缪参考了西蒙娜·薇依对工人阶级状况的分析[2]，以及其中若隐若现的对马克思主义的批评。他在西蒙娜·薇依身上找到了自己的另一个灵魂，并为她的作品能在法国出版和发行而努力。最终，他在伽利玛出版社的"希望"（Espoir）书系中，出版了她的 8 部作品。然而，加缪永远没机会在私下结识这个如此年轻就逝去了的女人，西蒙娜·薇依年仅 34 岁便离世了。她过早死去是因为她拒绝支付医药费，拒绝接受比工人能获得的更多的食物。西蒙娜·薇依想像工人们一样生活，即便这意味着她自己的生存受到威胁。

西蒙娜·薇依是工会成员，是远离教会的基督徒，有犹太血统，也是一个神秘主义者，她将对社会的介入发挥到极致。这两位知识分子有许多相似之处：他们对法国革命社会主义者和西班牙无政府主义者都抱有同情，也都为真理进行着不懈的斗争。西蒙

---

1 R. Mate, « Albert Camus et Simone Weil ou la question de la souffrance des victimes », art. cit. 又见 F. Worms, « Simone Weil, Albert Camus, le siècle et nous », *Esprit*, 8, août-septembre 2012, pp. 9-17。作为一名记者，西蒙娜·薇依在加入马克思主义统一工人党（POUM）——一个反对佛朗哥主义者的反独裁共产主义组织——之前，曾报道过西班牙内战。

2 Simone Weil, *La Condition ouvrière*, Paris, Gallimard, 1951. 她在因健康状况不佳、生产效率低下而被解雇后写了这本书。她介入社会的信念让她辞去了教授职位，为了近距离了解工人的生活条件，她去了阿尔斯通电力公司做操作员，然后又到冶金厂工作，最后在雷诺工厂工作。西蒙娜·德·波伏瓦在她的《回忆录》中这样写道："我羡慕一颗能在整个宇宙中跳动的心脏。"

娜·薇依对撼动欧洲，几乎将欧洲连根拔起[1]的恶，做出了明确的诊断，因此成为我们时代的先知。在谈到她时，加缪带有先兆性地说："在我看来，如果不将西蒙娜·薇依在《扎根》（*L'Enracinement*）中提出的要求考虑在内，欧洲的复兴是无法想象的。"

对加缪产生深刻影响的还有两位俄罗斯文学巨匠：托尔斯泰和陀思妥耶夫斯基。陀思妥耶夫斯基被看作最优秀的人类灵魂画师之一，加缪写道，他"首先是一位作家，早在尼采之前，他就能辨别出当代虚无主义，给它下定义，预测其可怕后果，并试图指出救赎之路"。小说《群魔》给加缪留下了深刻的印象。20 世纪 50 年代末，加缪将这部小说改编为戏剧。他强调了这部小说的影响：

> 《群魔》是我最看重的四五部作品之一。可以说，它在不止一个方面滋养着我，我在这本书中成长。无论如何，我认识这些角色已经有 20 年了。他们不仅有戏剧人物的气质，他们的行为方式、爆发力、疾速而令人不安的步伐，也都与戏剧人物相似。[2]

1　Simone Weil, *Œuvres complètes*, t. V, vol. 2, *L'Enracinement*, Paris, Gallimard, 2013.

2　E. C. Brody, « Dostoevsky's Kirilov in Camus's *Le Mythe de Sisyphe* », *Modern Language Review*, vol. 70, n° 2, avril 1975, p. 291. 对加缪来说，"陀思妥耶夫斯基的精神共产主义是指：所有人共享道德责任"。见 *Carnets*, septembre 1945-avril 1948, Pléiade II, p. 1102。

加缪最欣赏的托尔斯泰的作品是《战争与和平》，以至于他向自己的亲密朋友坦言，《第一个人》就是他自己的《战争与和平》。[1] 年仅 36 岁的加缪在《加缪手记》中提到托尔斯泰时这样写道："他出生于 1828 年。他在 1863 年至 1869 年之间写了《战争与和平》，那是他 35 岁至 41 岁时。"[2] 在《第一个人》的手稿中，我们发现了一些来自这位俄罗斯作家的作品《童年》的引文。[3]

加缪绝不认为新闻是一种次要的体裁。他认为，他构思报道、文章和社论时有着与写文学作品时一样的动力。新闻正是文学作品的灵感来源，它从现实出发，贴近普通人、时事和事件。由伽利玛出版社出版的《当下·一》《当下·二》《当下·三》（分别出版于 1950 年、1953 年和 1958 年），是他挑选出来的最佳新闻作品，这些作品证明了他对新闻创作的重视。他赋予这些文本以文学作品的地位。

从更现代的角度来看，对于一些法国记者来说，加缪是一个可以效仿的榜样。在《解放报》负责人洛朗·若弗林（Laurent Joffrin）

---

1 J. L. Rey, « Autour d'une préface. Camus et Martin du Gard », in M.-P. Berranger et M. Boucharenc (dir.), À la rencontre... Affinités et coup de foudre. Hommage à Claude Leroy, Nanterre, Presses universitaires de Paris-Ouest, 2012, pp. 371-382.

2 Carnets, février 1949-mars 1959, Pléiade IV, p. 1168. 关于人物："一个占领时期的托尔斯泰式无政府主义者。他在自己的门上写着：'无论你从哪里来，都欢迎你。'进来的是民兵。"见 Carnets, septembre 1945-avril 1948, Pléiade II, p. 1108。

3 Ibid.

看来，加缪的新闻作品至今仍然是优秀新闻应达到的理想境界：

> 阿尔贝·加缪创设了所有称职记者都应该遵循的模式。他体现了一种职业道德，并将其理论化。记者应该更多考虑道德价值，而不是政治价值。这就是加缪所做的。这就是为什么他总是与潮流背道而驰。他有勇气与社会意见相左，对某种循规蹈矩说不。此外，阿尔贝·加缪和让·达尼埃尔都表达了这样的观点：对事件持有理性的、审慎的意见，并不意味着不能有自己的立场。[1]

266

《解放报》的前任领导者塞尔日·朱利甚至在他的《新闻爱好者词典》（*Dictionnaire amoureux du journalisme*）中为阿尔贝·加缪保留了一个词条。他在这一词条中提到了他最喜欢的记者加缪的一句话，这句话说明了这一职业的社会责任：

> 我最喜欢的加缪名言："错误地命名事物就是给世界增加不幸。"它必须列入从事这一职业必读的十大名言之一。[2]

加缪对让·达尼埃尔等记者的影响是巨大的，尤其是在以道德

1　*Le Nouvel Observateur*, 4 janvier 2010.

2　S. July, *Dictionnaire amoureux du journalisme*, Paris, Plon, 2015, p. 132.

为标志的社会介入方面：

> 我是他的晚辈。我在阿尔及尔时还不认识他。我从来没
> 有像朱尔·罗伊（Jules Roy）、埃马纽埃尔·罗布莱斯、安德
> 烈·贝拉米什（André Belamich）、克劳德·德·弗雷曼维尔
> （Claude de Fréminville）和许多其他人那样，成为他的亲密伙
> 伴。但我很快就为他的魅力和巨大影响力所折服。以至于我有
> 时都无法想象，还存在一个从前的加缪。我追随着他的思想和
> 情绪。我延伸着他说的话。我赞同他的偏见和怀旧之情。我没
> 有与他同化，我就是我……当然，一种新闻、政治和道德的介
> 入后来对我们来说是共同的。[1]

267

正如我们在上文指出的，对于另一位受加缪影响的当代法国记
者埃德维·普莱内尔来说，加缪对职业的理想主义愿景与民主理想
相衔接：

> 加缪告诉我们，我们必须从根本上反对一种权力……他告
> 诉我们，我们要在记者中进行一场民主革命，确保切断我们的
> 职业与金钱势力之间的畸形关系，这些势力与信息毫无关系，

---

1 Jean Daniel, *op. cit.*, p. 28.

他们除了信息之外还有其他利益来源……作为记者的加缪邀请我们进入一个充满现代感的过去，在那里我们以激进主义构想职业要求……无论是昨天还是今天，我们这一职业唯一正确的愿景都是一种理想主义愿景。新闻业之所以存在，是因为它具有民主合法性。我们的作用是让公民了解情况，以便做出决定、进行选择和采取行动。因此，这是一个民主的理想。任何犬儒主义的、实用主义的、机会主义的新闻观点都背叛了新闻业自身，因为新闻的起源是民主的，这超越了记者这个角色，并对记者提出要求。知情权不是记者的特权，而是公民的权利……独立新闻也是一种新闻，它通过给观众带来能够使其成长和前进的消息来震撼观众。这是我们作为记者的责任，也正是加缪的要求。[1]

介入的根源

阿尔贝·加缪致力于成为一名记者，其根源在于他在贝尔库的贫困童年。他意识到了自己在社会出身上的劣势，以及物质和智识上的匮乏。也就是说，他既没有文化资本，也没有社会资本。1936

268

1　*Le Nouvel Observateur*, 4 janvier 2010.

年 1 月，年仅 23 岁的加缪已经被人类的苦难激怒，在《加缪手记》
中写道：

> （我是）洞穴中的囚徒，在这里，我独自面对世界的阴
> 影……我会问自己，是不是有什么消逝了？人们是否感到痛
> 苦，因为一切都已经被写了出来？天空充盈而饱满，注满了这
> 扇窗。我可以说，我也会这样说，最重要的是拥有人性、保持
> 纯真。不，不对，最重要的是要真实，一切都是它的附属，包
> 括人性和纯真。如果我是世界，什么时候能更真实、更透明？[1]

加缪对社会的介入，来源于他的社会良知召唤出的内在声音。
正是出于对这种非常年轻时就拥有的社会良知的忠诚，加缪建立起
一种新闻敏感度，以及以道德为中心的哲学和政治观念。正是这种
介入感将他带上反抗之路；当现实充满不公时，他具有对现状不满
的意志。他对文字力量的信仰支持着他，为即时的正义、对弱者的
尊重和平等而战。

加缪的哲学老师让·格勒尼耶对加缪通过探寻真相来介入现实
做出解释。这种介入不仅仅是为加缪自己，而是为每一个人：

---

1 *Carnets*, mai 1936-septembre 1937, Pléiade II, p. 799.

他对情况进行彻底而深入的思考，这意味着他的考量惠及每一个人；更重要的是，他并没有像一般人那样试图突出自己的形象，他要传达的是对所有人都有效的真相，而不仅仅是他自己的真相。也许正是这种双倍的意志——表达上的绝对和概念上的绝对——使他自然而然地被当作一位先知，他的书就像《圣经》中的段落一般被查阅。

阿尔贝·加缪从不相信"使命"，这一概念在他那里具有特殊性：写作、演讲等一切表达方式对他来说都更为重要，因为文化对他来说是一种启示。生活在一个贫穷的环境中，有一个沉默寡言的母亲、一个失聪且不善言辞的叔叔和一个只关心柴米油盐的外祖母，他不能不被书籍中的丰富内容震撼，甚至感到目眩神迷。因此，他偶尔去的公共图书馆、小学、中学、大学，不断为他揭开一个令人陶醉的世界的面纱。令人陶醉？这个说法不够准确，应该说书将他带入一片应许之地，甚至可以说，开启了他对整个人类和人类处境的反思。[1]

当他阐释基于自由和反抗的介入的意义时，便展现了这种对自身及处于荒谬之中的人类处境进行思考的方式："要与一个没有自由的世界对抗，唯一的方法是变得绝对自由，使自己的存在本身成

269

1　J. Grenier, *Souvenirs*, Paris, Gallimard, 1968, pp. 159-161.

为一种反抗。"

加缪通过雅克·科尔梅里的动人话语展现了他的阶级意识，他对被剥夺者和被压迫者的世界的认识[1]，他对童年和匮乏的忠实，所有这一切。在中学课程刚开始时，雅克需要填一个表格：

270

> 在发下来的表格中，他不知道"父母职业"这一项应该怎么填。他先写上了"家庭主妇"，他的弟弟皮埃尔写的是"邮电局职工"。皮埃尔告诉他家庭主妇不是一种职业，只是指照顾家和做清洁的女人。
>
> "不，"雅克说，"她也给别人做家务活，主要是对街那些小商贩。"
>
> "啊，好吧，"皮埃尔犹豫了一下，接着说，"这样的话我觉得应该写用人。"
>
> 雅克从未想到过这个可能性，原因很简单，这个词太罕见了，在他家里从来没有出现过。还有一个原因是，家里没有人觉得她是在为别人工作，她主要是为她的孩子们干活。雅克开始写这个词，但突然停了下来，他感到羞耻，又为感到羞耻而羞耻。[2]

1　« L'honneur du monde pour moi vit chez les opprimés, non chez les puissants ». Appendices du *Premier Homme*, Pléiade Ⅳ, p. 923.

2　*Le Premier Homme*, Pléiade Ⅳ, pp. 863-864.

远离意识形态和政党

对社会的介入使加缪免于意识形态潮流和政党的影响，能对那个时代的具体事件进行分析和解读。他拥有自由的精神，忠于道德良知，并且始终站在他称为自己人的那一边，即那些"受苦受难"的人。加缪的作品深受这些作家影响：帕斯卡尔、西蒙娜·薇依、托尔斯泰、陀思妥耶夫斯基和尼采。他的思想和知识结构围绕着这五位作家展开。[1]另外，加缪不隶属于任何思想潮流，这使他在一个容易出现党派勾结的急躁时代拥有了影响力。因此，在某些时期，某些更偏向马克思主义的巴黎知识分子严厉地批评加缪，把他排挤到边缘地带。但也正是因为阿尔贝·加缪非典型的生平轨迹与法国精英阶层走的传统之路相去甚远——法国知识界将社会再生产作为准则，加缪才会成为法国知识界的一颗珍宝。

加缪不属于任何党派、团伙或学派。在与阿尔及利亚共产党决裂后，22岁的他开始意识到政治事实的相对性。[2]因此，他之后将一直倾向于"批判性思维而非政治现实主义"[3]。他形成了一种完全摆脱救世主主义和教条主义的政治思想。他对左派的忠诚始终是

271

1　参见 J. Lévi-Valensi, *Albert Camus ou la Naissance d'un romancier*, Paris, Gallimard, 2006。

2　Christian Phéline, *Agnès Spiquel-Courdille*, *op. cit.* 参见章节 « Fractures »，第169-234 页。

3　« Albert Camus », *in* S. July, *op. cit.*, pp. 122-132.

明确的，即使他有时会不加犹豫地批判他的阵营。他在去世前3个月写道："我是左派的一员，不管从我的角度来看，还是从这一阵营的角度来看。"[1]

雅克·朱利亚（Jacques Julliard）在《左派的战争》（*La Guerre des gauches*）[2]中，没有将加缪纳入左翼四大派系中的任何一个，这四大派系是自由主义左派、雅各宾派左派、集体主义左派和极端自由主义左派。朱利亚只是简单区分了加缪的左派和萨特的左派。朱利亚把阿尔贝·加缪作为"一个民主英雄"[3]来介绍。另外，盖兰教授指出，阿尔贝·加缪与无政府主义的关系很复杂："这不是对这种意识形态的赞同，而是一种与极端自由主义战士的合作，还是一种理性的社会民主主义者和真心的极端自由主义者都部分认同的政治敏感，这可以被概括为他对社会的介入。"[4]

他的信念灌溉了他的新闻写作和文学作品，以及他所有的政治斗争："他的出身决定了他属于社会左派，他的公民精神将他列入

272

---

1 *Carnets*, Pléiade Ⅳ, p. 1301.

2 Jacques Julliard, *La Guerre des gauches*, Paris, Flammarion, 2012, pp. 575-685.

3 *Ibid.*, p. 790. Voir aussi Pierre-Louis Rey, « Le pari démocratique d'Albert Camus », *Revue d'histoire littéraire de la France*, vol. 106, 2006/2, pp. 271-284.

4 J. Guérin (dir.), *Dictionnaire Albert Camus*, *op. cit.* Auteur de l'entrée « Anarchisme », Sylvain Boulouque. « Albert Camus et les libertaires », *Volonté anarchiste*, n° 26, 1984; Raymond Gay-Crosier, « L'anarchisme mesuré de Camus », *Symposium*, n° 3, automne 1970, pp. 243-253. J. Guérin, *Camus et la politique*, Paris, L'Harmattan, 1986. J. Guérin, *Albert Camus. Littérature et politique*, Paris, Honoré Champion éditeur, 2013.

道德左派。"[1]正如盖兰指出的那样，加缪不是一个高卢中心主义的作家："其作品视野在1939年之前是国际主义的，在1945年之后是联邦主义的。"[2]

加缪以受监护的共和国"孤儿"的身份，靠努力铸就了自己的学识，没有经过法国卓越而神圣的精英培育机构。他自学成才，在阿尔及尔大学哲学系获得了他唯一的学位。加缪不像其他知识分子那样是在巴黎的精英学校接受的教育，比如让-保罗·萨特或雷蒙·阿隆毕业于享有盛名的巴黎高等师范学院。

加缪不属于在这些巴黎精英学校中接受教育的资产阶级，正是出于这个原因，他与其他人不同，他不得不为此付出代价。他从未感觉真正被接受。他受到居高临下的家长式的对待，有时甚至受到蔑视，萨特就曾说过："这个来自阿尔及尔的小流氓非常滑稽，像个无赖。"[3]当这位《现代杂志》的领导者让他的副手之一弗朗西斯·让松评价加缪的《反抗者》时，他几乎要自己重新写一遍。一段时间后，萨特终于决定亲自参与这场竞技，他说了些狠话：

273

---

1 J. Guérin, « Albert Camus : éthique et politique », *Cahiers de la Méditerranée*, n° 94, 2017.

2 J. Guérin, « La France d'Albert Camus », *in* M. Dambre, M. P. Schmitt et M.-O. André (dir.), *La France des écrivains. Éclats d'un mythe (1945-2005)*, Paris, Presses Sorbonne Nouvelle, 2011, pp. 135-148.

3 J.-P. Sartre, *Politique et autobiographie. Situations X*, Paris, Gallimard, 1976.

　　我的上帝，加缪，你是多么严肃，借用你的一句话来说，你又是多么轻浮！如果是你错了呢？如果你的书只是证明了你在哲学上的无能呢？如果它只是由匆忙收集的二手知识构成的呢？你就这么害怕受到挑战吗？我不敢建议你去读《存在与虚无》，它对你而言会显得晦涩难懂，这没必要。你讨厌思想之艰巨……你可能曾经很穷，但现在起你不再穷了。你是一个资产阶级，像让松和我一样……[1]

　　一些毫无气度的作家谈到加缪时，说他来到法国本土之后拥有的武器除了对知识界的渴望之外，别无其他。加缪出身低微，没有好文凭，与巴黎的正统性相距甚远，这让他在这些以社会再生产为法则的排外群体中非常不自在。

274　　无疑，上述原因可以解释，为什么尽管巴黎的进步知识界向他敞开了大门，但他在巴黎文学圈和知识分子圈中始终不自在。他自己也承认这一点：

　　然而，在知识分子社会中，不知道为什么，我总觉得自己有什么需要道歉的地方。我一直觉得我违反了某项部落规定。这让我变得不再自然，当然，被剥夺了自然性的我就会怀念过

1　Lettre de Sartre adressée à Camus, *Les Temps modernes*, août 1952.

去的自己。[1]

关于加缪的争议并没有随着他的去世而结束。苏珊·桑塔格（Susan Sontag）就写了最早质疑加缪的文章中的一篇，这篇文章对加缪进行了批判，甚至带有恶意，于 1963 年发表在《纽约书评》（*New York Review of Books*）上。她特别谴责他没有签署反对阿尔及利亚战争的《121 宣言》（*Manifeste des 121*）。然而，她忽略了该宣言是在加缪去世 8 个月后才写成，这至少说明他没有签署该宣言并没有太复杂的原因。

在加缪引发的一系列争议中，更近一些的有尼古拉·萨科齐（Nicolas Sarkozy）在 2009 年的倡议，它引起了巨大轰动。这位当时的法兰西共和国总统希望这位作家进入先贤祠，而这座公民殿堂内安息着从卢梭到伏尔泰再到维克多·雨果，从让·饶勒斯到让·莫内（Jean Monnet）等法兰西共和国的伟人们。这一总统提案被看作政治复兴的尝试。由于加缪后人的反对，它最终没有实现，但引起了很多关于加缪其人及其各种立场的笔墨之争。在 2013 年加缪诞辰 100 周年之际，筹划举办的纪念专题展被取消，这也成为争议和分歧的源头。[2]

275

1　Interview de Camus à la télévision, en 1959, *in* R. Grenier, *Albert Camus, op. cit.*, p. 34.

2　B. Stora et J. P. Péretié, *Camus brûlant*, Paris, Stock, 2013.

纵观近年来出版的关于加缪的作品[1]，我们可以看到，他持续吸引着人们的兴趣。米歇尔·翁福雷（Michel Onfray）致力于解构加缪传奇，2012年，他出版了作品《极端自由主义者的秩序：阿尔贝·加缪的哲学人生》（*L'Ordre libertaire. La vie philosophique d'Albert Camus*）[2]。根据翁福雷的说法，这个传说能流传开来得益于某些加缪崇拜者和萨特的虚构："加缪在他的哲学作品中是个小说家，在他的小说中是个哲学家，换句话说就是，他既不是哲学家也不是小说家。加缪的哲学是自修的，他读的可能是二手资料……加缪可以是一个社会民主主义者，一个非常社会党的社会主义者，一个孟戴斯主义者；加缪可能只是"小白人"（petits Blancs）[3]、移殖民（Colons）、阿尔及利亚的法国人中的思想家；加缪可能是哲学家中的记者、记者中的哲学家——这是萨特和他的追随者从《反抗者》起就编造起来的传奇。"[4]

2014年，阿尔及利亚记者和作家卡迈勒·达乌德的作品《默

1　参见玛丽·泰雷兹·布隆多（Marie Thérèse Blondeau）教授每年编写的书目，载于 *Présence d'Albert Camus*，这是一份由加缪研究协会出版的杂志，见其"书目"（Bibliographie）一栏。

2　M. Onfray, *op. cit.* 这本书引起了一些加缪研究专家的批评，见 J. Guérin, « Michel Onfray et Camus: le pavé de l'ours », *Les Temps modernes*, n° 668, 2012/2, pp. 113-124。

3　带有贬义，指的是在法属非洲殖民地，出身卑微的带有欧洲血统的人。——译者注

4　M. Onfray, *op. cit.*, pp. 29-30.

尔索案调查》[1]出版，这让加缪的名字再次被提起。这部作品为《局外人》中没有名字的阿拉伯人发声，算是《局外人》的另一个版本。达乌德将默尔索的兄弟作为叙述者，这是挪用了这个加缪没有设定名字的角色，既是对加缪的致敬，也是一种批评。耶鲁大学教授爱丽丝·卡普兰（Alice Kaplan）的作品《寻找〈局外人〉》（*En quête de « L'Étranger »*）[2]完成了对《局外人》中的这个阿拉伯人的调查。1939 年 7 月 31 日，她在《奥兰之声》（*L'Écho d'Oran*）上发表了一篇关于《局外人》中"沙滩上的口角"的文章，并在文章中设法给了这个阿拉伯人长相和名字。在献给阿尔贝·加缪的最新作品中，还有一部是关于他在阿尔及尔的共产主义激进分子生涯的[3]；此外，他与女演员玛丽亚·卡萨雷斯的通信也得以出版。[4]

276

277

1　K. Daoud, *op. cit.*

2　Alice Kaplan, *En quête de « L'Étranger »*, Paris, Gallimard, 2016.

3　Christian Phéline et Agnès Spiquel-Courdille, *Camus. Militant communiste. Alger 1935-1937.*

4　*Correspondance Albert Camus-Maria Casarès (1944-1959), op. cit.*

加缪生平时间线

1913

11月7日出生于蒙多维（阿尔及利亚）。他是卡特琳娜·桑泰斯和葡萄酒庄农场工人吕西安·加缪（Lucien Camus）的次子。他的母亲是西班牙裔，祖籍在梅诺卡岛上的圣路易斯市的一个小村庄，他的父亲则来自波尔多。

1914

他的父亲在马恩河战役中头部被弹片击中，一周后于10月11日死亡。他们全家搬到了阿尔及尔的贝尔库平民区，住在他的外祖母卡特琳娜·卡多纳的房子里。

1923

他的老师路易·热尔曼帮助他准备奖学金竞赛，这使他能够在阿尔及尔的中学继续学习。

1924

阿尔贝·加缪进入比若中学（Lycée Bugeaud）学习。初中一年级的他选择了拉丁语和法语课程。1925 年，他 12 岁时，开始了一项他热爱的体育运动：足球。 279

1930

他开始跟随他的哲学老师让·格勒尼耶学习，后者后来成为他的朋友和知己。他作为守门员参加了阿尔及尔竞技大学队组织的足球比赛。困扰他一生的疾病——肺结核的早期症状出现了。他搬到了他的姨父古斯塔夫·阿科的家里。阿科是一名奉行无政府主义的屠夫，也是一个不折不扣的读书人。可惜的是，加缪的疾病迫使他放弃了对足球的热爱。

1932

他进行大学预科学习。在《南方》杂志上发表了四篇文学评论：《一个全新的魏尔伦》（*Un nouveau Verlaine*）、《苦难诗人让·里克蒂斯》（*Jehan Rictus. Le poète de la misère*）、一篇关于柏格森（Bergson）的研究，以及一篇关于音乐的研究。

1933

加缪进入阿尔及尔大学的文哲学院学习哲学。在 1932—1933

年这一学年，他在杂志《阿尔及尔大学生》（*Alger-étudiant*）上发表了三篇文章，两篇关于音乐，一篇关于他朋友克劳德·德·弗雷曼维尔（Claude de Fréminville）的诗歌。

1934

6月16日，他与西蒙娜·耶结婚。西蒙娜·耶是一名吗啡上瘾者，在戒毒中心度过了很长一段时间。加缪开始写《反与正》。1934年1月至5月，他在《阿尔及尔大学生》杂志上发表了五篇文章，展现了阿尔及利亚艺术生活的全景。

1935

他通过了论文《基督教形而上学和新柏拉图主义：普罗提诺与圣奥古斯丁》的答辩，于哲学系毕业。[1] 他加入（阿尔及利亚）共产党，成立劳动剧团，这一剧团深受政治动荡影响。他前往西班牙旅行。

1936

他与劳动剧团的几位朋友共同创作剧本《阿斯图里亚斯的反抗》。他与西蒙娜·耶分居。

---

1 加缪于1936年完成该论文，并获得学位。——编者注

1937

他开始写《局外人》。5 月 10 日，《反与正》首次出版，印量为
350 册。该作品于 1950 年在法国由伽利玛出版社再版。他被开除共
产党籍。他创建了团队剧团，与剧团成员一起上演西班牙古典文学
黄金时期的作品。

1938

他与埃马纽埃尔·罗布莱斯一起，创办了风靡一时的关注地中
海文化的杂志《海岸》（*Rivages*）。9 月，他辞去了气象研究所的工
作，并于 10 月 13 日加入《阿尔及尔共和报》，成为一名记者。他
开始写剧本《卡利古拉》。

1939

加缪的《婚礼集》于 5 月出版，印数为 225 册。他发表了关于
奥当事件的文章：第一篇发表于 1 月 10 日，当天还发表了他写给
阿尔及利亚总督的著名公开信；最后一篇发表于 3 月 23 日。6 月 5
日至 15 日，[1] 他撰写了"卡比利亚的苦难"系列报道。《阿尔及尔共
和报》于 10 月 28 日停刊。他继续在《共和晚报》担任记者，该报
取代了《战斗报》。他原定于 11 月 25 日发表的文章《自由新闻宣
言》（Manifeste pour une presse libre）遭到审查。

281

1　此处原文为 7 月，实际时间应为 6 月。——编者注

1940

1月，《共和晚报》的记者获悉政府关闭该报的决定。在阿尔及尔失业了的加缪于3月23日搬到巴黎。他在《巴黎晚报》担任编辑秘书。他与第一任妻子离婚。《巴黎晚报》编辑部先是搬到克莱蒙－费朗，随后又迁往里昂。12月3日，他与弗朗辛·富尔结婚。

1941

在被《巴黎晚报》辞退后，加缪和弗朗辛·富尔前往奥兰定居。失去了新闻界工作后，他在一所私立学校里谋得一份教职，教授"法语研究"课程。他与哲学教授安德烈·贝尼舒一起，教授被法国政府驱逐出公共教育的犹太学生。加缪开始写《鼠疫》。

1942

《局外人》和《西西弗神话》先后出版。

1943

加缪成为伽利玛出版社指定审稿人。他加入了抵抗运动"战斗"。

1944

他开始在地下报刊《战斗报》工作。在解放之时，他成为这家282 日报的主编，他也是该报最知名的社论作者，他于1944年8月21

日到 1947 年 6 月 3 日为该报撰写社论。他发表了一系列论述媒体的社论:《新媒体批评》(8 月 31 日)、《媒体改革》(*Les réformes de la presse*,9 月 1 日)、《批判性新闻》(*Le journalisme critique*,9 月 8 日),等等。10 月,他与弗朗索瓦·莫里亚克展开论战 (《战斗报》,10 月 20 日)。他遇到了萨特,然后爱上了流亡在巴黎的西班牙女演员玛丽亚·卡萨雷斯。后来,正是她出演了他的作品《卡利古拉》。

1945

他在塞提夫起义两天后前往阿尔及利亚。他的报道发表在 1945 年 5 月 13 日至 23 日的《战斗报》上。这些报道是继几年前《阿尔及尔共和报》专栏"卡比利亚的苦难"系列报道之后,他调查记者工作的第二阶段。他的龙凤胎孩子让和卡特琳娜出生。1945 年 8 月 8 日,他发表了一篇反对原子弹对广岛的轰炸的社论。

1946

他到美国旅行。与勒内·夏尔建立了坚固的友谊。

1947

他于 6 月 3 日离开《战斗报》,留下最后一篇社论《致我们的读者》。《鼠疫》出版。

1951

283　　《反抗者》出版。

1952

《现代杂志》发表了对《反抗者》的猛烈批判，加缪与萨特决裂。

1955

　　加缪加入先是周刊后成为日报的《快报》，重返新闻界。他开了定期专栏"当下"。他们的合作从 5 月开始，于 1956 年 2 月结束。他的大部分专栏文章涉及阿尔及利亚战争，但也论及了他以前的新闻写作中已经提到的其他主题。

1957

　　他获得了诺贝尔文学奖。在瑞典学院的演讲中，他向他的母亲和他的老师路易·热尔曼致敬。

1960

　　1 月 4 日，他在蒙特罗（约讷省）附近的一场交通事故中去世。在他的公文包里，发现了未完成的《第一个人》手稿。他的女儿卡

284　　特琳娜于 1994 年出版了这部加缪献给他母亲的遗作。

致　谢

感谢我的编辑安托万·卡姆（Antoine Cam）。我想到了我所有新闻专业的学生和所有未来的记者，这部作品是特别献给他们的。我感谢他们的热情、他们的恒心和他们对新闻业的参与，从事这一职业在今天是如此艰难。

感谢安东尼奥·鲁比奥（Antonio Rubio），他是我的朋友，也是一位伟大的西班牙调查记者，他鼓励我写这本书，并将之收进他负责的"调查新闻"（Periodismo de Investigación）书系（Libros.com）。我记得这个项目是在参观米歇尔·德·蒙田的城堡和波尔多附近的圣埃美隆时，就新闻业的未来进行了一天的热烈讨论后诞生的。我想感谢 Libros.com 整个团队，包括罗伯托·迪亚斯（Roberto Diaz）和米格尔·安赫尔·加西亚（Miguel Angel Garcia），他们使这本书得以于 2016 年在西班牙出版。

感谢埃德威·普莱内尔，《参与传媒》的创始人和领导者，他为本书写了精彩的序言，中肯而贴切地解读了这本书的要旨。他是最认同阿尔贝·加缪记者形象的记者之一。

感谢泰奥·卡泽纳维（Téo Cazenaves），一位对新闻业充满热情的年轻记者。还要感谢波尔多蒙田大学比较文学教授玛雅兰·拉菲特（Mayalen Laffite）。感谢他们在我建构法语文本时提供的善意帮助，与他们一起工作十分愉快。

感谢波尔多蒙田大学蒙田文献中心的档案管理员和图书管理员马利卡·扎基－托罗（Malika Zaqui-Thoreau）和盖尔·叙谢斯托（Gaëlle Suchestow），他们在我进行大量图书借阅和无休止的书目查找时，对我帮助很大。

感谢所有我有幸见到的加缪专家，特别是在圣路易斯（梅诺卡岛）——加缪外祖母家所在的小城镇——举行的"寻找加缪"（Trobades Camus）研讨会上遇见的那些人，我跟他们学到了很多。此外，我也非常自豪地成为加缪研究协会的成员。

在这里，我不能忘记感谢我的父亲。他是一名西班牙政治记者，而且一直以来都是加缪主义者。他也经历了佛朗哥政权时期的审查，他把职业基因传给了我。在此次漫长的写作中，他给了我很多实用的建议。

参考文献

Agnès, Y. et Eveno, P. (dir.) (2010) : *Ils ont fait la presse. L'histoire des journaux en France en 40 portraits*, Paris, Éditions Vuibert.

Ajchenbaum, Y. M. (2013) : *Combat (1941-1974). Une utopie de la résistance, une aventure de presse*, Paris, Gallimard.

Albert, Pierre (2004) : *La Presse française*, Paris, La Documentation française.

Al Malik, Abd (2016) : *Camus, l'art de la révolte*, Paris, Fayard.

Audin, M.-L. (1996) : « Camus : journaliste-écrivain ? », *Cahiers de l'Association internationale des études françaises*, n° 48, pp. 129-147.

Balzac, H. (1998) : *Les Journalistes*, Paris, Arléa.

Barré, J.-L. (dir.) (2008) : *François Mauriac. Journal. Mémoires politiques*, Paris, Robert Laffont.

Bartfeld, Fernande (1995) : *Albert Camus. Voyageur et conférencier. Le voyage en Amérique du Sud*, Paris, Lettres modernes.

Basset, Guy (2013) : *Camus Editor*, Anthropos, n° 199, Barcelone.

Bénisti, Louis (2016) : *On choisit pas sa mère. Souvenirs sur Albert Camus*, Paris, L'Harmattan.

Buxton, D. et James, F. (2005) : *Les Intellectuels de médias en France*, Paris, L'Harmattan/INA.

Casarès, María (1980) : *Résidente privilégiée*, Paris, Fayard.

Camus, Albert (1986) : *L'Envers et l'Endroit*, Paris, Gallimard, coll. « Folio ».

— (1991) : *Lettres à un ami allemand*, Paris, Gallimard, coll. « Folio ».

— (2003) : *La Sangre de la Libertad*, Madrid, La Linterna Sorda Ediciones.

Camus, Catherine (2009) : *Albert Camus. Solidaire et solitaire*, Paris, Michel Lafon.

— (2013) : *Le Monde en partage. Itinéraire d'Albert Camus*, Paris, Gallimard.

Charon, J.-M. (1991) : *La Presse en France de 1945 à nos jours*, Paris, Seuil.

Crespo, Gérard et Jordi, Jean-Jacques (1991) : *Les Espa- gnols dans l'Algérois. 1830-1914 : histoire d'une migration*, Versailles, Éditions de l'Atlanthrope.

Dambre, M., Schmitt, M. P. et André, M.-O. (dir.) (2011) : *La France des écrivains. Éclats d'un mythe (1945-2005)*, Paris, Presses Sorbonne Nouvelle.

Daniel, Jean (1964) : « Le combat pour Combat », in *Camus*, Paris, Hachette.

— (1973) : *Le Temps qui reste*, Paris, Stock.

— (2006) : *Avec Camus. Comment résister à l'air du temps ?*, Paris, Gallimard.

Daoud, Kamel (2014) : *Meursault, contre-enquête*, Arles, Actes Sud.

Debray, Régis (1979) : *Le Pouvoir intellectuel en France*, Paris, Ramsay.

Delporte, Christian (1999) : *Les Journalistes en France, 1880-1950. Naissance et construction d'une profession*, Paris, Seuil.

Delporte, C. et D'Almeida, F. (2003) : *Histoire des médias en France. De la Grande Guerre à nos jours*, Paris, Flammarion.

Desjardins, L. (2005) : « Journalisme justicier : essai de typologie », *Les Cahiers du journalisme*, n° 14, printemps-été.

Feyel, G. (2003) : « Aux origines de l'éthique des journalistes : Théophraste Renaudot et ses premiers discours éditoriaux (1631-1633) », *Le Temps des médias*, n° 1, automne, pp. 175-189.

Ferenczi, T. (1993): *L'Invention du journalisme en France*, Paris, Plon.

Figuero, J. (2008) : *Albert Camus ou l'Espagne exaltée*, Paris, Autres

Temps.

Frenay, H. (1973) : *La nuit finira. Mémoire de la résistance. 1940-1945*, Paris, Robert Laffont.

Gassin, J. (1981) : *L'Univers symbolique d'Albert Camus*, Paris, Librairie Minard.

Grenier, J. (1968) : *Souvenirs,* Paris, Gallimard.

— (1991) : *Carnets 1944-1971*, Paris, Seghers.

Grenier, R. (1987) : *Albert Camus. Soleil et ombre*, Paris, Gallimard.

— (1989) : *Pascal Pia ou le droit au néant*, Paris, Gallimard.

Guérin, Jeanyves (2013) : *Albert Camus. Littérature et politique*, Paris, Honoré Champion, coll. « Classiques Essais ».

— (2009) : *Dictionnaire Albert Camus*, J. Guérin (dir.), Paris, Robert Laffont.

— (1993) : *Camus. Portrait de l'artiste en citoyen*, Paris, François Bourin.

— (1990) : *Camus et le premier Combat (1944-1947)*, Éditions européennes Érasme.

— (1986) : *Camus et la politique*, Paris, L'Harmattan.

Herman, T. et Jufer, N. (2001) : « L'éditorial, "vitrine idéologique du journal" ? », *Semen*.

July, Serge (2015) : *Dictionnaire amoureux du journalisme*, Paris, Plon.

Kaplan, Alice (2016) : *En quête de L'Étranger*, Paris, Gallimard.

Le Bohec, J. (2000) : *Les Mythes professionnels des journalistes*, Paris, L'Harmattan.

Lévêque, S. et Ruellan, D. (2010) : *Journalistes engagés, Rennes*, Presses universitaires de Rennes.

Lévi-Valensi, J. (2002) : *Camus à Combat*, Paris, Gallimard.

— (2006) : *Albert Camus ou la Naissance d'un romancier*, Paris, Gallimard.

Lottman, H. R. (1978) : *Albert Camus*, Paris, Seuil.

Marin, Lou (2013) : *Albert Camus. Écrits libertaires (1948-1960)*, Montpellier, Indigène éditions.

Mathien, M., Pelissier, N. et Rieffel, R. (2001) : « Avant-propos : figures du journalisme, critique d'un imaginaire professionnel », *Quaderni*, n° 45, automne 2001. *Figures du journalisme: critique d'un imaginaire professionnel*, pp. 49-52.

Mathien, M. (2007) : *Les Journalistes. Histoire, pratiques et enjeux*, Paris, Ellipses.

Mattéi, Jean-François (dir.) (2011): *Albert Camus. Du refus au consentement*, Paris, PUF.

Morisi, E. (dir.) (2014) : *Camus et l'Éthique*, Paris, Classiques Garnier.

— (2011) : *Albert Camus contre la peine de mort*, Paris, Gallimard, préface de Robert Badinter.

Neveu, E. (2001) : *Sociologie du journalisme*, Paris, La Découverte.

Nora, Pierre (2012) : *Les Français d'Algérie* (1961), réédition Christian Bourgois éditeur.

Onfray, M. (2012) : *L'Ordre libertaire. La vie philosophique d'Albert Camus*, Paris, Flammarion.

Plenel, E. (2009) : *Combat pour une presse libre*, Paris, Galaade.

Reverte, Javier (2016) : *El hombre de las dos patrias. Tras las huellas de Albert Camus*, Madrid, Ediciones B.

Rey, Pierre-Louis (2006) : *Camus. L'homme révolté*, Paris, Gallimard.

— (2000) : *Camus. Une morale de la beauté*, Paris, Sedes.

— « Le pari démocratique d'Albert Camus », *Revue d'histoire littéraire de la France*, 2006/2, vol. 106, pp. 271-284.

Riutort, P. (2009) : « L'écriture d'un éditorial ou comment codifier le talent », in Ringoot, R. et Utard, J.-M. (dir.), *Les Genres journalistiques. Savoirs et savoir-faire*, Paris, L'Harmattan.

— (1996) : « Grandir l'événement. L'art et la manière de l'éditorialiste », *Réseaux*, vol. 14, n° 76, pp. 61-81.

Roblès, E. (1995) : *Camus. Frère de soleil*, Paris, Seuil.

Salas, D. (2015) : *Albert Camus. La juste révolte*, Paris, Michalon.

Santos-Sainz, M. (2013) : « Los imaginarios de los futuros periodistas en Francia », *Revista Latina de Comunicación Social*, n° 68, Universidad de La Laguna, pp. 145-166.

Séry, Macha (2011) : *Albert Camus à 20 ans*, Paris, Au Diable Vauvert.

Souabni Jlidi, S. (2014) : *Le « Journalisme moral » d'Albert Camus*, Louvain, Éditions Academia.

Spiquel-Courdille, Agnès et Phéline, Christian (2017) : *Camus. Militant communiste. Alger 1935-1937*, Paris, Gallimard.

— et Gay-Crosier, Raymond (2013) : *Camus, L'Herne*.

— et Schaffner, Alain (2006) : *Albert Camus: l'exigence morale. Hommage à Jacqueline Lévi-Valensi*, Paris, Le Manuscrit.

— et Prouteau, A. (dir.) (2012) : *Lire les Carnets d'Albert Camus*, Villeneuve-d'Ascq, Presses universitaires du Septentrion.

Stora, B. et Péretié, J-P. (2013) : *Camus brûlant*, Paris, Stock.

Tanase, V. (2010) : *Camus*, Paris, Gallimard.

Todd, Olivier (1996) : *Albert Camus*, Paris, Gallimard.

Nguyen-van-Huy, Pierre (1964): *La Métaphysique du bonheur chez Albert Camus*, Neuchâtel, La Baconnière.

Vircondelet, A. (2010) : *Albert Camus, fils d'Alger*, Paris, Fayard.

Zamit, F. (2014) : « Albert Camus: réflexivité et éthique journalistique », *Les Cahiers du journalisme*, n° 26, printemps/été.

Zaretsky, R. (2010) : *Camus. Éléments d'une vie*, Marseille, Gaussen.

Winock, Michel (1999) : *Le Siècle des intellectuels*, Paris, Seuil.

Wrona, A. (dir.) (2011) : *Zola journaliste. Articles et chroniques*, Paris, Flammarion.

加缪著作

关于加缪的作品，脚注里主要引用的是普雷亚德藏书（Bibliothèque de la Pléiade）出的四卷本加缪全集。头两卷由雅克利娜·莱维－瓦朗西（Jacqueline Lévi-Valensi）领导，于2006年出版；后两卷由雷蒙·盖伊－克洛泽领导，于2008年出版。这就是脚注里提到的"Pléiade Ⅰ, Ⅱ, Ⅲ ou Ⅳ"。

— *Œuvres complètes*, 2008, La Pléiade, Paris, Gallimard.

— *Cahiers Albert Camus Ⅰ*, 1971, Paris, Gallimard.

— *Cahiers Albert Camus Ⅱ*, 1973, Paris, Gallimard.

— *Cahiers Albert Camus Ⅲ*, 1978, Paris, Gallimard.

— *Cahiers Albert Camus Ⅵ*, 1987, Paris, Gallimard.

— *Cahiers Albert Camus Ⅷ*, 2003, Paris, Gallimard.

— *Carnets Ⅰ (mai 1935-février 1942)*, 1962, Paris, Gallimard.

— *Carnets Ⅱ (janvier 1942-mars 1951)*, 1964, Paris, Gallimard.

— *Carnets Ⅲ (mars 1951-décembre 1959)*, 1989, Paris, Gallimard.

— *Actuelles Ⅰ, Ⅱ, Ⅲ*, Paris, Gallimard.

— *Cahiers Albert Camus 3. Fragments d'un combat: 1938-1940. Alger républicain*, vol. 1 et 2, édition établie, présentée et annotée par J.

Lévi-Valensi et André Abbou, 1978, Paris, Gallimard.

报刊

报刊的微缩胶片藏于法国国家图书馆：

— *Alger républicain*, à partir du 6 octobre 1938. BNF : MICR D-12.

— *Le Soir républicain* du 15 septembre 1939 au 9 janvier 1940. BNF : MICR D-242.

通信

— *Correspondance Albert Camus-Pascal Pia (1939-1947)*, présentée et annotée par Yves-Marc Ajchenbaum (2000), Paris, Fayard/ Gallimard.

— *Correspondance Albert Camus-René Char (1946-1959)*, présentée et annotée par Franck Planeille (2007), Paris, Gallimard.

— *Correspondance Albert Camus-Roger Grenier (1932-1960)*, avertissement et notes par Marguerite Dobrenn (1981), Paris, Gallimard.

— *Correspondance générale Roger Martin du Gard (1951-1958)*, présentée et annotée par Bernard Duchatelet (2006), Paris, Gallimard.

— *Correspondance Albert Camus-André Malraux (1941-1959) et autres textes* (2016) : édition établie, présentée et annotée par Sophie Doudet, Gallimard.

— *Correspondance Albert Camus-Maria Casares (1944-1959)* (2017): édition de Béatrice Vaillant, avant-propos de Catherine Camus, Paris, Gallimard.

— *Correspondance Albert Camus-Michel Vinaver (1947-1958)*(2012) : Éditions L'Arche.

悼词

— *Hommage à Albert Camus, La Nouvelle Revue française*, 1960, n° 87, numéro spécial, Paris, Gallimard.

— *Camus*, Paris, Hachette, 1964.

— VV. AA. A, *À Albert Camus, ses amis du livre*, Paris, Gallimard, 1962.